U0216145

吉林人民出版社

简体字本二十六史

辽史

卷五二——卷一一六

（二）

［元］　脱脱等　撰

宋德金等　标点

辽史卷五二
志第二一

礼 五

嘉仪上

皇帝受册仪:前期一日,尚舍奉御设幄于正殿北墉下,南面设御坐,奉礼郎设官僚客使幕次于东西朝堂。大乐令设宫悬于殿庭,举麾位在殿第二重西阶上,东向。乘黄令陈车辂,尚辇奉御陈舆辇,尚舍奉御设解剑席于东西阶。设文官六品已上位横街南,东方西向;武官五品已上位横街南,西方东向。皆北上重行,每等异位。将士各勒所部六军仗屯诸门。金吾仗、黄麾仗陈于殿庭。至日,押册官引册自西便门入,置册案西阶下。通事舍人引侍从班入,就位。侍中东阶下,解剑履,上殿,栏外俯伏跪,奏"中严"。下殿,剑履,复位立。阁使西阶上殿,栏外跪请木契。面殿鞠躬,奏"奉敕唤仗"。殿中监、少监、殿中丞等押金吾四色仗入,位臣僚后。协律郎入,就举麾位。符宝郎诣阁奉迎。通事舍人引文官四品至六品、武官三品至五品,就门外位。皇帝御辇至宣德门。宣徽使押内诸司班起居,引皇帝至阁,服衮冕。侍中东阶下,解剑履,上殿,版奏外办。太常博士引太常卿,太常卿引帝。内诸司出。协律郎举麾,太乐令令撞黄钟之钟,左五钟皆应,工人鼓柷,乐作。皇帝即御坐,宣徽使赞扇合,乐止。赞帘卷,扇开。符宝郎奉宝进,左右金吾报平安。通事舍人引文官三品、武官二品已上入门,乐作。就相向位毕,乐止。通事舍人引侍从班、南班文官三品、武官二品已上合班，北向。东班西上，西班东上，起居，七拜。分班，各复位。通事舍人引押册官押册自西阶下，至丹墀，当殿置香案册案。置册讫，乐作，就位，乐止。捧册官近后，东西相对立。舍人引侍从班并南班合班，北向如初。赞再拜，在位者皆再拜，舞蹈，五拜。分班，各复位如初。捧册官就西阶下，解剑席，解剑履，捧册西阶上殿，乐作。置册御坐前，东西立，北向。捧册官西墉下立，北上，乐止。读册官出班，当殿立，赞再拜，三呼"万岁"。就西阶下，解剑席，解剑履，西阶上殿，栏内立，当御坐前。侍中取册，捧册官捧册匣至读册官前，跪，相对捧册。读册官俯伏跪，读讫，俯伏兴。捧册官跪左膝，以册授侍中。侍中受册，以册授执事者，降自西阶，剑履讫，复当殿位。赞再拜，三呼"万岁"，复分班位。舍人引侍从班、南班合班，北向如初。赞拜，在位者皆拜，舞蹈、鞠躬如初。通事舍人引班首西阶下，解剑履，上殿。乐作，就栏内位，乐止。俯伏跪，通全衔臣某等致词称贺讫，俯伏兴。降西阶下，带剑，纳舄。乐作，复位，乐止。赞拜，在位者皆再拜，舞蹈，五拜，鞠躬。侍中临轩西向，称"有制"，皆再拜。侍中宣答讫，赞皆再拜，舞蹈，五拜，分班各复位。三品已上出，乐作。出门毕，乐止。侍中当御坐俯伏跪，通全衔奏礼毕，俯伏兴。退，东阶下殿，带剑，纳履，复位。宣徽使赞扇合，下帘。太常博士、太常卿引皇帝起，乐作。至阁，乐止。舍人引文官四品、武官三品以下出门外，分班立。次引侍从班出，次兵部、吏部出，次金吾出，次起居郎、舍人出，次殿中监、少监押金吾细仗出，仍位臣僚后。次东西上阁门使于丹墀内鞠躬，奏衙内无事，卷班出。阁门使丹墀内鞠躬，揖"奉敕放仗"。出，门外文武班中间立，唤承受官。承受官声喏，至阁使后，鞠躬，揖。阁使鞠躬，称"奉敕放仗"。承受声喏，鞠躬，揖，平身立，引声"奉敕放仗"。声绝，趋退。文武合班，再拜。舍人一员摄词令官，殿前鞠躬，揖，称"奉敕放黄麾仗"，出。放金吾仗亦如之。翼日，文武臣僚入问圣躬。

　　太平元年，行此仪，大略遵唐、晋旧仪。又有《上契丹册仪》，以阻午可汗柴册礼合唐礼杂就之。又有《上汉册仪》，与此仪大同小异,加以《上宝仪》。

册皇太后仪:前期,陈设于元和殿如皇帝受册之仪。至日,皇帝御弘政殿。册入,侍从班入,门外金吾列仗,文武分班。侍中解剑,奏"中严"。宣徽使请木契、唤仗皆如之。乐工入,阁门外文武班中间立,唤承受官。声喏,趋至阁使后立。阁使鞠躬,揖,称"奉敕唤仗"。承受官鞠躬,声喏,揖,引声"奉敕唤仗"。文武合班,再拜。殿中监押仗入,文武班入,亦如之。宣徽使押内诸司供奉官天桥班候。皇太后御紫宸殿,乘平头辇,童子、女童队乐引。至金銮门,阁使奏内诸司起居讫,赞引驾,自下先行至元和殿。皇太后入西北隅阁内更衣。侍中解剑,上殿奏外办。宣徽受版入奏。侍中降,复位。协律郎举麾,乐作。太乐令、太常卿导引皇太后升坐。宣徽使赞扇合,帘卷,扇开,乐止。符宝郎奉宝置皇太后坐右。左右金吾大将军对揖,鞠躬,奏"军国内外平安"。东上阁门副使引丞相东门入,西上阁门副使引亲王西门入,通事舍人引文武班入。如仪,乐作。至位,乐止。文武班趋进,相向再拜,退复位。东西上阁门使、宣徽使自弘政殿引皇帝御肩舆至西便门下。引入门,乐作。至殿前位,乐止。宣徽使赞皇帝拜,问皇太后"圣躬万福",拜。皇帝御西阁坐,合班起居如仪。北府宰相押册,中书、枢密令史八人异册,东西上阁门使引册,宣徽使引皇帝送册,乐作。至殿前置册位,乐止。宣徽使赞皇帝再拜,称"万岁",群臣陪位,揖。翰林学士四人、大将军四人异册。皇帝捧册行,三举武,授册。异之西阶上殿,置太后坐前,乐止。皇帝册西面东立。舍人引丞相当殿再拜,三呼"万岁",解剑,西阶上殿,乐作。至读册位,乐止。俯伏跪,读册讫,俯伏三呼"万岁",复班位。宣徽使引皇帝下殿,乐作。至殿前位,乐止。皇帝拜,舞蹈,拜讫,引皇帝西阶上殿。至皇太后坐前位,俯跪,致词讫,俯伏兴。引西阶下,至殿前位,拜,舞蹈,拜,鞠躬。侍中临轩,宣太后答称"有制",皇帝再拜。宣讫,引皇帝上殿,乐作。至西阁,乐止。丞相、亲王、侍从文武合班,赞拜,舞蹈,三呼"万岁"如仪。丞相上贺,侍中宣答如仪。丞相以下出,举乐。出门,乐止。侍中奏"礼毕",宣徽索扇,扇合,下帘。

皇太后起,举乐。入阁,乐止。文武官出门外分班侍从。兵部、吏部起居,金吾仗出,如仪。阁使奏"放仗",皆如皇帝受册之仪。

册皇后仪:至日,北南臣僚、内外命妇诣端拱殿幕次。皇后至阁,侍中奏"中严",引命妇班入,就东西相向位立。皇帝临轩,命使发册。使副押册至端拱殿门外幕次。侍中奏外办。所司承旨索扇,扇上,举麾,乐作。皇后出阁升坐,扇开,帘卷,偃麾,乐止。引命妇合班面殿起居,八拜。皇后降坐,乐作。至殿下褥位,乐止。引册入,置皇后褥位前。侍中传宣,皇后四拜,命妇陪位皆拜。引读册官至皇后褥位前,俯伏跪读讫,皇后四拜,陪位者皆拜。引皇后升殿,使臣引册,置皇后坐前册案,退,西向侍立。命妇当殿称贺,四拜。引班首东阶上殿,致词讫,东阶下殿,复位,四拜。侍中奏宣答称"有教旨",四拜。宣答讫,四拜。班首上殿进酒,皇后赐押册使副等酒讫,侍中奏"礼毕"。承旨索扇,乐作,皇后起,入阁,乐止。分引命妇等东西门出。

册皇太子仪:前期一日,设幄坐于宣庆殿,设文武官幕次于朝堂,并殿庭板位,太乐令陈宫县,皆如皇帝受册仪。守宫设皇太子次于朝堂北,西向。乘黄令陈金辂朝堂门外,西向。皇太子仪仗、加箫、鼓吹等陈宣庆门外。典仪设皇太子板位于殿横街南,近东北向。设文武官五品以上位于乐县东西。余官如常仪。至日,门下侍郎奉册,中书侍郎奉宝绶,各置于案。令史二人绛服,对举案立。宝案在横街北西向,册案在北。门下侍郎、中书侍郎并立案后。侍中板奏"中严"。皇太子远游冠,绛纱袍,秉珪出。太子舍人引入,就板位北面殿立。东宫官三师以下皆从,立皇太子东南,西向。太子入门,乐作。至位,乐止。典仪赞皇太子再拜,在位者皆再拜。中书令立太子东北,西向,门下侍郎引册案,中书侍郎取册,进授中书令,退复位,传宣官称"有制",皇太子再拜。传宣讫,再拜。中书令跪读册讫,俯伏兴。皇太子再拜,受册,退授左庶子。中书侍郎取宝,进授中书令。皇太子进受宝,退授左庶子。中书令以下退,复位。舁案者以案退。典仪赞再拜,皇太子拜,在位者皆再拜。太子舍人引皇太子退,乐作。出门,乐止。侍中奏"礼毕"。皇太子升金辂,左庶子以下夹侍,仪仗、鼓吹等并列宣庆门外,三师、三少诸宫臣于金辂前后导从,鸣铙而行,还东宫。宫庭先设仗卫如式,至宫门,铙止。皇太子降金辂,舍人引入就位坐,文武宫臣序班称贺。礼毕。

册王妃公主仪:至日,押册使副并读册等官押册东便门入,持节前导至殿。册案置横街北少东。引使副等面殿立而鞠躬。侍中临轩称"有制",皆再拜,鞠躬。宣制讫,舞蹈,五拜,引册于宣庆门出。使副等押领仪仗、册案,赴各私第厅前,向阙陈列。设传宣受册拜褥,册案置褥左,去幂盖。使副案右序立。受册者就位立,传宣称"有制",再拜。宣制毕,异册人举册匣于褥前跪捧,引读册者与受册者皆俯伏跪,读讫,皆俯伏兴。受册者谢恩,国王五拜,王妃、公主四拜。若册礼同日,先上皇太后册宝,次临轩同制,遣使册皇后、诸王妃主,次册皇太子。

皇帝纳后之仪:择吉日,至日,后族毕集。诘旦,后出私舍,坐于堂。皇帝遣使及媒者,以牲酒饩至门。执事者以告,使及媒者入谒,再拜,平身立。少顷,拜,进酒于皇后,次及后之父母、宗族、兄弟。酒遍,再拜。纳币,致词,再拜讫,后族皆坐。惕隐夫人四拜,请就车。后辞父母、伯叔父母、兄,各四拜。宗族长者,皆再拜。皇后升车,父母饮后酒,致戒词,遍及使者、媒者、送者。发轫,伯叔父母、兄饮后酒如初。教坊遮道赞祝,后命赐以物。后族追拜,进酒,遂行。将至宫门,宰相传敕,赐皇后酒,遍及送者。既至,惕隐率皇族奉迎,再拜。皇后车至便殿东南七十步止,惕隐夫人请降车。负银罂,捧縢,履黄道行。后一人张羔裘若袭之,前一妇人捧镜却行。置鞍于道,后过其上。乃诣神主室三拜,南北向各一拜,酹酒。向谒者一拜。起居讫,再拜。次诣舅姑御容拜,奠酒。选皇族诸妇宜子孙者,再拜之,授以罂、縢。又诣诸帝御容拜,奠酒。神赐袭衣、珠玉、佩饰,拜受服之。后姊若妹、陪拜者各赐物。皇族迎者、后族送者遍赐酒,皆相偶饮讫,后坐别殿,送后者退食于次。媒者传旨命送后者列于殿北。俟皇帝即御坐,选皇族尊者一人当奥坐,主婚礼。命执事者往来致辞于后族,引后族之长率送后者升,当御坐,皆再拜。又一拜,少进,附奏送后之词。退复位,再拜。后族之长及送后者向当奥者三拜,南北向各一拜,向谒者一拜。后族之长跪问"圣躬万福",再拜。复奏送后之词,又再拜。当奥者与媒者行酒三周,命送后者再拜,皆坐,终宴。翼日,皇帝晨兴,诣先帝御容拜。奠酒讫,复御殿,宴后族及群臣,皇族、后族偶饮如初,百戏、角抵、戏马较胜以为乐。又翼日,皇帝御殿,赐后族及赆送后者,各有差。受赐者再拜,进酒,再拜。皇帝御别殿,有司进皇后服饰之籍。酒五行,送后者辞讫,皇族献后族礼物,后族以礼物谢当奥者。礼毕。

公主下嫁仪:选公主诸父一人为婚主,凡当奥者、媒者致词之仪,自纳币至礼成,大略如纳后仪。择吉日,诘旦,媒者趣尚主之家诣宫。俟皇帝、皇后御便殿,率其族入见,进酒讫,命皇族与尚主之族相偶饮。翼日,尚主之家以公主及婿率其族入见。致宴于皇帝、皇后。献赆送者礼物讫,朝辞。赐公主青幰车二,螭头、盖部皆饰以银,驾驼;送终车一,车楼纯锦,银螭,悬铎,后垂大毡,驾牛,载羊一,谓之祭羊,拟送终之具,至覆尸仪物咸在。赐其婿朝服、四时袭衣、鞍马,凡所须无不备。选皇族一人,送至其家。

亲王女封公主者婚仪:仿此,以亲疏为差降。

辽史卷五三
志第二二

礼 六

嘉仪下

皇太后生辰朝贺仪：至日，臣僚入朝，国使至幕，班齐，如常仪。皇太后升殿坐，皇帝东面侧坐。契丹舍人殿上通名，契丹、汉人臣僚，宋使副缀翰林学士班，东西两洞门入，合班称贺。班首上殿祝寿，分班引出，皆如正旦之仪。教坊起居，七拜。契丹、汉人臣僚入，进酒，皆如正之仪。唯宣答称"圣旨"。皇帝降御座，进奉皇太后生辰礼物。过毕，皇帝殿上再拜，殿下臣僚皆再拜。皇帝升御座。引臣僚分班出，引中书令、北太王西阶上殿，奏契丹臣僚进奉。次汉人臣僚并诸道进奉。控鹤官置担床，起居，四拜毕。引进使鞠躬，通文武百僚某官某以下、高丽、夏国诸道进奉。宣徽使殿上赞进奉各付所司，控鹤官声喏。担床过毕，契丹、汉人臣僚以次谢，五拜。赞各祗候，引出。教坊、诸道进奉使谢如之。契丹臣僚谢宣宴，引上殿就位立，汉人臣僚并宋使副东洞门入，面西谢宣宴，如正旦仪。赞各上殿祗候，臣僚、使副上殿就位立，亦如之。监盏、教坊上殿，从人入东廊立，皆如之。御床入，皇帝初进酒，臣僚就位陪拜。皇太后饮酒，殿上应坐、侍立臣僚皆拜，称"万岁"。赞各祗候，立。皇太后卒饮，手赐皇帝酒。皇帝跪，卒饮，退就褥位，再拜，臣僚皆陪拜。若皇帝亲赐使相、臣僚、宋使副酒，皆立饮。皇帝升坐，赞应坐臣僚并使副皆拜,称"万岁"。赞各就坐。行方裀朵殿臣僚酒,如正旦仪。一进酒,两廊从人拜,称"万岁"。各就坐。亲王进酒,如正旦仪。若皇太后手赐亲王酒,跪饮讫,退露台上,五拜。赞祗候。殿上三进酒,行饼茶讫,教坊跪,致语,揖臣僚、使副、廊下从人皆立。口号绝,赞拜亦如之。行茶、行肴膳,皆如之。大馔入,行粥碗。殿上七进酒,使相、臣僚乐终,揖廊下从人起,拜,称"万岁"。"各好去",承受官引两门出。曲破,揖臣僚、使副起,鞠躬。赞拜,皆拜,称"万岁"。赞各祗候,引臣僚、使副下殿。契丹臣僚谢宴毕,出。汉人臣僚、使副舞蹈,五拜毕,赞"各好去"。出洞门毕,报阁门无事,皇太后、皇帝起。

应圣节,宋遣使来贺生辰、正旦,始制此仪。故详见《宾仪》。

凡五拜:拜,兴。再拜,兴。跪,搢笏,三舞蹈,三叩头,出笏,就拜,兴。拜,兴。再拜,兴。其就拜,亦曰俯伏兴。

《宾仪》,臣僚皆曰坐,于此仪曰高裀,与方裀别。

皇帝生辰朝贺仪:臣僚、国使班齐,皇帝升殿坐。臣僚、使副入,合班称贺,合班出,皆如皇太后生辰仪。中书令、北大王奏诸道进奉表目。教坊起居,七拜。臣僚东西门入,合班再拜。赞进酒,班首上殿进酒。宣徽使宣答,群臣谢宣谕,分班;奏乐,皇帝卒饮,合班;班首下殿,分班出;皆如正旦之仪。进奉皆如皇太后生辰仪。皇帝诣皇太后殿,近上皇族、外戚、大臣并从,奉迎太后即皇帝殿坐。皇太后御小辇,皇帝辇侧步从,臣僚分行序引,宣徽使、诸司、阁门攒队前引。教坊动乐,控鹤起居,四拜。引驾臣僚并于山楼南方立。候皇太后入阁,揖使副并臣僚入幕次。皇太后升殿坐,皇帝东方侧坐。引契丹、汉人臣僚、使副两洞门入,合班,起居,舞蹈,五拜。赞各祗候,面殿立。皇帝降御坐,殿上立,进皇太后生辰物。过毕,皇帝殿上再拜,殿上下臣僚皆拜。皇帝升御座,引臣僚分班出。契丹臣僚入,谢宣宴。汉人臣僚、使副入,通名谢宣宴,上殿就位。不应坐臣僚出,从人入,皆如仪。御床入,皇帝初进皇太后酒,皇太后赐皇帝酒,皆如皇太后生辰仪。赞各就坐,行酒。宣饮尽,就位谢如仪。殿上一进酒毕,从人入就位如仪。亲王进酒,行饼茶,教坊致语如仪。行茶、行肴膳如仪。七进酒,使相乐曲终,从人起。曲破,臣僚、使副起。余皆如正旦之仪。

皇后生辰仪:臣僚昧爽朝,皇帝、皇后大帐前拜日,契丹、汉人臣僚陪拜。皇帝升殿坐,皇后再拜,臣僚殿下合以陪拜。皇帝赐皇后生辰礼物,皇后殿上谢,再拜,臣僚皆拜。契丹舍人通名,契丹、汉人臣僚以次入贺。盏入,舍人赞,舞蹈,五拜,起居不表"圣躬万福",赞再拜。班首上殿拜跪,自通全衔祝寿讫,引下殿,复位,鞠躬。赞舞蹈,五拜。赞各祗候。引宰臣一员上殿,奏百僚诸道进表目。教坊起居,七拜,不贺。控鹤官起居,四拜。诸道押衙附奏起居,赐宴,共八拜。契丹、汉人合班,进寿酒,舞蹈,五拜。引大臣一员上殿,栏外褥位搢笏,执台盏进酒,皇帝、皇后受盏。退,复褥位。授台出笏,栏内拜跪,自通全衔祝寿"臣等谨进千万岁寿酒"讫,引下殿,复位,舞蹈,五拜,鞠躬。宣徽使奏宣答如仪,引上殿,搢笏执台。皇帝、皇后饮,殿下臣僚分班,教坊奏乐,皆拜,称"万岁"。卒饮,皇帝、皇后授盏。引下殿,舞蹈,五拜。赞各祗候,引出。臣僚进奉如仪,宣宴如仪。教坊、监盏、臣僚上殿祗候如仪。皇后进皇帝酒,殿上赞拜,侍臣僚皆拜。皇帝受盏,皆拜。皇后坐,契丹舍人、汉人阁使殿上赞拜,皆拜,称"万岁"。赞各就坐。大臣进皇帝、皇后酒,行酒如仪。酒三行,无穀,行膳。又进皇帝、皇后酒。酒再行,大馔入,行粥。教坊致语,臣僚皆起立。口号绝,赞拜,称"万岁",引下殿谢宴,引出,皆如常仪。

进士接见仪:其日,举人从时相至御帐侧,通名榜子与时相榜子同奏讫,时相朝见如常仪。毕,揖进士第一名以下丹墀内面殿鞠躬,通名,四拜。赞各祗候,皆退。若有进文字者,不退,奉卷平立。阁门奏受,跪左膝授讫,直起退。礼毕。

进士赐等甲敕仪:臣僚起居毕,读卷官奏讫,于左方依等甲唱姓名序立,阁门交收敕牒。阁使奏引至丹墀,依等甲序立。阁使称"有敕",再拜,鞠躬。舍人宣敕"各依等甲赐卿敕牒一道,想宜知悉”，揖拜。各跪左膝，受敕讫，鞠躬，皆再拜。各祗候，分引左右相向侍立。候奏事毕，引两阶上殿，就位，齐声喏，赐坐。酒三行，起，声喏如初。退揖出。礼毕。牌印郎君行酒，阁使劝饮。

进士赐章服仪：皇帝御殿，臣僚公服引进士入，东方面西，再拜，揖就丹墀位，面殿鞠躬。阁使称“有敕”，再拜，鞠躬。舍人宣敕“各依等甲赐卿敕牒一道，兼赐章服，想宜知悉”，揖再拜。跪受敕讫，再拜。退，引至章服所，更衣讫，揖复丹墀位，鞠躬。赞谢恩，舞蹈，五拜。各祗候，殿东亭内序立。声喏，坐。赐宴，簪花。宣阁使一员、阁门三人或二人劝饮终日。礼毕。

宰相中谢仪：皇帝常服升殿坐，诸班起居如常仪。应坐臣僚上殿，其余臣僚殿下东西侍立，皆如宋使初见之仪。引中谢官左入，至丹墀面西立。舍人当殿鞠躬，通新受具官姓名祗候中谢。宣徽殿上索通班舍人就赞礼位，赞某官至。宣徽赞通班舍人二人对立，揖中谢官鞠躬。赞就拜位，舍人二人引面殿鞠躬。赞拜，中谢官舞蹈，五拜，不出班，奏“圣躬万福”，赞再拜。揖出班跪，叙官，致词讫，俯伏兴，复位。赞拜，舞蹈，五拜。又出班，中谢致词如初仪，共十有七拜。赞祗候，引右阶上殿，就位。揖应坐臣僚声喏坐。供奉官行酒，传宣饮尽。臣僚搢笏，执盏起，位后立饮。置盏，出笏。赞拜，臣僚皆再拜。赞各坐，搢笏，执盏，授供奉官盏。酒三行，揖应坐臣僚声喏立。引中谢官右阶下殿，至丹墀，面殿鞠躬。赞拜，舞蹈，五拜，引右出。臣僚毕出。丞相、枢密使同。余官不升殿，赐酒，不带节度使不通班，止通名，七拜。众谢，班首一人出班中谢。

拜表仪：其日，先于东上阁门陈设毡位，分引南北臣僚、诸国使副于毡位合班。通事舍人二人舁表案，置班首前，揖鞠躬，再拜。平身。中书舍人立案侧，班首跪，搢笏，兴，捧表，跪左膝，以表授中书舍人。出笏，就拜，兴，再拜。中书舍人复置表案上。通事舍人舁表案于东上阁门入，卷班，分引出。礼毕。

元日，皇帝不御坐行此仪，余应上表有故皆仿此。

贺生皇子仪：其日，奉先帝御容，设正殿、皇帝御八角殿升坐。

声警毕,北南宣微使殿阶上左右立,北南臣僚金冠盛服,合班入。班首二人捧表立,读表官先于左阶上侧立。二宣徽使东西阶下殿受表,捧表者跪左膝授讫,就拜,兴,再拜。各祗候。二宣徽使俱左阶上授读表官,读讫,揖臣僚鞠躬。引北面班首左阶上殿,栏内称贺讫,引左阶下殿,复位,舞蹈,五拜。礼毕。

贺祥瑞仪:声警,北南臣僚金冠盛服,合班立。班首二人各奉表贺,北南宣徽使左阶下殿受表,上殿授读表大臣。读讫,揖殿下臣僚鞠躬,五拜毕,鞠躬。引班首二人左阶上殿,栏内拜跪称贺,致词讫,引左阶下殿,复位,五拜毕,鞠躬。宣答、听制讫,再拜,鞠躬。谢宣谕,五拜毕,各祗候,分班侍立。礼毕,两府奏事如常。

乾统六年,木叶山瑞云见,始行此仪。天庆元年,天雨谷。

谢宣谕后,赵王进酒,教坊动乐,臣僚酒一行。礼毕,奏事。

贺平难仪:皇帝、皇后升殿坐,北南臣僚并命妇合班,五拜。揖班首二人出班,俯跪,搢笏,执表,舁案近前。阁使受表,置案上,皆再拜。通事舍人二人舁案,左阶上殿,置露台上。读表官受,入读表。对御读讫,臣僚殿下五拜,鞠躬。引班首二人左右阶上殿,栏内并立。先引北面班首少前,跪致词讫,退,复褥位。次引南面班首亦如之。毕,分引左右阶下殿,复位,五拜,鞠躬。宣徽称"有敕",再拜,宣答"内难已平,与公等内外同庆"。谢宣谕,五拜,卷班。臣僚从皇帝,命妇从皇后,诣皇太后殿,见先帝御容,陪位,皆再拜。皇太后正坐,称贺,共十拜,并引上殿,赐宴如仪。

平难之仪,道宗清宁九年,太叔重元谋逆,仁懿太后亲率卫士与逆党战。事平,因制此仪。

正旦朝贺仪:臣僚并诸国使昧爽入朝,奏"班齐"。皇帝升殿坐,契丹舍人殿上通讫,引契丹臣僚东洞门入,引汉人臣僚并诸国使西洞门入。合班,舞蹈,五拜,鞠躬,平身。引亲王东阶上殿,栏内褥位俯伏跪,自通全御臣某等祝寿讫,伏兴,退,引东阶下殿,复位,舞蹈,五拜毕,鞠躬。宣徽使殿上鞠躬,奏"臣宣答",称"有敕",班首以下听制讫,再拜,鞠躬。宣徽传宣云:"履新之庆,与公等同之"。舍人赞谢宣谕,拜,舞蹈,五拜。赞各祇候,分班引出,引班首西阶上殿,奏表目讫,教坊起居,贺,十二拜。毕,赞各祇候。引契丹、汉人臣僚并诸国使东西洞门入,合班,再拜。赞进酒,引亲王东阶上殿,就栏内褥位,搢笏,执台盏,进酒讫,退,复褥位。置台,出笏,少前俯跪,自通全御臣某等谨进千万岁寿酒。俯伏兴,退,复褥位,与殿下臣僚皆再拜,鞠躬。俟宣徽使殿上鞠躬,奏“臣宣答”,称“有制”,亲王以下再拜如初仪。传宣云:“饮公等寿酒,与公等内外同庆”。舍人赞谢宣谕如初。赞各祇候,亲王搢笏,执台,殿下臣僚分班。皇帝饮酒,教坊奏乐,殿上下臣僚皆拜,称“万岁”。赞各祇候。乐止,教坊再拜。皇帝卒饮,亲王进受盏,复褥位,置台盏,出笏。揖臣僚合班,引亲王东阶下殿,复位,鞠躬,再拜。赞各祇候,分班引出。皇帝起,诣皇太后殿,臣僚并诸国使皆从。皇太后升殿,皇帝东方侧坐。引契丹、汉人臣僚并诸国使两洞门入,合班称贺,进酒,皆如皇帝之仪。毕,引出。教坊入,起居、进酒亦如之。皇太后宣答称“圣旨”。契丹班谢宣宴,上殿就位立。汉人臣僚并诸国使东洞门入,丹墀东方,面西鞠躬。舍人鞠躬,通文武百僚宰臣某已下谢宣宴,再拜。出班,致词讫,退复位,舞蹈,五拜。赞各上殿祇候,引宰臣以下并诸国使副,方裀朵殿臣僚,西阶上殿,就位立。不应坐臣僚并于西洞门出。二人监盏,教坊再拜。赞各上阶,下殿谢宴,如皇太后生辰仪。

冬至朝贺仪:臣僚班齐,如正旦仪。皇帝、皇后拜日,臣僚陪位再拜。皇帝、皇后升殿坐,契丹舍人通臣僚入,合班,亲王祝寿,宣答,皆如正旦之仪。谢讫,舞蹈,五拜,鞠躬。出班奏“圣躬万福”。复位,再拜,鞠躬。班首出班,俯伏跪,祝寿讫,伏兴,舞蹈,五拜,鞠躬。赞各祇候。分班,不出,合班。御床入,再拜,鞠躬。赞进酒,臣僚平身。引亲王左阶上殿,就栏内褥位,搢笏,执台盏,进酒。皇帝、皇后受盏讫,退就褥位,置台,出笏,俯伏跪。少前,自通全御臣某等谨进千万岁寿酒。俯伏兴,退,复褥位,再拜,鞠躬。殿下臣僚皆再拜,鞠躬。宣答如正旦仪。亲王搢笏,执台,分班。皇帝、皇后饮酒,奏乐。殿上下臣僚皆拜,称“万岁寿”,乐止。教坊再拜,臣僚合班。亲王进受盏，至褥位，置台盏，出笏，引左阶下殿。出御床。亲王复丹墀位，再拜，鞠躬。赞祗候。分班引出，班首右阶上殿奏表目进奉，诸道进奉，教坊进奉过讫，赞进奉收。班首舞蹈，五拜，鞠躬。赞各祗候。班首出，臣僚复入，合班谢，舞蹈，五拜，鞠躬。赞各祗候。分班引出。声警，皇帝、皇后起，赴北殿。皇太后于御容殿，与皇帝、皇后率臣僚再拜。皇太后上香，皆再拜。赞各祗候。可矮墩以上上殿。皇太后三进御容酒，陪位皆拜。皇太后升殿坐，皇帝就露台上褥位，亲王押北南臣僚班丹墀内立。皇帝再拜，臣僚皆拜，鞠躬。皇帝栏内跪，祝皇太后寿讫，复位，再拜。凡拜，皆称"万岁"。赞各祗候。臣僚不出，皇帝、皇后侧座，亲三进酒，臣僚陪拜，皇太后宣答，皆如正旦之仪。臣僚分班，不出，班首右阶上殿奏表目，合班谢宣宴，上殿就位如仪。御床入。皇帝进皇太后酒如初，各就座行酒，宣饮尽，如皇太后生辰之仪。皇后进酒，如皇帝之仪。三进酒，行茶，教坊致语，行殽膳，大馔，七进酒。曲破，臣僚起，御床出，谢宴，皆如皇太后生辰仪。

立春仪：皇帝出就内殿，拜先帝御容，北南臣僚丹墀内合班，再拜。可矮墩以上入殿，赐坐。帝进御容酒，陪位并侍立，皆再拜。一进酒，臣僚下殿，左右相向立。皇帝戴幡胜，等第赐幡胜。臣僚簪毕，皇帝于土牛前上香，三奠酒，不拜。教坊动乐，侍仪使跪进彩杖。皇帝鞭土牛，可矮墩以上北南臣僚丹墀内合班，跪左膝，受彩杖，直起，再拜。赞各祗候。司辰报春至，鞭土牛三匝。矮墩鞭止，引节度使以上上殿，撒谷豆，击土牛。撒谷豆，许众夺之。臣僚依位坐，酒两行，春盘入。酒三行毕，行茶，皆起。礼毕。

重午仪：至日，臣僚昧爽赴御帐，皇帝系长寿彩缕升车坐，引北南臣僚合班，如丹墀之仪。所司各赐寿缕，揖臣僚跪受，再拜。引退，从驾至膳所，酒三行。若赐宴，临时听敕。

重九仪：北南臣僚旦赴御帐，从驾至围场，赐茶。皇帝就坐，引臣僚御前班立，所司各赐菊花酒，跪受，再拜。酒三行，揖起。

藏阄仪：至日，北南臣僚常服入朝，皇帝御天祥殿，臣僚依位赐坐。契丹南面，汉人北面，分朋行阄。或五或七筹，赐膳。入食毕，皆起。顷之，复坐行觞如初。晚赐茶，三筹或五筹，罢教坊承应。若帝得觞，臣僚进酒讫，以次赐酒。

　　　　大康十年十二月二十二日，始行是仪。是日，不御朝。

　　岁时杂仪：

　　正旦。国俗以糯饭和白羊髓为饼，丸之若拳，每帐赐四十九枚。戊夜，各于帐内窗中掷丸于外。数偶，动乐，饮宴。数奇，令巫十有二人鸣铃，执箭，绕帐歌呼，帐内爆盐炉中，烧地拍鼠，谓之"惊鬼"，居七日乃出。国语谓正旦为"乃捏咿唲"。"乃"，正也，"捏咿唲"，旦也。

　　立春。妇人进春书，刻青缯为帜，像龙御之。或为蟾蜍，书帜曰"宜春"。

　　人日。凡正月之日，一鸡、二狗、三豕、四羊、五马、六牛、七日为人。其占，晴为祥，阴为灾。俗煎饼食于庭中，谓之"薰天"。

　　二月一日为中和节。国舅族萧氏设宴，以延国族耶律氏，岁以为常。国语是日为"咿里兜"。"咿里"，请也；"兜"，时也。咿，读若狙；兜，读若颇。

　　二月八日为悉达太子生辰。京府及诸州雕木为像，仪仗百戏导从，循城为乐。悉达太子者，西域净梵王子，姓瞿昙氏，名释迦牟尼。以其觉性，称之曰佛。

　　三月三日为上巳。国俗，刻木为兔，分朋走马射之。先中者胜，负朋下马列跪进酒，胜朋马上饮之。国语谓是日为"陶里桦"。"陶里"，兔也；"桦"，射也。

　　五月重五日。午时，采艾叶和绵著衣，七事以奉天子，北南臣僚各赐三事，君臣宴乐，渤海膳夫进艾糕。以五彩丝为索缠臂，谓之"合欢结"。又以彩丝宛转为人形簪之，谓之"长命缕"。国语谓是日为"讨赛咿唲"。"讨"，五；"赛咿唲"，月也。

　　夏至之日。俗谓之朝节。妇人进彩扇，以粉脂囊相赠遗。

　　六月十有八日。国俗，耶律氏设宴，以延国舅族萧氏，亦谓之"咿里兜"。

七月十三日。夜,天子于宫西三十里卓帐宿焉。前期,备酒馔。翼日,诸军部落从者皆动蕃乐,饮宴至暮,乃归行宫,谓之"迎节"。十五日中元,动汉乐,大宴。十六日昧爽,复往西方,随行诸军部落大噪三,谓之"送节"。国语谓之"赛咿唲奢"。"奢",好也。

八月八日。国俗,屠白犬,于寝帐前七步瘗之,露其喙。后七日,中秋,彩寝帐于其上。国语谓之"捏褐耐"。"捏褐",犬也;"耐",首也。

九月重九日。天子率群臣部族射虎,少者为负,罚重九宴。射毕,择高地卓帐,赐蕃、汉臣僚饮菊花酒。兔肝为臡,鹿舌为酱,又研茱萸酒,洒门户,以祓禳。国语谓是日为"必里迟离",九月九日也。

岁十月。五京进纸造小衣甲、枪刀、器械万副。十五日,天子与群臣望祭木叶山,用国字书状,并焚之。国语谓之"戴辣"。"戴",烧也;"辣",甲也。

冬至日。国俗,屠白羊、白马、白雁,各取血和酒,天子望拜黑山。黑山在境北,俗谓国人魂魄,其神司之,犹中国之岱宗云。每岁是日,五京进纸造人马万余事,祭山而焚之。俗甚严畏,非祭不敢近山。

腊辰日。天子率北南臣僚并戎服,戊夜坐朝,作乐饮酒,等第赐甲仗、羊马。国语谓是日为"炒伍侕叱"。"炒伍侕",战也。

再生仪:凡十有二岁,皇帝本命前一年季冬之月,择吉日。前期,禁门北除地置再生室、母后室、先帝神主舆。在再生室东南倒植三岐木。其日,以童子及产医妪置室中,一妇人执酒,一叟持矢箙,立于室外。有司请神主降舆,致奠。奠讫,皇帝出寝殿,诣再生室。群臣奉迎,再拜。皇帝入室,释服,跣。以童子从,三过岐木之下。每过,产医妪致词,拂拭帝躬。童子过岐木七,皇帝卧木侧,叟击箙曰:"生男矣。"太巫蒙皇帝首,兴,群臣称贺,再拜。产医妪受酒于执酒妇以进,太巫奉褪裸、彩结等物赞祝之。预选七叟,各立御名系于彩,皆跪进。皇帝选嘉名受之,赐物。再拜,退。群臣皆进褪裸、彩结等物。皇帝拜先帝诸御容,遂宴群臣。

　　善哉,阻午可汗之垂训后嗣也。孺子无不慕其亲者,嗜欲深而爱浅,妻子具而孝衰。人人皆然,而况天子乎！再生之仪,岁一周星,使天子一行是礼,以起其孝心。夫体之也真,则其思之也切,孺子之慕,将有油然发于中心者,感发之妙,非言语文字之所能及。善哉,阻午可汗之垂训后嗣也。始之以三过岐木,母氏劬劳能无念乎？终之以拜先帝御容,敬承宗庙宜何如哉？《诗》曰:"无念尔祖,聿修厥德。"

辽史卷五四
志第二三

乐

国乐　诸国乐　雅乐　大乐　散乐
鼓吹乐　横吹乐

　　辽有国乐，有雅乐，有大乐，有散乐，有铙歌、横吹乐。旧史称圣宗、兴宗咸通音律，声气、歌辞、舞节，徵诸太常、仪凤、教坊不可得。按《纪》、《志》、《辽朝杂礼》，参考史籍，定其可知者，以补一代之阙文。呜呼！《咸》、《韶》、《夏》、《武》之乐，声亡书逸，河间作记，史迁因以为书，寥乎希哉，辽之乐观此足矣。

　　辽有国乐，犹先王之风，其诸国乐，犹诸侯之风。故志其略。
　　正月朔日，朝贺，用宫悬雅乐。元会，用大乐，曲破后用散乐，角抵终之。是夜，皇帝燕饮，用国乐。
　　七月十三日，皇帝出行宫三十里卓帐。十四日设宴，应从诸军随各部落动乐。十五日中元，大宴，用汉乐。
　　春飞放杏埚，皇帝射获头鹅，荐庙燕饮，乐工数十人执小乐器侑酒。

　　太宗会同三年，晋宣徽使杨端、王眺等及诸国使朝见，皇帝御便殿赐宴。端、眺起进酒，作歌舞，上为举觞极欢。

会同三年端午日，百僚泊诸国使称贺，如式燕饮，命回鹘、敦煌二使作本国舞。

天祚天庆二年，驾幸混同江，头鱼酒筵，半酣，上命诸酋长次第歌舞为乐。女直阿骨打端立直视，辞以不能。上谓萧奉先曰："阿骨打意气雄豪，顾视不常，可托以边事诛之。不然，恐贻后患。"奉先奏："阿骨打无大过，杀之伤向化之意。蕞尔小国，又何能为。"

自汉以后，相承雅乐，有古《颂》焉，有古《大雅》焉。辽阙郊庙礼，无颂乐。大同元年，太宗自汴将还，得晋太常乐谱、宫悬、乐架，委所司先赴中京。

圣宗太平元年，尊号册礼：设宫悬于殿庭，举麾位在殿第三重西阶之上，协律郎各入就举麾位，太常博士引太常卿，太常卿引皇帝。将仗动，协律郎举麾，太乐令令撞黄钟之钟，左右钟皆应。工人举柷，乐作。皇帝即御坐，扇合，乐止。王公入门，乐作。至位，乐止。通事舍人引押册大臣，初动，乐作。置册殿前香案讫，就位，乐止。异册官奉册，初动，乐作。升殿，置册御坐前，就西墉北上位，乐止。大臣上殿，乐作。至殿栏内位，乐止。大臣降殿阶，乐作。复位，乐止。王公三品以上出，乐作。太常博士引太常卿，太常卿引皇帝降御坐入阁，乐止。

兴宗重熙九年，上契丹册，皇帝出，奏《隆安》之乐。

圣宗统和元年，册承天皇太后，设宫悬、簨簴，太乐工、协律郎入。太后仪卫动，举麾，《大和》乐作。太乐令、太常卿导引升御坐，帘卷，乐止。文武三品以上入，《舒和》乐作。至位，乐止。皇帝入门，《雍和》乐作。至殿前位，乐止。宰相押册，皇帝随册，乐作。至殿前置册于案，乐止。翰林学士、大将军昇册，乐作。置御坐前，乐止。丞相上殿，乐作。至读册位，乐止。皇帝下殿，乐作。至位，乐止。太后宣答讫，乐作。皇帝至西阁，乐止。亲王、丞相上殿，乐作。退班出，乐止。下帘，乐作。皇太后入内，乐止。

册皇太子仪：太子初入门，《贞安》之乐作。

册礼乐工次第:四隅各置建鼓一虡,乐工各一人。宫悬每面九虡,每虡乐工一人。乐虡近北置柷、敔各一,乐工各一人。乐虡内坐部乐工,左右各一百二人。乐虡西南武舞六十四人,执小旗二人。乐虡东南文舞六十四人,执小旗二人。协律郎二人。太乐令一人。

唐《十二和》乐,辽初用之。《豫和》祀天神,《顺合》祭地祇,《永和》享宗庙,《肃和》登歌奠玉帛,《雍和》入俎接神,《寿和》酌献饮神,《大和》节升降,《舒和》节出入,《昭和》举酒,《休和》以饭,《正和》皇后受册以行,《承和》太子以行。

辽《十二安》乐:初,梁改唐《十二和》乐为《九庆》乐,后唐建唐宗庙,仍用《十二和》乐,晋改为《十二同》乐。《辽杂礼》:"天子出入,奏《隆安》;太子行,奏《贞安》。"则是辽尝改乐名矣。余十《安》乐名缺。

辽雅乐歌辞,文阙不具。八音器数,大抵因唐之旧。

八音:

金,镈、钟;

石,球、磬;

丝,琴、瑟;

竹,籥、箫、笛;

匏,笙、竽;

土,埙;

革,鼓、鼗;

木,柷、敔。

十二律用周黍尺九寸管,空径三分为本。道宗太康中,诏行柜黍所定升斗,尝定律矣。其法大抵用古律焉。

自汉以来,因秦、楚之声置乐府。至隋高祖诏求知音者,郑译得西域苏祇婆七旦之声,求合七音八十四调之说,由是雅俗之乐,皆此声矣。用之朝廷,别于雅乐者,谓之大乐。

晋高祖使冯道、刘煦册应天太后、太宗皇帝,其声器、工官与法驾,同归于辽。

圣宗太平元年,册承天皇太后,童子弟子队乐引太后辇至金銮门。

天祚皇帝天庆元年上寿仪:皇帝出东阁,鸣鞭,乐作。帘卷,扇开,乐止。太尉执台,分班,太乐令举麾,乐作。皇帝饮酒讫,乐止。应坐臣僚东西外殿,太乐令引堂上,乐升。大臣执台,太乐令奏举觞,登歌,作。饮讫,乐止。行臣僚酒遍,太乐令奏巡周,举麾,乐作。饮讫,乐止。太常卿进御食,太官令奏食遍,乐作。《文舞》入,三变,引出,乐止。次进酒,行臣僚酒,举觞,巡周,乐作。饮讫,乐止。次进食,食遍,乐作。《武舞》入,三变,引出,乐止。扇合,帘下,鸣鞭,乐作。皇帝入西阁,乐止。

大乐器:本唐太宗《七德》、《九功》之乐。武后毁唐宗庙,《七德》、《九功》乐舞遂亡,自后宗庙用隋《文》、《武》二舞。朝廷用高宗《景云》乐代之,元会,第一奏《景云》乐舞。杜佑《通典》已称诸乐并亡,唯《景云》乐舞仅存。唐末、五代板荡之余,在者希矣。辽国大乐,晋代所传。《杂礼》虽见坐部乐工左右各一百二人,盖亦以《景云》遗工充坐部。其坐、立部乐,自唐已亡,可考者唯《景云》四部乐舞而已。

玉磬,

方响,

搊筝,

筑,

卧箜篌,

大箜篌,

小箜篌,

大琵琶,

小琵琶,

大五弦,

小五弦,

吹叶，

大笙，

小笙，

觱篥，

箫，

铜钹，

长笛，

尺八笛，

短笛。

以上皆一。

毛员鼓，

连鼗鼓，

贝。

以上皆二人，余每器工一人。

歌二人，

舞二十人，分四部：

《景云》舞八人，

《庆云》乐舞四人，

《破阵》乐舞四人，

《承天》乐舞四人。

大乐调：雅乐有七音，大乐亦有七声，谓之七旦：一曰娑陁力，平声；二曰鸡识，长声；三曰沙识，质直声；四曰沙侯加滥，声；五曰沙腊，皆应声；六曰般赡，五声；七曰俟利篷，斛先声。自隋以来，乐府取其声，四旦二十八调整为大乐。

娑陁力旦：

正宫，

高宫，

中吕宫，

道调宫，

　　　　南吕宫，

　　　　仙吕宫，

　　　　黄钟宫。

　　鸡识旦：

　　　　越调，

　　　　大食调，

　　　　高大食调，

　　　　双调，

　　　　小食调，

　　　　歇指调，

　　　　林钟商调。

　　沙识旦：

　　　　大食角，

　　　　高大食角，

　　　　双角，

　　　　小食角，

　　　　歇指角，

　　　　林钟角，

　　　　越角。

　　沙侠加滥旦：

　　　　中吕调，

　　　　正平调，

　　　　高平调，

　　　　仙吕调，

　　　　黄钟调，

　　　　般涉调，

　　　　高般涉调。

　　右四旦二十八调，不用黍律，以琵琶弦叶之。皆从浊至清，迭更其声，下益浊，上益清。七七四十九调，余二十一调失其传。盖出

《九部》乐之《龟兹部》云。

大乐声：各调之中，度曲协音，其声凡十，曰五、凡、工、尺、上、一、四、六、勾、合，近十二雅律。于律吕各阙其一，犹雅音之不及商也。

殷人作靡靡之乐，其声往而不反，流为郑、卫之声。秦、汉之间，秦、楚声作，郑、卫浸亡。汉武帝以李延年典乐府，稍用西凉之声。今之散乐，俳优、歌舞杂进，往往汉乐府之遗声。晋天福三年，遣刘煦以令官来归，辽有散乐，盖由此矣。

辽册皇后仪：呈百戏、角抵、戏马以为乐。

皇帝生辰乐次：

酒一行，觱篥起，歌。

酒二行，歌，手伎入。

酒三行，琵琶独弹。饼、茶、致语。食入，杂剧进。

酒四行，阙。

酒五行，笙独吹，鼓笛进。

酒六行，筝独弹，筑球。

酒七行，歌曲破，角抵。

曲宴宋国使乐次：

酒一行，觱篥起，歌。

酒二行，歌。

酒三行，歌，手伎入。

酒四行，琵琶独弹。饼，茶，致语。食入，杂剧进。

酒五行，阙。

酒六行，笙独吹，合法曲。

酒七行，筝独弹。

酒八行，歌，击架乐。

酒九行，歌，角抵。

散乐，以三音该三才之义，四声调四时之气，应十二管之数。截竹为四窍之笛,以叶音声,而被之弦歌。三音:天音扬,地音抑,人音中,皆有声无文。四时:春声曰平,夏声曰上,秋声曰去,冬声曰入。

散乐器:觱篥、箫、笛、笙、琵琶、五弦、箜篌、筝、方响、杖鼓、第二鼓、第三鼓、腰鼓、大鼓、鞚、拍板。

杂戏:自齐景公用倡优侏儒,至汉武帝设鱼龙曼延之戏,后汉有绳舞、自刳之伎,杜佑以为多幻术,皆出西域。哇俚不经,故不具述。

鼓吹乐,一曰短箫铙歌乐,自汉有之,谓之军乐。《辽杂礼》,朝会设熊罴十二案,法驾有前后部鼓吹,百官卤簿皆有鼓吹乐。前部:鼓吹令二人,㧑鼓十二,金钲十二,大鼓百二十,长鸣百二十,铙十二,鼓十二,歌二十四,管二十四,箫二十四,笳二十四。后部:大角百二十,鼓吹丞二人,羽葆十二,鼓十二,管二十四,萧二十四,铙十二,鼓十二,萧二十四,笳二十四。

右前后鼓吹,行则导驾奏之,朝会则列仗,设而不奏。

横吹亦军乐,与鼓吹分部而同用,皆属鼓吹令。

前部:

　　　　大横吹百二十,

　　　　节鼓二,

　　　　笛二十四,

　　　　觱篥二十四,

　　　　笳二十四,

　　　　桃皮觱篥二十四,

　　　　㧑鼓十二,

　　　　金钲十二,

　　　　小鼓百二十,

　　　　中鸣百二十,

　　　　羽葆十二,

　　　　鼓十二，
　　　　管二十四，
　　　　箫二十四，
　　　　篪二十四。
　　后部：
　　　　小横吹百二十四，
　　　　笛二十四，
　　　　箫二十四，
　　　　觱篥二十四，
　　　　桃皮觱篥二十四。
　　百官鼓吹、横吹乐，自四品以上，各有增损，见《仪卫志》。自周衰，先王之乐浸以亡缺，《周南》变为《秦风》。始皇有天下，郑、卫、秦、燕、赵、楚之声迭进，而雅声亡矣。汉、唐之盛，文事多西音，是为大乐、散乐；武事皆北音，是为鼓吹、横吹乐。雅乐在者，其器雅，其音亦西云。

辽史卷五五
志第二四

仪卫一

舆服　国舆　汉舆

　　辽太祖奋自朔方，太宗继志述事，以成其业。于是举渤海，立敬瑭，破重贵，尽致周、秦、两汉、隋、唐文物之遗余而居有之。路车、法物以隆等威，金符、玉玺以布号令。是以传至九主二百余年，岂独以兵革之利，士马之强哉。文谓之仪，武谓之卫，足以成一代之规模矣。考辽所有舆服、符玺、仪仗，作《仪卫志》。

　　自黄帝而降，舆服之制，其来远矣。禹乘四载作小车，商人得桑根之瑞为大辂，周人加金玉，象饰益备。秦取六国仪物，而分别其用，先王之制，置而弗御。至汉中叶，锐意稽古，然礼文之事，名存实亡，盖得十一于千百焉。唐之车辂因周、隋遗法，损益可知。而祭服皆青，朝服皆绛，常服用宇文制，以紫、绯、绿、碧分品秩。五代颇以常服代朝服。辽国自太宗入晋之后，皇帝与南班汉官用汉服；太后与北班契丹臣僚用国服，其汉服即五代晋之遗制也。考之载籍之可徵者，著《舆服篇》，冠诸《仪卫》之首。

　　契丹故俗，便于鞍马。随水草迁徙，则有毡车，任载有大车，妇人乘马，亦有小车，贵富者加之华饰。禁制疏阔，贵适用而已。帝后加隆,势固然也。辑其可知著于篇。

大舆,柴册再生仪载神主见之。

舆,腊仪见皇帝、皇后升舆、降舆。

总纛车,驾以御驼。祭山仪见皇太后升总纛车。

车,纳后仪见皇后就车。

青幰车,二螭头、盖部皆饰以银,驾用驼,公主下嫁以赐之。古者王姬下嫁,车服不系其夫,下王后一等。此其遗意欤?

送终车,车楼纯饰以锦,螭头以银,下县铎,后垂大毡,驾以牛。上载羊一,谓之祭羊,以拟送终之用。亦赐公主。

椅,册皇太后仪,皇帝乘椅,自便殿舁至西便门。

鞍马,祭山仪,皇帝乘马,侍皇太后行。腊仪,皇帝降舆,祭东毕,乘马入猎围。瑟瑟仪,俱乘马东行,群臣在南,命妇在北。

太宗皇帝会同元年,晋使冯道、刘煦等备车辂法物,上皇帝、皇太后尊号册礼。自此天子车服昉见于辽。太平中行汉册礼,乘黄令陈车辂,尚辇奉御陈舆辇。盛唐辇辂,尽在辽廷矣。

五辂:

《周官》典辂有五辂。秦亡之后,汉创制。

玉辂,祀天、祭地、享宗庙、朝贺、纳后用之。青质,玉饰,黄屋,左纛。十二銮在衡,二铃在轼。龙辀左建旂,十二斿,皆画升龙,长曳地。驾苍龙,金𪩘,镂锡,鞶缨十二就。辽国勘箭仪,皇帝乘玉辂至内门。圣宗开泰十年,上升玉辂自内三门入万寿殿,进七庙御容酒。

金辂,飨射、祀还、饮至用之。赤质,金饰,余如玉辂,色从其质。驾赤骝。

象辂,行道用之。黄质,象饰,余如金辂。驾黄骝。

革辂,巡狩、武事用之。白质,革鞔。驾白翰。

木辂,田猎用之。黑质,漆饰。驾黑骆。

车:制小于辂,小事乘之。

耕根车,耕藉用之。青质,盖三重,余如玉辂。

安车,一名进贤车,临幸用之。金饰,重舆,曲壁,八銮在衡,紫油缥朱里幰,朱丝络网。驾赤骝,朱鬐缨。

四望车,一名明远车,拜陵,临吊则用之。金饰,青油纛朱里通幰。驾牛,余同安车。

凉车,赤质,省方、罢猎用之。赤质,金涂,银装。五采龙凤织,藤油壁,绯条,莲座。驾以橐驼。

辇:用人挽,本宫中所乘。唐高宗始制七辇。《周官》巾车有辇,以人组挽之。太平册礼,皇帝御辇。

大凤辇,赤质,顶有金凤,壁画云气金翅。前有轼,下有构栏。络带皆绣云凤,银梯。主辇八十人。

大芳辇。

仙游辇。

小辇,永寿节仪,皇太后乘小辇。

芳亭辇,黑质,幕屋绯栏,皆绣云凤。朱绿夹窗,花板红网,两帘四竿,银饰梯。主辇百廿人。

大玉辇。

小玉辇。

逍遥辇,常用之。棕屋,赤质,金涂,银装,红条。辇官十二人,春夏绯衫,秋冬素锦服。

平头辇,常行用之。制如逍遥,无屋。册承天太仪,皇太后乘平头辇。

步辇,圣宗统和三年,驻跸土河,乘步辇听政。

羊车,古辇车。赤质,两壁龟文,凤翅,绯幰,络带、门帘皆绣瑞羊,画轮。驾以牛,隋易果下马。童子十八人,服绣。瑞羊挽之。

舆:以人肩之,天子用褠络臂绔。

腰舆,前后长竿各二,金银螭头,绯绣凤襕,上施锦褥,别设小床。奉舆十六人。

小舆,赤质,青顶,曲柄,绯绣络带。制如凤辇而小,上有御座。

奉舆二十四人。

皇太子车辂：

金辂，从祀享、正冬大朝、纳妃用之。册皇太子仪，乘黄令陈金辂，皇太子升、降金辂。

轺车，五日常朝、享宫臣、出入行道用之。金饰，紫幰朱里。驾一马。

四望车，吊临用之。金饰，紫油繐通幰。驾一马。

辽史卷五六
志第二五

仪卫二

国服　汉服

上古之人，网罟禽兽，食肉衣皮，以儷鹿韦掩前后，谓之鞸。然后夏葛、冬裘之制兴焉。周公陈王业，《七月》之诗，至于一日于貉，三月条桑，八月载绩，公私之用由是出矣。

契丹转居荐草之间，去邃古之风犹未远也。太祖仲父述澜，以遥辇氏于越之官，占居潢河沃壤，始置城邑，为树艺、桑麻、组织之教，有辽王业之隆，其亦肇迹于此乎！太祖帝北方，太宗制中国，紫银之鼠，罗绮之筐，麇载而至。纤丽软毳，被土绸木。于是定衣冠之制，北班国制，南班汉制，各从其便焉。详国服以著厥始云。

祭服：辽国以祭山为大礼，服饰尤盛。

大祀，皇帝服金文金冠，白绫袍，红带，县鱼，三山红垂。饰犀玉刀错，络缝乌靴。

小祀，皇帝硬帽，红克丝龟文袍。皇后戴红帕，服络缝红袍，县玉佩，双同心帕，络缝乌靴。

臣僚、命妇服饰，各从本部旗帜之色。

朝服：太祖丙寅岁即皇帝位，朝服衷甲，以备非常。其后行瑟瑟礼、大射柳，即此服。圣宗统和元年册承天皇太后，给三品以上用汉法服，三品以下用大射柳之服。

皇帝服实里薛衮冠，络缝红袍，垂饰犀玉带错，络缝靴，谓之国服衮冕。太宗更以锦袍、金带。

臣僚戴毡冠，金花为饰，或加珠玉翠毛，额后垂金花，织成夹带，中贮发一总。或纱冠，制如乌纱帽，无檐，不擫双耳。额前缀金花，上结紫带，末缀珠。服紫窄袍，系鞢鞢带，以黄红色条裹革为之，用金玉、水晶、靛石缀饰，谓之"盘紫"。太宗更以锦袍、金带。会同元年，群臣高年有爵秩者，皆赐之。

公服：谓之"展裹"，著紫。兴宗重熙二十二年，诏八房族巾帻。道宗清宁元年，诏非勋戚之后及夷离堇副使并承应有职事人，不带巾。

皇帝紫皂幅巾，紫窄袍，玉束带，或衣红袄。臣僚亦幅巾，紫衣。

常服：

宰相中谢仪，帝常服。高丽使入见仪，臣僚便衣，谓之"盘裹"。绿花窄袍，绿中单多红绿色。贵者披貂裘，以紫黑色为贵，青次之。又有银鼠，尤洁白。贱者貂毛、羊、鼠、沙狐裘。

田猎服：

皇帝幅巾，擐甲戎装，以貂鼠或鹅项、鸭头为扞腰。蕃汉诸司使以上并戎装，衣皆左衽，黑绿色。

吊服：太祖叛弟剌哥等降，素服受之。

素服，乘赭白马。

黄帝始制冕冠章服，后王以祀以祭以享。唐收、殷冔、周弁以朝，冠端以居，所以别尊卑、辨仪物也。厥后，唐以冕冠、青衣为祭服；通天、绛袍为朝服，平巾帻、袍襕为常服。大同元年正月朔，太宗皇帝入晋，备法驾，受文武百官贺于汴京崇元殿，自是日以为常。是年北归，唐、晋文物，辽则用之。左右采订，撮其常用者存诸篇。

祭服：终辽之世，郊丘不建，大裘冕服不书。

衮冕，祭祀宗庙，遣上将出征，饮至，践阼，加元服，纳后若元日受朝则服之。金饰，垂白珠十二旒，以组为缨，色如其绶，黈纩充耳，玉簪导。玄衣、纁裳十二章：八章在衣，日、月、星、龙、华虫、火、山、宗彝；四章在裳，藻、粉米、黼、黻。衣褾领，为升龙织成文，各为六等。龙、山以下，每章一行，行十二，白纱中单，黼领，青襈裾，黻革带、大带，剑佩绶，舄加金饰。元日朝会仪，皇帝服衮冕。

朝服：乾亨五年，圣宗册承天太后，给三品以上法服。《杂礼》，册承天太后仪，侍中就席，解剑脱履。重熙五年尊号册礼，皇帝服龙衮，北南臣僚并朝服，盖辽制。会同中，太后、北面臣僚国服；皇帝、南面臣僚汉服。乾亨以后，大礼虽北面三品以上，亦用汉服；重熙以后，大礼并汉服矣。常朝仍遵会同之制。

皇帝通天冠，诸祭还及冬至、朔日受朝、临轩拜王公、元会、冬会服之。冠加金博山，附蝉十二，首施珠翠。黑介帻，发缨翠緌，玉若犀簪导。绛纱袍，白纱中单，褾领，朱襈裾，白裙襦，绛蔽膝，白假带方心曲领。其革带佩剑绶，袜舄。若未加元服，则双童髻，空顶，黑介帻，双玉导，加宝饰。元日上寿仪，皇帝服通天冠、绛纱袍。

皇太子远游冠，谒庙还宫、元日、冬至、朔日入朝服之。三梁冠，加金附蝉九，首施珠翠。黑介帻，发缨翠緌，犀簪导。绛纱袍，白纱中单，皂领舄，襈裾，白裙襦，白假带方心曲领，绛纱蔽膝。其革带剑佩绶，袜舄与上同。后改用白袜、黑舄。未冠，则双童髻，空顶，黑介帻，双玉导，加宝饰。册皇太子仪，皇太子冠远游，服绛纱袍。

亲王远游冠，陪祭、朝飨、拜表、大事服之。冠三梁，加金附蝉。黑介帻，青緌导。绛纱单衣，白纱巾单，皂领，襈裾，白裙襦。革带钩䩞，假带曲领方心，绛纱蔽膝，袜舄，剑佩绶。二品以上同。

诸王远游冠，三梁，黑介帻，青緌。

三品以上进贤冠，三梁，宝饰。

五品以上进贤冠，二梁，金饰。

九品以上进贤冠，一梁，无饰。

七品以上去剑佩绶。

八品以下同公服。

公服：勘箭仪，阁使公服，系履。辽国尝用公服矣。

皇帝翼善冠，朔视朝用之。柘黄袍，九环带，白练裙襦，六合靴。

皇太子远游冠，五日常朝、元日、冬至受朝服。绛纱单衣，白裙襦，革带金钩鰈，假带方心，纷鞶囊，白袜，乌皮履。

一品以下、五品以上，冠帻缨，簪导，谒见东宫及余公事服之。绛纱单衣，白裙襦，带钩鰈，假带方心，袜履，粉鞶囊。

六品以下，冠帻缨，簪导，去纷鞶囊。余并同。

常服：辽国谓之"穿执"。起居礼，臣僚穿执。言穿靴、执笏也。

皇帝柘黄袍衫，折上头巾，九环带，六合靴，起自宇文氏。唐太宗贞观已后，非元日、冬至受朝及大祭祀，皆常服而已。

皇太子进德冠，九琪，金饰，绛纱单衣，白裙襦，白袜，乌皮履。

五品以上，幞头，亦曰折上巾，紫袍，牙笏，金玉带。文官佩手巾、算袋、刀子、砺石、金鱼袋。武官鞢韘七事：佩刀、刀子、磨石、契苾真、哕厥、针筒、火石袋、乌皮六合靴。

六品以下，幞头，绯衣，木笏，银带，银鱼袋佩，靴同。

八品九品，幞头，绿袍，𨱤石带，靴同。

辽史卷五七
志第二六

仪卫三

符印　印　符契

　　遥辇氏之世，受印于回鹘。至耶澜可汗，请印于唐，武宗始赐"奉国契丹印"。太祖神册元年，梁幽州刺史来归，诏赐印绶。是时，太祖受位遥辇十年矣。会同九年，太宗伐晋，末帝表上传国宝一、金印三，天子符瑞于是归辽。

　　传国宝，秦始皇作。用蓝玉，螭纽，六面，其正面文"受命于天，既寿永昌"，鱼鸟篆，子婴以上汉高祖。王莽篡汉，平皇后投玺殿阶，螭角微玷。献帝失之，孙坚得于井中，传至孙权，以归于魏。魏文帝隶刻肩际曰"大魏受汉传国之宝"。唐更名"受命宝"。晋亡，归辽。自三国以来，僭伪诸国往往模拟私制，历代府库所藏不一，莫辨真伪。圣宗开泰十年，驰驿取石晋所上玉玺于中京。兴宗重熙七年，以《有传国宝者为正统》赋试进士。天祚保大二年，遗传国玺于桑干河。

　　玉印，太宗破晋北归，得于汴宫，藏随驾库。穆宗应历二年，诏用太宗旧宝。

　　御前宝，金铸，文曰"御前之宝"，以印臣僚宣命。

　　诏书宝，文曰"书诏之宝"，凡书诏批答用之。

　　契丹宝，受契丹册仪，符宝郎捧宝置御坐东。

金印三,晋帝所上,其文未详。

皇太后宝,制未详。天显二年,应天皇后称制,群臣上玺绶。册承天皇太后仪,符宝郎奉宝置皇太后坐右。

皇后印,文曰"皇后教印"。

皇太子宝,未详其制。重熙九年册皇太子仪,中书令授皇太子宝。

吏部印,文曰"吏部之印",银铸,以印文官制诰。

兵部印,文曰"兵部之印",银铸,以印军职制诰。

契丹枢密院、契丹诸行军部署、汉人枢密院、中书省、汉人诸行宫都部署印,并银铸。文不过六字以上,以银朱为色。

南北王以下内外百司印,并铜铸,以黄丹为色,诸税务以赤石为色。

杓窊印,杓窊,鸷鸟之总名,以为印纽,取疾速之义。行军诏赐将帅用之。道宗赐耶律仁先鹰纽印,即此。

自大贺氏八部用兵,则合契而动,不过刻木为牉合。太祖受命,易以金鱼。

金鱼符七枚,黄金铸,长六寸,各有字号,每鱼左右判合之。有事,以左半先授守将,使者执右半,大小、长短、字号合同,然后发兵。事讫,归于内府。

银牌二百面,长尺,刻以国字,文曰"宜速",又曰:"敕走马牌"。国有重事,皇帝以牌亲授使者,手札给驿马若干。驿马阙,取它马代。法,昼夜驰七百里,其次五百里,所至如天子亲临,须索更易,无敢违者。使回,皇帝亲受之,手封牌印郎君收掌。

木契,正面为阳,背面为阴,阁门唤仗则用之。朝贺之礼,宣徽使请阳面木契下殿,至于殿门,以契授西上阁门使云:"授契行勘"。勘契官声喏,跪受契,举手勘契同,俯、兴、鞠躬,奏"内外勘契同"。阁门使云:"准敕勘契,行勘。"勘契官执阴面木契声诺,平身立,少退,近后,引声云"军将门仗官",齐声喏。勘契官云:"内出唤仗木契一只,准敕付左右金吾仗行勘。"勘契官云"合不合",门仗官云"合",凡再。勘契官云"同不同",门仗官云"同",亦再。勘契官近前鞠躬,奏:"勘官左金吾引驾仗、勾画都知某官某,对御勘同。"平身,少退,近后,右手举契云"其契谨付阁门使进入。"阁门使引声喏,门仗官下声喏。勘契官跪以契授,阁门使上殿纳契,宣徽使受契。阁门使下殿,奉敕唤仗。

木箭,内箭为雄,外箭为雌,皇帝行幸则用之。还宫,勘箭官执雌箭,东上阁门使执雄箭,如勘契之仪,详具《礼仪志》。

辽史卷五八

志第二七

仪卫四

国仗　渤海仗　汉仗
卤簿仪仗人数马匹

　　帝王处则重门击柝,出则以师兵为营卫,劳人动众,岂得已哉。天下大患生于大欲,不得不远虑深防耳。智英勇杰、魁臣雄藩于是乎在,寓武备于文物之中,此仪仗所由设也。金吾、黄麾六军之仗,辽受之晋,晋受之后唐,后唐受之梁、唐,其来也有自。耶律俨、陈大任旧志有未备者,兼考之《辽朝杂礼》云。

　　王通氏言,舜岁偏四岳,民不告劳,营卫省、征求寡耳。辽太祖匹马一麾,斥地万里,经营四方,未尝宁居,所至乐从,用此道也。太宗兼制中国,秦皇、汉武之仪文日至,后嗣因之。旄头豹尾,驰驱五京之间,终岁勤动,辙迹相寻。民劳财匮,此故之以欤。
　　辽自大贺氏摩会受唐鼓纛之赐,是为国仗。其制甚简,太宗伐唐、晋以前,所用皆是物也。著于篇首,以见艰难创业之主,岂必厚卫其身云
　　十二神纛,
　　十二旗,
　　十二鼓,

　　曲柄华盖，

　　直柄华盖。

　　遥辇末主遗制，迎十二神纛、天子旗鼓置太祖帐前。诸弟剌哥等叛，匀德实纵火焚行宫，皇后命曷古鲁救之，止得天子旗鼓。太宗即位，置旗鼓、神纛于殿前。圣宗以轻车仪卫拜帝山。

　　天显四年，太宗幸辽阳府，人皇王备乘舆羽卫以迎。乾亨五年，圣宗东巡，东京留守具仪卫迎车驾。此故渤海仪卫也。

　　大贺失活入朝于唐，娑固兄弟继之，尚主封王，饫观上国。开元东封，邵固扈从，又览太平之盛。自是朝贡岁至于唐。辽始祖涅里立遥辇氏，世为国相，目见耳闻，歆企帝王之容辉有年矣。遥辇致鼓纛于太祖帐前，曾何足以副其雄心霸气之所睥睨哉。厥后，交梁聘唐，不惮劳勋。至于太宗，立晋以要册礼，入汴而收法物，然后累世之所愿欲者，一举而得之。太原擅命，力非不敌，席卷法物，先致中京，跷弃山河，不少顾虑，志可知矣。于是秦、汉以来帝王文物尽入于辽；周、宋按图更制，乃非故物。辽之所重，此其大端，故特著焉。

　　太宗会同元年，晋使冯道备车辂、法物，上皇太手册礼；刘煦、庐重备礼，上皇帝尊号。

　　三年，上在蓟州观《导驾仪卫图》，遂备法驾幸燕，御元和殿，行入阁礼。

　　六年，备法驾幸燕，迎导御元和殿。

　　大同元年正月朔，备法驾至汴，上御崇元殿，受文武百僚朝贺。自是日以为常。

　　二月朔，上御崇元殿，备礼受朝贺。

　　三月，将幸中京镇阳，诏收卤簿法物，委所司押领行先往。未几，镇阳入汉，卤簿法物随世宗归于上京。

　　四月，皇太弟李胡遣使问军事，上报曰"朝会起居如礼"。是月，太宗崩，世宗即位，卤簿法物备而不御。

穆宗应历元年,诏朝会依嗣圣皇帝故事,用汉礼。

景宗乾亨五年二月,神柩升辒辌车,具卤簿仪卫。

六月,圣宗至上京,留守具法驾迎导。

圣宗统和元年,车驾还上京,迎导仪卫如式。

三年,驾幸上京,留守具仪卫奉迎。

四年,燕京留守具仪卫导驾入京,上御元和殿,百僚朝贺。

是后,仪卫常事,史不复书。

　　步行擎执二千四百一十二人,坐马擎执二百七十五人,坐马乐人二百七十三人,步行教坊人七十一人,御马牵拢官五十二人,御马二十六匹,官僚马牵拢官六十六人,坐马挂甲人五百九十八人,步行挂甲人百六十人,金甲二人,神舆十二人,长寿仙一人,诸职官等三百五人,内侍一人,引稍押衙二人,赤县令一人,府牧一人,府吏二人,少尹一人,司录一人,功曹一人,太常少卿一人,太常丞一人,太常博士一人,司徒一人,太仆卿一人,鸿胪卿一人,大理卿一人,御史大夫一人,侍御史二人,殿中侍御史二人,监察御史一人,兵部尚书一人,兵部侍郎一人,兵部郎中一人,兵部员外郎一人,符宝郎一人,左右诸卫将军三十五人,左右诸折冲二十一人,左右诸果毅二十八人,尚乘奉御二人,排仗承直二人,左右夹骑二人,都头六人,主帅一十四人 教坊司差,押蘸二人,左右金吾四人,虞候伫飞一十六人,鼓吹令二人,漏刻生二人,押当官一人,司天监一人,令史一人,司辰一人,统军六人,千牛备身二人,左右亲勋二人,左右郎将四人,左右拾遗二人,左右补阙二人,起居舍人一人,左右谏议大夫二人,给事中书舍人二人,左右散骑常侍二人,门下侍郎二人,中书侍郎二人,鸣鞭二人 内侍内差,侍中一人,中书令一人,监门校尉二人,排列官二人,武卫队正一人,随驾诸司供奉官三十人,三班供奉官六十人,通事舍人四人,御史中丞二人,乘黄丞二人,都尉一人,太仆卿一人,步行太卜令一人。职官乘马三百四匹,进马四匹,驾车马二十八匹。人之数凡四千二百三十有九,马之数凡千五百二十。

　　得诸本朝太常卿徐世隆家藏《辽朝杂礼》者如是。至于仪注之详，不敢傅会云。

辽史卷五九
志第二八

食货上

　　契丹旧俗，其富以马，其强以兵。纵马于野，弛兵于民。有事而战，旷绮介夫，卯命辰集。马逐水草，人仰湩酪，挽强射生，以给日用，糗粮刍茭，道在是矣，以是制胜，所向无前。及其有国，内建宗庙朝廷，外置郡县牧守，制度日增，经费日广，上下相师，服御浸盛，而食货之用斯为急矣。于是五京及长春、辽西、平州置是盐铁、转运、度支、钱帛诸司，以掌出纳。其制数差等虽不可悉，而大要散见旧史。若农谷、租赋、盐铁、贸易、坑冶、泉币、群牧，逐类采摭，缉而为为篇，以存一代食货之略。

　　初，皇祖匀德实为大迭烈府夷离堇，喜稼穑，善畜牧，相地利以教民耕。仲父述澜为于越，饬国人树桑麻，习组织。太祖平诸弟之乱，弭兵轻赋，专意于农。尝以户口滋繁，糺辖疏远，分北大浓兀为二部，程以树艺，诸部效之。

　　太宗会同初，将东猎，三克奏减辎重，疾趋北山取物，以备国用，无害农务。寻诏有司劝农桑，教纺绩。以乌古之地水草丰美，命瓯昆石烈居之，益以海勒水之善地为农田。三年，诏以谐里河、胪朐河近地，赐南院欧堇突吕、乙斯勃、北院温纳河剌三石烈人，以事耕种。八年，驻跸赤山，宴从臣，问军国要务。左右对曰："军国之务，爱民为本。民富则兵足，兵足则国强。"上深然之。是年，诏征诸道兵，仍戒敢有伤禾稼者以军法论。

应历间，云州进嘉禾，时谓重农所召。保宁七年，汉有宋兵，使来乞粮，诏赐粟二十万斛助之。非经费有余，其能若是？

圣宗乾亨五年，诏曰："五稼不登，开帑而代民税。螟蝗为灾，罢徭役以恤饥贫。"帝尝过藁城，见乙室奥隗部下妇人迪辇等黍过熟未获，遣人助刈。太师韩德让言，兵后逋民弃业，禾稼栖亩，募人获之，以半给获者。政事令室昉亦言，山西诸州给军兴，民力凋敝，田谷多蹂于边兵，请复今年租。六年，霜旱，灾民饥，诏三司，旧以税钱折粟，估价不实，其增以利民。又徙吉避寨居民三百户于檀、顺、蓟三州，择沃壤，给牛、种谷。十三年，诏诸道置义仓。岁秋，社民随所获，户出粟庤仓，社司籍其目。岁俭，发以振民。统和十五年，诏免南京旧欠义仓粟，仍禁诸军官非时畋牧妨农。开泰元年，诏曰："朕惟百姓徭役烦重，则多给工价。年谷不登，发仓以贷。田园芜废者，则给牛、种以助之。"太平初幸燕，燕民以年丰进土产珍异。上礼高年，惠鳏寡，赐酺连日。九年，燕地饥，户部副使王嘉请造船，募习海漕者，移辽东粟饷燕，议者称道险不便而寝。

兴宗即位，遣使阅诸道禾稼。是年，通括户口，诏曰："朕于早岁，习知稼穑。力办者广务耕耘，罕闻输纳。家食者全亏种植，多至流亡。宜通检括，普遂均平。"禁诸职官不得擅造酒縻谷，有婚祭者，有司给文字始听。

道宗初年，西北雨谷三十里，春州斗粟六钱。时西番多叛，上欲为守御计，命耶律唐古督耕稼以给西军。唐古率众田胪朐河侧，岁登上熟。移屯镇州，凡十四稔，积粟数十万斛，每斗不过数钱。以马人望前为南京度支判官，公私兼裕，检括户口，用法平恕，乃迁中京度支使。视事半岁，积粟十五万斛，擢左散骑常侍。辽之农谷至是为盛。而东京如咸、信、苏、复、辰、海、同、银、乌、遂、春、泰等五十余城内，沿边诸州，各有和粜仓，依祖宗法，出陈易新，许民自愿假贷，收息二分。所在无虑二三十万硕，虽累兵兴，未尝用乏。迨天庆间，金兵大入，尽为所有。会天祚播迁，耶律敌烈等逼立梁王雅里，令群牧人户运盐泺仓粟，人户侵耗，议籍其产以偿。雅里自定其直：粟一车一羊,三车一牛,五车一马,八车一驼。从者曰:"今一羊易粟二斗,尚不可得,此直太轻。"雅里曰:"“民有则我有,若今尽偿,众何以堪?"事虽无及,然使天未绝辽,斯言亦足以收人心矣。

夫赋税之制,自太祖任韩延徽,始制国用。太宗籍五京户丁,以定赋税,户丁之数无所于考。圣宗乾亨间,以上京云为户訾具实饶,善避徭役,遗害贫民,遂勒各户,凡子钱到本,悉送归官,与民均差。统和中,耶律昭言,西北之众,每岁农时,一夫侦候,一夫治公田,二夫给紃官之役。当时沿边各置屯田戍兵,易田积谷以给军饷。故太平七年诏,诸屯田在官斛粟不得擅贷,在屯者力耕公田,不输税赋,此公田制也。余民应募,或治闲田,或治私田,则计亩出粟以赋公上。十五年,募民耕滦河旷地,十年始租,此在官闲田制也。又诏山前后未纳税户,并于密云、燕乐两县,占田置业入税,此私田制也。各部大臣从上征伐,俘掠人户,自置郛郭,为头下军州。凡市井之赋,各归头下,惟酒税赴纳上京,此分头下军州赋为二等也。

先是,辽东新附地不榷酤,而盐曲之禁亦弛。冯延休、韩绍勋相继商利,欲与燕地平山例加绳约,其民病之,遂起大延琳之乱。连年诏复其租,民始安靖。南京岁纳三司盐铁钱折绢,大同岁纳三司税钱折粟。开远军故事,民岁输税,斗粟折五钱,耶律抹只守郡,表请折六钱,亦皆利民善政也。

辽史卷六○
志第二九

食货下

　　征商之法,则自太祖置羊城于炭山北,起榷务以通诸道市易。太宗得燕,置南京,城北有市,百物山侔,命有司治其征;余四京及它州县,货产懋迁之地,置亦如之。东平郡城中置看楼,分南、北市,禺中交易市北,午漏下交易市南。雄州、高昌、渤海亦立互市,以通南宋、西北诸部、高丽之货,故女直以金、帛、布、蜜、蜡诸药材及铁离、靺鞨、于厥等部以蛤珠、青鼠、貂鼠、胶鱼之皮、牛羊、驼马、毳罽等物,来易于辽者,道路绳属。圣宗乾亨间,燕京留守司言,民艰食,请弛居庸关税,以通山西籴易。又令有司谕诸行宫,布帛短狭不中尺度者,不粥于市。明年,诏以南、北府市场人少,宜率当部车百乘赴集。开奇峰路以通易州贸易。二十三年,振武军及保州并置榷场。时北院大王耶律室鲁以俸羊多阙,部人贫乏,请以羸老之羊及皮毛易南中之绢,上下为便。至天祚之乱,赋敛既重,交易法坏,财日匮而民日困矣。

　　盐策之法,则自太祖以所得汉民数多,即八部中分古汉城别为一部治之。城在炭山南,有盐池之利,即后魏滑盐县也,八部皆取食之。及征幽、蓟还,次于鹤剌泺,命取盐给军。自后泺中盐益多,上下足用。会同初,太宗有大造于晋,晋献十六州地,而瀛、莫在焉,始得河间煮海之利,置榷盐院于香河县,于是燕、云迤北,暂食沧盐。一时产盐之地,如渤海、镇城、海阳、丰州、阳洛城、广济湖等处,五京计司各以其地领之。其煎取之制，岁出之额，不可得而详矣。

坑冶，则自太祖始并室韦，其地产铜、铁、金、银，其人善作铜、铁器。又有曷术部者多铁。"曷术"，国语铁也。部置三冶：曰柳湿河，曰三黜古斯，曰手山。神册初，平渤海，得广州，本渤海铁利府，改曰铁利州，地亦多铁。东平县，本汉襄平县故地，产铁矿，置采炼者三百户，随赋供纳。以诸坑冶多在国东，故东京置户部司，长春州置钱帛司。太祖征幽、蓟，师还次山麓，得银、铁矿，命置冶。圣宗太平间，于黄河北阴山及辽河之源，各得金、银矿，兴冶采炼。自此以讫天祚，国家皆赖其利。

鼓铸之法，先代撒剌的为夷离堇，以土产多铜，始造钱币。太祖其子，袭而用之，遂致富强，以开帝业。太宗置五冶太师，以总四方钱铁。石敬瑭又献沿边所积钱，以备军实。景宗以旧钱不足于用，始铸乾亨新钱，钱用流布。圣宗凿大安山，取刘守光所藏钱，散诸五计司，兼铸太平钱，新旧互用。由是国家之钱，演迤域中。所以统和出内藏钱，赐南京诸军司。开泰中，诏诸道，贫乏百姓，有典质男女，计佣价日以十文；折尽，还父母。每岁春秋，以官钱宴飨将士，钱不胜多，故东京所铸至清宁中始用。是时，诏禁诸路不得货铜铁，以防私铸。又禁铜铁卖入回鹘，法益严矣。道宗之世，钱有四等：曰咸雍，曰大康，曰大安，曰寿隆，皆因改元易名。其肉好、铢数亦无所考。第诏杨遵勖征户部司逋户旧钱，得四十余万繦，拜枢密直学士；刘伸为户部使，岁入羡余钱三十万缗，擢南院枢密使；其以灾诊，出钱以振贫乏及诸宫分边戍人户。是时，虽未有贯朽不可较之积，亦可谓富矣。至其末年，经费浩穰，鼓铸仍旧，国用不给。虽以海云佛寺千万之助，受而不拒，寻禁民钱不得出境。天祚之世，更铸乾统、天庆二等新钱，而上下穷困，府库无余积。

始太祖为迭烈府夷离堇也，惩遥辇氏单弱，于是抚诸部，明赏罚，不妄征讨，因民之利而利之，群牧蓄息，上下给足。及即位，伐河东，下代北郡县，获牛、羊、驼、马十余万。枢密使耶律斜轸讨女直，复获马二十余万，分牧水草便地，数岁所增不胜算。当时，括富人马,不加多,赐大、小鹘军万余疋,不加少,盖畜牧有法然也。咸雍五年,萧陶隗为马群太保,上书犹言群牧名存实亡,上下相欺,宜括实数以为定籍。厥后,东丹国岁贡千疋,女直万疋,直不古等国万疋,阻卜及吾独婉、惕隐各二万疋,西夏、室韦各三百疋,越里笃、剖阿里、奥里米、蒲奴里、铁骊等诸部三百疋。仍禁朔州路羊马入宋,吐浑、党项马鬻于夏。以故群牧滋繁,数至百有余万,诸司牧官以次进阶。自太祖及兴宗垂二百年,群牧之盛如一日。天祚初年,马犹有数万群,每群不下千疋。祖宗旧制,常选南征马数万疋,牧于雄、霸、清、沧间,以备燕、云缓急。复选数万,给四时游畋,余则分地以牧。法至善也。至末年,累与金战,番汉战马损十六七,虽增价数倍,竟无所买,乃冒法买官马从军。诸群牧私卖日多,畋猎亦不足用,遂为金所败。弃众播迁,以讫于亡。松漠以北旧马,皆为大石林牙所有。

辽之食货,其可见者如是耳。至于邻国岁币,诸属国岁贡土宜,虽累朝军国经费多所仰给,然非本国所出,况名数已见本纪,兹不复载。

夫冀北宜马,海滨宜盐,无以议为。辽地半沙碛,三时多寒,春秋耕获及其时,黍稌高下因其地,盖不得与中土同矣。然而辽自初年,农谷充羡,振饥恤难,用不少靳,旁及邻国,沛然有余,果何道而致其利欤？此无他,劝课得人,规措有法故也。

世之论钱币者,恒患其重滞之难致,鼓铸之弗给也。于是楮币权宜之法兴焉。西北之通舟楫,比之东南,十才一二。辽之方盛,货泉流衍,国用以殷,给戍赏征,赐与亿万,未闻有所谓楮币也,又何道而致其便欤？此无他,旧储新铸,并听民用故也。孟子曰："周于利者,凶年不能杀。"人力苟至,一夫犹足以胜时灾,况为国乎！以是知善谋国者,有道以制天时、地利之宜,无往而不遂其志。食莫大于谷,货莫大于钱。特志二者,以表辽初用事之臣,亦善裕其国者矣。

辽史卷六一
志第三○

刑法上

　　刑也者,始于兵而终于礼者也。鸿荒之代,生民有兵,如蜂有螫,自卫而已。蚩尤惟始作乱,斯民鸱义,奸宄并作,刑之用岂能已乎?帝尧清问下民,乃命三后,恤功于民,伯夷降典,折民惟刑。故曰刑也者,始于兵而终于礼者也。先王顺天地四时以建六卿。秋,刑官也,象时之成物焉。秋传气于夏,变色于春,推可知也。

　　辽以用武立国,禁暴戢奸,莫先于刑。国初制法,有出于五服、三就之外者,兵之势方张,礼之用未遑也。及阻午可汗,知宗室雅里之贤,命为夷离堇,以掌刑辟,岂非士师之官,非贤者不可为乎。太祖、太宗经理疆土,擐甲之士岁无宁居,威克厥爱,理势然也。子孙相继,其法互有轻重,中间能审权宜,终之以礼者,惟景、圣二宗为优耳。然其制刑之凡有四:曰死,曰流,曰徒,曰杖。死刑有绞、斩、凌迟之属,又有籍没之法。流刑量罪轻重,置之边城部族之地,远则投诸境外,又远则罚使绝域。徒刑一曰终身,二曰五年,三曰一年半。终身者决五百,其次递减百。又有黥刺之法。杖刑自五十至二百,凡杖五十以上者,以沙袋决之。又有木剑、大棒、铁骨朵之法。木剑、大棒之数三,自十五至三十。铁骨朵之数,或五、或七。有重罪者,将决以沙袋,先于膑骨之上及四周击之。拷讯之具,有粗、细杖及鞭、烙法。粗杖之数二十,细杖之数三,自三十至于六十。鞭、烙之数,凡烙三十者鞭三百,烙五十者鞭五百。被告诸事应伏而不服者，以此讯之。品官公事误犯，民年七十以上、十五以下犯罪者，听以赎论。赎铜之数，杖一百者，输钱千。亦有八议、八纵之法。籍没之法，始自太祖为挞马狘沙里时，奉痕德堇可汗命，案于越释鲁遇害事，以其首恶家属没入瓦里。及淳钦皇后时析出，以为著帐郎君，至世宗诏免之。其后内外戚属及世官之家，犯反逆等罪，复没入焉。余人则没为著帐户。其没入宫分、分赐臣下者亦有之。木剑、大棒者，太宗时制。木剑面平背隆，大臣犯重罪，欲宽宥则击之。沙袋者，穆宗时制，其制用熟皮合缝之，长六寸，广二寸，柄一尺许。徒刑之数详于重熙制，杖刑以下之数详于咸雍制，其余非常用而无定式者，不可殚纪。

太祖初年，庶事草创，犯罪者量轻重决之。其后治诸弟逆党，权宜立法。亲王从逆，不磔诸甸人，或投高崖杀之；淫乱不轨者，五车辖杀之；逆父母者视此；讪詈犯上者，以熟铁锥捧其口杀之。从坐者，量罪轻重杖决。杖有二：大者重钱五百，小者三百。又为枭磔、生瘗、射鬼箭、炮掷、支解之刑。归于重法，闲民使不为变耳。岁癸酉，下诏曰：“朕自北征以来，四方狱讼，积滞颇多。今休战息民，群臣其副朕意，详决之，无或冤枉。”乃命北府宰相萧敌鲁等分道疏决。有辽钦恤之意，昉见于此。神册六年，克定诸夷，上谓侍臣曰：“凡国家庶务，巨细各殊，若宪度不明，则何以为治，群下亦何由知禁。”乃诏大臣定治契丹及诸夷之法，汉人则断以律令，仍置钟院以达民冤。

至太宗时，治渤海人一依汉法，余无改焉。会同四年，皇族舍利郎君谋毒通事解里等，已中者二人，命重杖之，及其妻流于厥拔离弭河，族造药者。

世宗天禄二年，天德、萧翰、刘哥及其弟盆都等谋反，天德伏诛，杖翰，流刘哥，遣盆都使辖戛斯国。夫四人之罪均而刑异。辽之世，同罪异论者盖多。

穆宗应历十二年，国舅帐郎君萧延之奴海里强陵拽剌秃里年未及之女，以法无文，加之宫刑，仍付秃里以为奴。因著为令。十六年,谕有司:"自先朝行幸顿次,必高立标识以禁行者。比闻楚古辈,故低置其标深草中,利人误入,因之取财。自今有复然者,以死论。"然帝嗜酒及猎,不恤政事,五坊、掌兽、近侍、奉膳、掌酒人等,以獐鹿、野豕、鹘雉之属亡失伤毙,及私归逃亡,在告逾期,召不时至,或以奏对少不如意,或以饮食细故,或因犯者迁怒无辜,辄加炮烙铁梳之刑。甚者至于无算。或以手刃刺之,斩击射燎,断手足,烂肩股,折腰胫,划口碎齿,弃尸于野。且命筑封于其地,死者至百有余人,京师置百尺牢以处系囚。盖其即位未久,惑女巫肖古之言,取人胆合延年药,故杀人颇众。后悟其诈,以鸣镝丛射、骑践杀之。及海里之死,为长夜之饮,五坊、掌兽人等及左右给事诛戮者,相继不绝。虽尝悔其因怒滥刑,谕大臣切谏,在廷畏懦,解能匡救,虽谏又不能听。当其将杀寿哥、念古,殿前都点检耶律夷腊葛谏曰:"寿哥等毙所掌雉,畏罪而亡,法不应死。"帝怒,斩寿哥等,支解之。命有司尽取鹿人之在系者凡六十五人,斩所犯重者四十四人,余悉痛杖之。中有欲置死者,赖王子必摄等谏得免。已而怒颇德饲鹿不时,致伤而毙,遂杀之。季年,暴虐益甚,尝谓太尉化葛曰:"朕醉中有处决不当者,醒当覆奏。"徒能言之,竟无悛意,故及于难。虽云虐止亵御,上不及大臣,下不及百姓,然刑法之制,岂人主快情纵意之具邪!

　　景宗在潜,已监其失。及即位,以宿卫失职,监殿前都点检耶律夷腊葛。赵王喜隐自囚所擅去械锁,求见自辩,语之曰:"枉直未分,焉有出狱自辩之理?"命复絷之。即而躬录囚徒,尽召而释之。保宁三年,以穆宗废钟院,穷民有冤者无所诉,故诏复之,仍命铸钟,纪诏其上,道所以废置之意。吴王稍为奴所告,有司请鞫,帝曰:"朕知其诬,若案问,恐余人效之。"命斩以徇。五年,近侍实鲁里误触神纛,法应死,杖而释之,庶几宽猛相济。然缓于讨贼,应历逆党至是始获而诛焉,议者以此少之。

　　圣宗冲年嗣位,睿智皇后称制,留心听断,尝劝帝宜宽法律。帝壮,益习国事,锐意于治。当时更定法令凡十数事,多合人心,其用刑又能详慎。先是,契丹及汉人相殴致死,其法轻重不均,至是一等科之。统和十二年,诏契丹人犯十恶,亦断以律。旧法,死囚尸市三日,至是一宿即听收瘗。二十四年,诏主非犯谋反大逆及流死罪者,其奴婢无得告首。若奴婢犯罪至死,听送有司,其主无得擅杀。二十九年,以旧法,宰相、节度使世选之家子孙犯罪,徒杖如齐民,惟免黥面。诏自今但犯罪当黥,即准法同科。开泰八年,以窃盗贼满十贯,为首者处死,其法太重,故增至二十五贯,其首处死,从者决流。尝敕诸处刑狱有冤,不能申雪者,听诣御史台陈诉,委官覆问。往时大理寺狱讼,凡关覆奏者,以翰林学士、给事中、政事舍人详决。至是,始置少卿及正主之。犹虑其未尽,而亲为录囚。数遣使诣诸道审决冤滞,如邢抱朴之属,所至,人自以为无冤。

五院部民有自坏铠甲者,其长佛奴杖杀之。上怒其用法太峻,诏夺官,吏以故不敢酷。挞剌干乃方十因醉言宫掖事,法当死,特贳其罪。五院部民偶遗火,延及木叶山兆域,亦当死,杖而释之,因著为法。至于敌八哥始窃蓟州王令谦家财,及觉,以刃刺令谦,幸不死。有司拟以盗论,止加杖罪。又那母古犯窃盗者十有三次,皆以情不可恕,论弃市。因诏自令三犯窃盗者,黥额、徒三年;四则黥面、徒五年;至于五则处死。若是者,重轻适宜,足以示训。近侍刘哥、乌古斯尝从齐王妻而逃,以赦,后会千龄节出首,乃诏诸近侍、护卫集视而腰斩之。于是国无幸民,纲纪修举,吏多奉职,人重犯法。故统和中,南京及易、平二州以狱空闻。至开泰五年,诸道皆狱空,有刑措之风焉。

故事,枢密使非国家重务,未尝亲决,凡狱讼惟夷离堇主之。及萧合卓、萧朴相继为枢密使,专尚吏才,始自听讼。时人转相效习,以狡智相高,风俗自此衰矣。故太平六年下诏曰:"朕以国家有契丹、汉人,故以南、北二院分治之,盖欲去贪枉,除烦扰也。若贵贱异法,则怨必生。夫小民犯罪,必不能动有司以达于朝,惟内族、外戚多恃恩行贿,以图苟免,如是则法废矣。自今贵戚以事被告,不以事之大小,并令所在官司案问,且申北、南院覆问得实以闻。其不案辄申,及受请托为奏言者,以本犯人罪罪之。"七年,诏中外大臣曰:

"《制条》中有遗阙及轻重失中者,其条上之,议增改焉。"

辽史卷六二
志第三一

刑法下

　　兴宗即位,钦哀皇后始得志,昆弟专权。冯家奴等希钦哀意,诬萧迟卜等谋反,连及嫡后仁德皇后。迟卜等十余人与兴仁德姻援坐罪者四十余辈,皆被大辟,仍籍其家。幽仁德于上京,既而遣人弑之。迫殒非命,中外切愤。钦哀后谋废立,迁于庆州。及奉迎以归,颇复预事,其酷虐不得逞矣。然兴宗好名,喜变更,又溺浮屠法,务行小惠,数降赦宥,释死囚甚众。重熙元年,诏职事官公罪听赎,私罪各从本法;子弟及家人受赇,不知情者,止坐犯人。先是,南京三司销钱作器皿三斤,持钱出南京十贯,及盗遗火家物五贯者处死。至是,铜逾三斤,持钱及所盗物二十贯以上处死。二年,有司奏:"元年诏曰,犯重罪徒终身者,加以捶楚,而又黥面。是犯一罪而具三刑,宜免黥。其职事官及宰相、节度使世选之家子孙,犯奸罪至徒者,未审黥否?"上谕曰:"犯罪而悔过自新者,亦有可用之人。一黥其面,终身为辱,朕甚悯焉。"后犯终身徒者,止刺颈。奴婢犯逃,若盗其主物,主无得擅黥其面,刺臂及颈者听。犯窃盗者,初刺右臂,再刺左,三刺颈之右,四刺左,至于五则处死。五年,《新定条制》成,诏有司定朝日执之,仍颁行诸道。盖纂修太祖以来法令,参以古制。其刑有死、流、杖及三等之徒,而五凡五百四十七条。时有群牧人窃易官印以马与人者,法当死,帝曰:"一马杀二人,不亦甚乎?"减死论。又有兄弟犯强盗当死,以弟从兄,且俱无子,特原其弟。至于枉法受赇，诈敕走递，伪学御书，盗外国贡物者，例皆免死。郡王贴不家奴弥里吉告其主言涉怨望，鞠之无验，当反坐。以钦哀皇后里言，竟不加罪，亦不断付其主，仅籍没焉。宁远军节度使萧白强掠乌古敌烈都详稳敌鲁之女为妻，亦以后言免死，杖而夺其官。梅里狗丹使酒杀人而逃，会永寿节出首，特赦其罪。皇妹秦国公主生日，帝幸其第。伶人张隋，本宋所遣汋者，大臣觉之以闻。召诘，款伏，乃遽释之。后诏诸职官私取官物者，以正盗论。诸帐郎君等于禁地射鹿，决杖三百，不徵偿；小将军决二百已下；至百姓犯者决三百。圣宗之风替矣。

道宗清宁元年，诏诸宫都部署曰：“凡有机密事，即可面奏，余所诉事，以法施行。有投诽讪之书，其受及读者皆弃市。”二年，命诸郡长吏如诸部例，与僚属同决罪囚，无致枉死狱中。下诏曰：“先时诸路死刑皆待决于朝，故狱讼留滞；自今凡强盗得实者，听即决之。”四年，复诏左夷离毕曰：“比诏外路死刑，听所在官司即决。然恐未能悉其情，或有枉者。自今虽已款伏，仍令附近官司覆问。无冤然后决之，有冤者即具以闻。”咸雍元年，诏狱囚无家者，给以粮。六年，帝以契丹、汉人风俗不同，国法不可异施，于是命惕隐苏、枢密使乙辛等更定《条制》。凡合于《律令》者，具载之。其不合者，别存之。时校定官即重熙旧制，更窃盗赃二十五贯处死一条，增至五十贯处死；又删其重复者二条，为五百四十五条；取《律》一百七十三条，又创增七十一条，凡七百八十九条，增重编者至千余条。皆分类列。以大康间所定，复以《律》及《条例》参校，续增三十六条。其后因事续校，至大安三年止，又增六十七条。条约既繁，典者不能遍习，愚民莫知所避，犯法者众，吏得因缘为奸。故五年诏曰：“法者所以示民信，而致国治。简易如天地，不忒如四时，使民可避而不可犯。比命有司纂修刑法，然不能明体朕意，多作条目，以罔民于罪，朕甚不取。自今复用旧法，余悉除之。”然自大康元年，北院枢密使耶律乙辛等用事。宫婢单登等诬告宣懿皇后，乙辛以闻，即诏乙辛劾状，因实其事。上怒，族伶人赵惟一，斩高长命，皆籍其家，仍赐皇后自尽。三年,乙辛又与其党谋构昭怀太子,阴令右护卫太保耶律查剌,告知枢密院事萧速撒等八人谋立皇太子。诏按无状,出速撒、达不也外补,流护卫撒拨等六人。诏告首谋逆者,重加官赏,否则悉行诛戮。乙辛教牌印郎君萧讹都干自首"臣尝预速撒等谋",因籍姓名以告。帝信之,以乙辛等鞠按,至杖皇太子,囚之宫中别室,杀挞不也、撒刺等三十五人,又杀速撒等诸子,其幼稚及妇女、奴婢、家产,皆籍没之,或分赐群臣。燕哥等诈为太子爰书以闻,上大怒,废太子,徒上京,乙辛寻遣人弑于囚所。帝犹不寤,朝廷上下,无复纪律。

天祚乾统元年,凡大康三年预乙辛所害者悉复官爵,籍没者出之,流放者还乡里。至二年,始发乙辛等墓,剖棺戮尸,诛其子孙,余党子孙减死,徒边,其家属奴婢皆分赐被害之家。如耶律挞不也、萧达鲁古等,党人之尤凶狡者,皆以赂免。至于覆军失城者,第免官而已。行军将军耶律涅里三人有禁地射鹿之罪,皆弃市。其职官诸局人有过者,镣降决断之外,悉从军。赏罚无章,怨谤日起,剧盗相挺,叛亡接踵。天祚大恐,益务绳以严酷,由是投崖、炮掷、钉割、脔杀之刑复兴焉。或有分尸五京,甚者至取其心以献祖庙。虽由天祚救患无策,流为残忍,亦由祖宗有以启之也。

辽之先代,用法尚严。使其子孙皆有君人之量,知所自择,犹非祖宗贻谋之道。不幸一有昏暴者,少引以藉口,何所不至。然辽之季世,与其先代用刑同,而兴亡异者何欤?盖创业之君,施之于法未定之前,民犹未敢测也;亡国之主,施之于法既定之后,民复何所赖焉。此其所为异也。传曰:"新国轻典。"岂独权权事宜而已乎?

天祚末年,游畋无度,颇有倦勤意。诸子惟文妃所生敖卢斡最贤。萧奉先乃元妃兄,深忌之。会文妃之女兄适耶律挞曷里,女弟适耶律余睹,奉先乃诬告余睹等谋立晋王,尊天祚为太上皇,遂戮挞曷里及其妻,赐文妃自尽。敖卢斡以不与谋得免。及天祚西狩奉圣州,又以耶律撒八等欲劫立敖卢斡,遂诛撒八,尽其党与。敖卢斡以有人望,即日赐死。当时从行百官、诸局承应人及军士闻者,皆流涕。

　　盖自兴宗时，遽起大狱，仁德皇后戕于幽所，辽政始衰。道宗杀宣懿皇后，迁昭怀太子，太子寻被害。天祚知其父之冤，而已亦几殆，至是又自杀其子敖卢斡。传曰："于所厚者薄，无所不薄矣。"辽二百余年，骨肉屡相残灭。天祚荒暴尤甚，遂至于亡。噫！

辽史卷六三
表第一

世　表

天开于子，地辟于丑，人生于寅。天地人之初，一焉耳矣。天动也，有恒度；地静也，有恒形；人动静无方，居止靡常。天主流行，地主蓄泄，二气无往而弗达，亦惟人之所在而异付焉。

庖羲氏降，炎帝氏，黄帝氏子孙众多，王畿之封建有限，王政之布覆无弓，故君四方者，多二帝子孙，而自服土中者本同出也。考之字文周之《书》，辽本炎帝之后，而耶律俨称辽为轩辕后。俨《志》晚出，盖从周《书》。盖炎帝之裔曰葛乌菟者，世雄朔陲，后为冒顿可汗所袭，保鲜卑山以居，号鲜卑氏。既而慕容氏燕破之，析其部曰字文，曰库莫奚，曰契丹。契丹之名，昉见于此。

隋唐之际，契丹之君号大贺氏。武后遗将击溃其众，大贺氏微，别部长过折代之。过折寻灭，迭剌部长涅里立迪辇组里为阻午可汗，更号遥辇氏。唐赐国姓，曰李怀秀。既而怀秀叛唐，更封楷落为王。而涅里氏，是为辽太祖。于是世里氏与大贺、遥辇号"三耶律"。自里之后曰耨里思者，左右怀秀。楷落至于屈成几百年，国势复振。

至耨里思之孙曰阿保机，功业勃兴，国日益大。

时厥后，国日益大。起唐季，涉五代，末，二百余年。

名随代迁，字传音转，此其言语文字之相通，可考而知者也。其所不可知者，有若奇首可汗，有若苏可汗，胡剌可汗，汗，苏古可汗，昭古可汗，皆辽之先，而世次不可考矣。撮其可知者，作辽《世表》。

帝统	契丹先世
汉	冒顿可汗以兵袭东胡，灭之。余众保鲜卑山，因号鲜卑。
魏	青龙中，部长比能稍桀骜，为幽州刺史王雄所害，散徙潢水之南，黄龙之北。
晋	鲜卑葛乌菟之后曰普回。普回有子莫那，自阴山南徙，始居辽西。九世为慕容晃所灭，鲜卑众散为宇文氏，或为库莫奚，或为契丹。
元魏	契丹国在库莫奚东，异族同类，东部鲜卑之别支也，至是始自号契丹。为慕容氏所破，俱窜松漠之间。道武帝登国间，大破之，遂与库莫奚分背。经数十年，稍滋蔓，有部落于和龙之北数百里。大武帝太平真君以来，每岁入贡，献文帝和平兴，使莫弗纥何辰来献，始班诸国末，欣服。万丹部、何大何部、伏弗郁部、羽陵部、日连部、匹絜部、吐六于部以名马文皮来贡，得交市于和龙、密云之间。太和三年，高句丽与蠕蠕谋取地豆于以分之，契丹畏惧，莫弗贺勿于率其部落车三千

北齐	乘,众万余口内附,止于白狼水东。 天保四年九月,契丹犯塞,文宣帝亲讨之,至平州,乃趣长堑。司徒潘相乐率精骑五千,自东道趣青山;安德王韩轨帅骑四千东断走路。帝亲逾山岭奋击,房男女十余万,杂畜数十万。相乐又于青山大破别部,所房生口分置诸州,所房男女为奚厥所逼,复为奚厥处高丽境内。
隋	开皇四年,率诸莫弗贺来谒。五年,悉众款塞,高祖纳之,听居故地。六年,诸部相攻不止,又与奚厥相侵,高祖使使谕解之。别部出伏等违高丽,率众内附,置于渴奚那颉之北。开皇末,别部四千余户违奚厥来降,高祖给粮遣还,固辞不去,部落渐众。遂北徙,逐水草,当辽西正北二百里,依纥臣水而居。东西亘五百里,南北三百里,分为十部,兵多者三千,少者千余。有征伐,酋帅相与议之,兴兵动众合符契。奚厥沙钵略可汗遣吐屯潘垤统之,契丹杀而吐屯。大业七年,贡方物。
唐	契丹地直京师东北五千里而赢,东距高丽,西奚,南营州,北靺鞨、室韦,阻冷径山以自固。射猎居处无常。其君大贺氏有胜兵四万,析八部,臣于奚厥,以为俟斤。凡调发攻战,则诸部毕会,猎则部得自行。与奚不平,每斗不利,辄遁保鲜卑山。武德中,大帅孙敖曹与靺鞨长突地稽俱来朝。二年,入犯平州境。六年,君长咄罗献名马、丰貂。贞观二年,摩会来降,奚厥请以梁师都易契丹。太宗曰:"契丹、奚厥不同类,师都唐编户,我将擒之,不可易降者。"三年,

摩会入朝，赐鼓纛，由是有常贡。帝伐高丽，奚首领从军。还过营州，以屈哥

为左武卫将军。大帅纥主据曲率众来归，即其部为玄州，隶营州都督府。

屈哥举部内属，乃置松漠都督府，以屈哥为都督，封无极男，赐姓李氏。以达稽部为峭落州，

纥便部为弹汗州，独活部为无逢州，芬问部为羽陵州，突便部为日连州，芮奚部为徒河州，

坠斤部为万丹州，伏部为匹黎、赤山二州，俱隶松漠府。以辱纥主为刺史。屈哥死，与奚叛，

行军总管阿史德枢宾执松漠都督阿卜固于东都。屈哥二孙：曰枯莫离，弹汗州刺史、

归顺郡王；曰尽忠，松漠都督。敖曹曾孙曰万荣。时营州都督赵文翙侵侮其

下，尽忠等怨望，与万荣共举兵，杀文翙，据营州，自号"无上可汗"，推万荣为帅。不二旬，

众数万，攻崇州，执讨击副使许钦寂。武后怒，诏将军曹仁师等二十八将击之，更号万荣

曰"万斩"，尽忠曰"尽灭"。战西硖石黄獐谷，王师败绩。武后益

发兵击契丹。万荣夜袭檀州，清边道副总管张九节拒战，万荣败走。俄尽忠死，突厥默

啜袭破其部。万荣收散兵，复振。别将骆务整、何阿小入冀州，杀刺史陆宝积，掠数千

人。万荣闻尽忠死，诏夏官尚书王孝杰等率兵十七万讨万荣，战东硖石，败绩，孝杰死

之。万荣进屠幽州。又诏右金吾大夫武懿宗等率兵二十万击之。万荣乘锐，鼓行而南，

残瀛州属县。神兵总管杨立基率兵奚兵掩击，大破万荣，执何阿小，别将李楷固、

略务整降。万荣委军走，立基与奚四面合击，万荣众溃，东走。张九节设三伏待之。万荣穷蹙，与家奴轻骑走潞河东，憩甚，卧林下。奴斩其首以献，九节传东都。契丹余众不能立，遂附突厥。开元二年，尽忠从父弟失活率部落归唐。

失活，玄宗赐丹书铁券。开元四年，与奚长李大酺偕来，诏复置松漠府，以失活为都督，封松漠郡王。仍置静析军，以失活为经略大使，八部长皆为刺史。五年，以杨氏为永乐公主下嫁失活。六年，卒。

娑固，失活之弟，帝以娑固袭爵。开元七年，娑固与公主来朝。衙官可突于勇悍，得众心。娑固欲除之；事泄，可突于攻之，娑固奔营州。都督许钦澹及奚君李大酺改可突于，不胜。娑固、大酺皆死，可突于推以为主，遣使谢罪，玄宗册立娑固弟郁干〔可突于，刘煦、宋祁及《唐会要》皆作可突干。〕。开元十年，郁干入朝，以慕容氏为燕郡公主下嫁郁干，卒。

咄干，郁干之弟，国人共立之。开元十三年冬，朝于行在，从封禅泰山，改封辽阳王。

邵固，咄干之弟，袭官爵。开元十八年，为可突于所弑，以其众降突厥，东光广化郡王，以陈氏为东光公主下嫁邵固。

公主走平卢。

屈列，不知其世系，可突于立之。开元二十二年六月，幽州节度使张守珪大破可突于。十二月，又破之，斩屈列及可突于等，传首东都，余众散走山谷。

过折，本契丹部长，为松漠府衙官，斩可突于及屈列归唐。幽州节度使张守珪立之，封北平郡王。是年，大贺氏泯礼弑过折，屠其家。一子剌走安东，拜左骁卫将军，自此，契丹中衰，大贺氏附庸于奚王，以通于唐，朝贡岁至。至德、宝应间再至，大历十二年，贞元九年，十年，十一年三至，元和中七至，大和、开成间四至。泥礼，耶律俨《辽史》书为涅里，陈大任书为雅里，盖辽太祖之始祖也。

李怀秀，唐赐姓名，契丹名迪辇组里，本八部大帅。天宝四年降唐，拜松漠都督。安禄山表请讨契丹，怀秀发兵十万，与禄山战潢水南，禄山大败，自是与禄山兵连不解。耶律俨《纪》云，太祖四代祖耨里思为迭剌部夷离堇，遣将只里始、括里，大败范阳安禄山于潢水，适当怀秀之世。则怀秀固遥辇氏之首君，为阻午可汗明矣。

楷落，以唐封恭仁王，代松漠都督，遂称契丹王。其后寖大，贞元四年，犯北边，幽州以闻。自禄山反，河北割据，道隔不通，世次不可悉考。

契丹王屈戍，武宗会昌二年授云麾将军，幽州节度使是为耶澜可汗。张仲武奏契丹旧用回鹘印,乞赐圣造,诏以"奉国契丹"为文。《高丽古今录》作屈戌。

契丹王习尔,是为巴剌可汗。咸通中,再遣使贡献,部落寖强。

契丹王钦德,习尔之族也,是为痕德堇可汗。光启中,钞掠奚、室韦诸部,皆役服之,数与刘仁恭相攻。晚年政衰。八部大人,法常三岁代,迭剌部耶律阿保机建鼓旗,自为一部,不肯受代,自号为王,尽有契丹国,遥辇氏遂亡。

萧韩家奴有言,先世遥辇可汗洼之后,国祚中绝,自夷离堇雅里立迪辇可汗,大位始定。今以唐史、辽史参考,大贺氏绝于邵固,雅里所立,则怀秀也,其间唯屈列,过折二世。屈列乃可汶于所立,过折以别部长为雅里所杀。唐史称泥里为可汶于余党,则迪辇可汶者,殆为屈列耶?

辽史卷六四

表第二

皇子表

帝官天下，王者家焉。至于亲九族，敬五宗，其揆一也。三代以上，封建久长，故吴、鲁、燕、蔡、卫、晋、郑，太史迁既著《世家》，又列《年表》，不厌其详。自汉以降，封建实亡，犹有其名，封建者登《世家》，自绝者置《列传》，然王子侯犹可以年表也。班固以为文无实，世君子耻之。自魏以降，不帝不世，王侯身徒数封，朝不谋夕，于是列而传之。功不足以垂后，罪不足以垂法，碌碌然，抑又甚焉。

今摘其功罪功罪然者列诸《传》；叙亲亲之恩，敬长之义，而无他可书者，略表见之，为《皇子表》。

帝	系	名	字	第 行	封 爵	官 职	功	罪	薨	寿	子	孙
肃祖四子		洽者，字牙		第一。		送刺部夷	有德行。分					房在五院

子	行第	夷离堇・舍利	才事	卒	六院司・房
昭烈皇后萧氏生，懿祖第二。见《帝纪》。新。		离堇。	五石烈为七，六爪为十一。		司。
懿祖四子：					
葛剌，字古昆。	第三。	舍利。		早卒。	房在六院司。
洽礼，字啟華。	第四。	舍利。		早卒。	房在六院司。
叔剌。	第一。	舍利。			
帖剌，字摟得。	第二。	九任选剌部夷离堇。		卒年七十。	六院司，为夷离堇。
庄敬皇后萧氏生，玄祖第三。见《帝纪》。					
玄祖四子：					
蒙古直，字岩母根。	第四。	舍利。	善射。	年几冠，坠马卒。	六院司，呼为舍利房。
麻鲁。	第一。	舍利。		早卒。	六院司，呼为舍利房。
岩木，字啟啟。	第二。	重熙中，追三为选剌，	身长八尺，	年四十五	二子:胡古
简献皇后					

只求掇。其后即主父房之孟父。

麂。

封蜀国王。

部夷离堇。多力，能裂付皮。语音如钟，弥里本岭去家数里，尝登岭呼其从，家人悉闻之。

萧氏生，德祖第四。见《帝纪》。峦举。

其后良三父房之仲父。

年五十七，为子渭哥所弑。子渭哥，

重熙中，追封为隋国王。于越。

骈胁人力，贤而有智。先遣辇氏可汗岁贡于奚厥，至释鲁为于越，始免。

第三。释鲁，字述澜。

德祖六子：宣简皇后萧氏生五子，太祖第一，见《帝纪》。	剌葛，字率懒。第二。	太祖即位，为惕隐，讨涅烈部，破之，改为迭剌部夷离堇。	教民种树桑麻。	性愚险。破涅烈部而骄，与弟迭剌、安端等谋乱。事觉，按问，具伏。太祖令誓而舍之。太祖曰："汝谋此事，不过欲富贵尔"。出为平州。	后自幽州南奔，为人所杀。	子赛保。即三父房子季父。

选剌部夷
离堇，复谋
为乱，诱群
弟据西山
以阻归路。
大祖闻而
避之，次赤
水城。剌葛
诈降，复使
神速来明
王楼，大挞
而去。至擘
只，喝只二
河，与追兵
战，众溃。

及鸭里河，女骨部人邀击之，剌葛轻骑遁去。至榆河，先锋啟鲁生擒之。大祖念其同气，不忍加刑，杖而释之。神册二年，南奔。

天显元年，为中台省

谋反，剌葛

祖曰:"迭

性敏给。大与兄剌葛

迭剌，字云独昆。第三。

剌之智，卒然图功，吾所不及；缓安端降，大祖杖而释以谋事，不如我。"

神册三年，欲南奔，事觉，亲戚请免于上，又赦之。

能通其语者，太后谓大祖曰："送剌聪敏可使。"遣迓之。相从二旬，能习其言与书，因制契

左大相。

黄底石,字阿辛。	第四。	重熙间,追封许国王。	大祖遗诏黄底石守太师,政事令,辅东丹王。	丹小字,数少而该贯。生而暗懦。与兄剌葛作乱,兵败,大祖赦之。后复与剌葛遁至榆河,自剌不死,被擒,大祖释之。	大祖命辅东丹王,淳钦皇后遣司徒划沙杀于路。	孙阿烈。
安端,字猥隐。	第五。	天禄初,以	神册三年,	与兄剌葛		

谋乱，妻粘睦姑告变，太祖誓而征渤海，复免之。复叛，兵败，三万余人；安边、鄭颜、定理三府叛，平之。大宗即位，有定策功，会同中，伐晋，率兵先出雁门，下忻、代。世子见擒，杖而释之。子察割弑逆被诛，穆宗赦通谋罪，放归田里。

为炀隐。天讨平云州。天赞四年，为北院夷离堇。

功王东丹国，赐号明王。

隐。

已上并系季父房。	征渤海国，还，薨。	在南府，以贿闻，民颇怨。大祖尤爱之。沧州节度使刘守文求救，太祖命任数，解沧州围。刺葛诈降，苏往来其间。既平，	宗初立，以兵往应，以李胡战于秦德泉，败之。言无隐情，	神册五年，为惕隐。六年，为南府宰相。	第四。	苏，字云独昆。

太祖四子：淳钦皇后萧氏生三	倍，小字图欲，唐明宗赐姓东丹	第一。	神册元年，立为皇太子。天显元年奔唐，唐遣人来招，倍浮海，唐人来	聪敏好学，通阴阳，医药，箴灸之人。	苏力为多。天赞三年，与选里朵地西南。天显初，征渤海，攻破忽汗城，大誺讓降。性柔顺，事上忠谨。太祖二十功臣，苏居其一。	外宽内忍，刻急，喜杀之人。	唐主从珂将自焚，遣壮士李彦	子娄国，隆先，道隐。已下并系

横帐。

绅害之，薨年三十八。葬医巫闾山。

闻太祖崩，李存勖相拒于云碧店，引兵驰赴，存勖退走。陈渤海可取之计。天

召至定州。

镇滑州。

人，遥领庻州节度使。

太宗立，诏居东平郡，升为南京。太宗谥曰文武元皇王。世宗谥让国皇帝。统和中，更

移经燕地，观察使。

瑞，镇等州都统。先锋

祖征乌古、党项，倍为

工文章。大

律，善画。

术，知音

迎以天子仪卫，改端州为怀化军，拜怀化军节度使，

年，为东丹国人皇王。建元甘露，称制行事，置左右大相及百官，一用汉法。

子，大宗第二。见《帝纪》。

名慕华，改赐姓李，名赞华。

李胡，一名　第三。　谥文献皇帝。重熙二十一年，增谥文献钦义皇帝。

显元年，从征渤海，拔扶余城，大祖欲括户口，谏止，且劝乘势改忽汗城，夜围降之。唐李从珂自立，密报太宗曰："从珂弑君，不可不讨"。

天显五年，勇悍多力。性醋忍，小死于囚所，二子:宋王喜隐、卫王宛。

年五十，葬玉峰山西谷。

怒，辄黥人面，或投水火中。世宗即位于镇阳，太后遣李胡将兵拒击，至泰德泉，为安端、刘哥所败。耶律屋质谏太后，李胡作色曰："我在，兀欲安得立？"

天显五年，徇代北，攻蔚州，多俘而还。太宗凡亲征，常留守京师。

兼天下兵马大元帅。

立为皇太弟。统和道谥钦顺皇帝。重熙二十一年，更谥章肃皇帝。

洪古，字奚隐。

屋质曰:"民心畏公酷暴,无如之何?"太后曰:"我与太祖爱汝异于诸子。谚曰:'偏怜之子不保业,难得之妇不主家。'我非不欲立汝,汝自不能矣。"李

			二子：敌烈、奚底，皆知名。
召人萧氏生一子。	牙里果，字敌輦。	性沉默，善骑射。自晋还，始为惕隐。	胡往世宗军议和，解剑而后见。和纳定、趙上京。有告李胡与太后谋废立，徙祖州。穆宗时，喜隐反，辞连李胡，囚之。天显三年，以病薨。救那律沙于定州，为李嗣源所

太宗五子：靖安皇后萧氏生二子，穆宗第一。见《帝纪》。	罨撒葛。	第二。	会同元年，封太平王。世宗诏许与晋主任复以昆弟礼。景宗封齐王，赠皇太叔，谥钦靖。	穆宗委以国政。	谋乱，令司天魏璘卜日，觉，贬西北边戍。景宗即位，撒葛惧，奔于大漠，召还，释其罪。	获，至石晋立，始得还。	保宁四年，病殂薨。
宫人萧氏生三子。	天德，字必摄。	第三。		猛悍趫捷，人望而畏。	与李胡战于泰德泉。		天禄二年，伏诛。

太后闻之，不悦，后不复用。与侍卫萧翰谋反，系狱。盆都等辞连天德。天德按之。天德断锁，不能出。

太宗讨石重贵，至望都，晋将杜重威率兵十万先据河梁。上欲以计破之，募能断粮道者，天德请以五千骑行。许之。从间道击走卫送之军，火其辎重。重敬烈,字巴第四。保宁初,封威劳甍,乃降。会同三年,与郎用和使晋。世宗即位,遣天德护送太宗灵柩于上京。太后遣李胡拒世宗,遇耶律留哥等于泰德泉,战甚力,败之。多力善射与宣徽使殁子阵。子哇哥,白

速軰。	冀王。	耶律海思　保宁初，宋人侵汉，与南府宰相耶律沙将兵往援，却敌而还。	马岭之败俱殁。
		等谋反，事觉，穆宗释之。乾亨初，宋主攻河东，至白马岭，敌烈以先锋度涧，未半，宋军逆击，师溃。	
必摄，字藏軰。第五。	景宗封为赵王。	应历间，族人恒特及萧啜里有罪，欲亡，笄亡，	以疾薨。

				早薨。墓号太子院。
必摄密以闻。上以为忠，常以侍从。上好畜鹿，有伤毙及逸去，即杀主者。适欲诛一监养鹿官，必摄谏而免。景宗时，讨党项有功。				
		景宗立，追册为皇太子，谥庄		
	第一。旧史《皇族传》书。			
世宗三子：景宗第二。	吼阿不。			

妃甄氏生

只没，字

第三。

在第三，且圣。
云未详所
出。按《景
宗本纪》
云，景宗皇
帝，世宗第
二子。又按
旧史《本
传》云，景
宗立，亲祭
于墓，追册
为皇太子。
当是世宗
嫡长子也。

景宗封为

敏给好学，与

应历末，与

通契丹，汉字，能诗。统和元年应皇太后命，赋《移芍药诗》。宫人私通，上闻，怒。榜掠数百，剌一目而官之，系狱，将弃市。景宗即位，释之，赐以所私宫人。保宁八年，妻造鸩毒，夺爵，贬乌古部。赋《放鹤诗》，征

宁王。保宁八年夺爵。统和元年皇太后称制，诏复旧爵。

旧史《皇族传》书在第一。

和鲁堇。

一子。

景宗四子								
景宗四子：睿智皇后萧氏生三子，圣宗第一。见《帝纪》。	隆庆，字燕隐，小字普贤奴。	第二。	八岁封恒王。统和十六年，徙王南京留守。	初兼侍中。统和中，拜南京留守。开泰初，加梁国。开泰初，更王晋国，更王秦国，进王秦晋，追赠皇太弟。	统和十七年南征，为先锋，至赢州，遇宋将范廷召列陈以待，隆庆遣萧柳击败之，逃入空墅，周而尽殪。十九年，复败宋人于行唐。	还。	入觐，还至北安州，浴温泉，疾薨，葬医巫闾山。	子五人：查葛，遂哥，苏谢家奴，婪，葬医巫闾山。
	隆祐，小字	第三。	乾亨初，封	统和中伐	还。		开泰元年	子三人：胡

名	序次	事迹		子
高七，一字胡都堇。		郑王。统和末，留守京师中，徙王，更王吴，更王楚。开泰初，改王齐。谥仁。重熙间，改谥孝靖。拜西南面招讨使。及征高丽，复留守京师，权知北院枢密使，出守东京。赠守太师。		都古、合禄、贴不。麂。
药师奴。	第四。			早卒，葬王子院。
重元，小字孛吉只。	第二。	太平三年，封秦国王，历南、北院枢密使，南京留守，知元帅府事。兴宗立为皇太弟，赐。圣宗崩，钦哀皇后称制，密谋立重元，重元告。清宁九年，车驾秋猎滦水，重元子涅鲁古		谋反，军溃，自杀。子涅鲁古谋反，战殁。
一子未详所出。				

圣宗六子：钦哀皇后萧氏生二子，兴宗第一子，兴宗第二

讨夏军还，
薨。

与陈六、萧
胡睹等四人谋
反，诱胁弩军
攻行官。将战，
其党多悔过
效顺，各
奔溃。重元
奔走大漠，
欢曰："涅
鲁古使我
至此。"

以所谋白
于上，上益
重之。启虽
处职，未
尝离辇下，
尊宠古未
之有。

金券。道宗
册为皇太叔，
免拜不名，复赐
金券。

道宗拜天
下兵马大
元帅。

重熙中，封
柳城郡王。

太平七年，
遥领彰信。

明敏善射，
讨夏国，督

别古特，字
撒懒。

第三。

一子不详
所出。

一，见
《帝纪》。

母	名字	排行	封爵	事迹	事迹	结局
仆隗氏生二子。	吴哥,字洪隐。	第四。	燕王。	开泰二年,为惕隐,出为南京留守。	军节度使,战有功,为王子郎君班详稳。重熙中,累迁契丹行宫都部署。	麓于南京。四世孙敌烈、术烈。术烈继梁王雅里称帝。
	狗儿,字屠鲁昆。	第五。	太平元年,拜南府宰相。	重熙七年,		暴疾薨。
姜氏生一子	侯古,字讹古。	第六。	重熙初,王。			麓于上京。

子						
	兴宗三子:仁懿皇后萧氏生三子,道宗第一,见《帝纪》。					
	和鲁斡,字阿辇。	第二。重熙十七年,封越王。清宁初,徙王鲁,进王宋。三年,册为魏。乾统三年,册为天下兵马大元帅,加守太师,免拜,不名。三年,为惕隐,加乂和大叔。	清宁中,拜上京留守。	重元乱,和鲁干夜赴战。	天祚即位,驰围场之禁。和鲁干请曰:"天子以巡幸为大事,虽居谅阴,不可废也。"上以为然,复命有司促备春水	从猎于庆州,薨。	子三人:石笃、远、淳。淳封秦晋王,称帝。
	里本。	封饶乐郡王。咸雍中,徙混同郡王。	子郎君班详稳,后为上京留守。			

世系·生母	名	排行	封爵事迹	补注
道宗一子：宣懿皇后萧氏生。	浚，小字耶鲁斡。	第一。	六岁封梁王，八岁立为皇太子，兼领北、南院枢密使。大康元年，幼能言，好学，知书，文帝屡曰：之行。	年二十，为子天祚皇帝，诏延禧。乙辛诬害，囚上京，见弑。
	阿琏，字讹里本。	第三。	重熙十七年，封许王。清宁初，徙陈王，秦王，进封秦国。追封秦越国，谥钦正。清宁中，出为辽兴军节度使。咸雍间，历西京、上京留守。道封魏国王，谥……仁寿之号，复守南京。	从车驾秋猎，以疾薨。

杀,葬玉峰山。

"此子聪慧,殆天授。"七岁从猎,连中二鹿,上谓左右曰:"祖先骑射绝人,威振天下,是儿虽幼,当不坠祖风。"后复遇十鹿,射之,得九,帝喜,为设

谥昭怀,以天子礼葬。乾统初,追尊大孝顺圣皇帝,庙号顺宗。

天祚六子：文妃生一子。

敖鲁斡。

第一。出继大丞相耶律隆运后。

初封普王。

善扬人善，劝其不能，中外称其长者。

保大元年，南军都统耶律余睹以敖卢斡有人望，与文妃密谋立之，不果，余睹降金，文妃伏诛，敖卢斡不与谋，得免。耶律撒八等复谋立敖卢

保大二年，以得人心缢死。

宴。

元妃生一子。	雅里字撒鸾。	第二。	七岁，欲立为太子，别置禁卫，封梁王。天祚奔夏，众推称帝，改元神历。	干，事觉，或劝之亡，曰："安忍为襄尔之躯，失臣子之节！"闻者伤之。	
四子未详	捷鲁。	第三。	燕国王。		早薨。

	所出。			
	习泥烈。	第四。	赵王。	从天祚至白水泺，为金师所获。
	定。	第五。	秦王。	至青冢泺，为金师所获。
	宁。	第六。	许王。	至青冢泺，为金师所获。

辽史卷六五

表第三

公主表

《春秋》之法，王姬下嫁书于策，以鲁公同姓之国为之婚主故尔。古者，妇讳不出门，内言不出阃。公主悉列于《传》，非礼也。然辽国专任外戚，公主多见《纪》、《传》，不得不表见之。礼，男女异长，不当与皇子同列，别为《公主附表》。

属	母	名	封	下嫁	事	罪	薨	子
太祖一女。		质古。		下嫁淳钦皇后弟萧	幼为奥姑。契丹故俗，		未封而卒。	

太宗二女。	吕不古，第一。应历间，封浙国长公主。保宁中，进封燕国大长公主。	室鲁。凡婚燕之礼，推女子之可尊敬者坐于奥，谓之"奥姑"。	下嫁北府宰相萧思温。	以疾薨。
	嘲瑰，第二。		下嫁北府宰相萧海璨。	应历初，未封卒。

世宗三女。怀节皇后生。	和古典，第一。	保宁间，封秦国长公主。	下嫁侍中萧啜里。		以疾薨。
	观音，第二。	保宁间，封晋国长公主。	下嫁萧夏剌。		
	撒剌，第三。		下嫁萧斡里。		未封卒。
景宗四女。睿智皇后生。	观音女，第一。	封魏国公主，进封齐国。景福中，封燕国大长公主。	下嫁北府宰相萧继先。	皇后尤加爱，赐奴婢万口。	重熙中薨。
	长寿女，第二。	封吴国公主。统和中...	下嫁宰相萧排押。		开泰六年薨。

圣宗十四	母	名	封	下嫁	性行	薨（事迹）
		延寿女，第三。	初，进封卫国，改封魏国长公主。封越国公主，追封赵国。	下嫁萧桓德。	性沉厚，睿智皇后于诸女尤爱，甚得妇道，不以贵宠自骄。	年二十一，以疾薨。
	渤海妃生一女。	淑哥，第四。	无封号。	乾亨二年，下嫁卢俊。		与驸马都尉卢俊不谐，表请离婚，改适萧神奴。
圣宗十四	贵妃生一女。	燕哥，第	封随国公	下嫁萧匹		

女	生	名第	封	下嫁	事迹
女。		一。	里。进封秦国。兴宗封宋国长公主。		
	钦哀皇后生二女。	岩母堇，第二。	开泰七年，封魏国公主。进封秦国长公主，改封秦晋国长公主。清宁初，加大长公主。	下嫁萧敌不。	改适萧海里，不谐，离之。又适萧胡睹，不谐，离之。乃适韩国王萧惠。
女。		樃古，第三。	封越国公主，时封晋国。景福国。	下嫁萧孝忠。	姿质秀丽，礼法自将。以疾薨。

萧氏生二女。		初，封晋蜀国长公主。清宁初，加大长公主。		
萧氏，国舅夷离毕房之女。	崔八，第四。	封南阳郡主，进封公主。	下嫁萧孝先。	大平末，东京大延琳反，遇害。
	陶哥，第五。	封长宁郡主进封公主。	下嫁萧杨六。	
萧氏生一女。	铜匿，第六。	封平原郡主，进封国公主。	下嫁萧双古。	
马氏生一女。	九哥，第七。	封得阳郡主，进封公主。	下嫁萧琏。	

	主。			
大氏生一女。	长寿，第八。	封临海郡主，进封公主。	下嫁大力秋。	驸马都尉大力秋坐大延琳事伏诛，改适萧樋古。
		主。		
白氏生四女。	八哥，第九。	封同昌县主，进封公主。	下嫁刘三睱。	
	十哥，第十。	封三河郡主，进封公主。	下嫁奚王萧高九。	
	擘失，第十一。	封仁寿县主，进封公主。	下嫁刘四端。	

生母	名次	封爵	下嫁	事迹
李氏生一女。	泰哥，第十一。	主。	下嫁萧忽烈。	蔑子贬所。
	赛哥，第十二。	封金乡郡主，进封公主。	统和中，下嫁萧图玉。	以杀奴婢，下得罪。
艾氏生一女。	兴哥，第十四。		下嫁萧王六。	
仁懿皇后生二女。	跋芹，第一。	封魏国公主。重熙末，徙封晋国，加长公主。	下嫁萧撒八。	与驸马都尉萧撒八不谐，离之。清宁初，改适萧阿速。以妇道不修，徙道不修，徙

兴宗二女。

母	次第	封号	下嫁	事迹	卒
道宗三女。宣懿皇后生三女。	斡里太,第二。	封邾国公主。清宁间,加长公主。寿隆间,加大长公主。	下嫁萧余里也。中京,又嫁萧窝匿。		
	撒葛只,第一。	封邾国公主。咸雍中,徙封魏国。	下嫁萧末。	端丽有智。	大康初薨。
	纠里,第二。	封齐国公主,进封赵国。	下嫁萧挞不也。	驸马都尉挞不也坐昭怀太子	大安五年,以疾薨。

事被害，其弟讹都斡欲通尚公主，公主以讹都斡党乙辛，恶之。未几，讹都斡以事伏诛。天祚幼，公主每以乙辛用事，匡救为心，竟诛乙辛。

大康八年，公主从天下嫁萧酬斡封越国公特里，第

祚出奔。明年，攻应州，留公主守辅重。金人围之，公主奔行在所，天祚潜遁，为金人所获。	明以驸马都尉萧酬斡离。公主得罪，离之。大安初，改适萧特末。为都统，与金人战，败于石辇铎，被擒。		
斡。	主。乾统初，进封秦晋国大长公主。徙封梁宋国大长公主。		
三。		下嫁萧韩家奴。	幼遭乙辛之难，与兄天祚俱养于萧怀忠家。后李氏。
		封楚国公主，徙封许国。乾统元年，进封赵国，加秦晋国。	
	延寿。		
昭怀太子一女。	延寿。		

	进《抹谷歌》，文帝感悟，召还官。	为金人所获。	俱为金人所获。	俱为金人所获。
	国长公主。	封四蜀国公主。		
	余里衍。			
天祚六女。	文妃生一女。	元妃生三女。	宫人生二女。	

辽史卷六六
表第四

皇族表

辽太祖建国,诸弟窥觎,含咎诱掖,弗忍致辟,古圣人犹难之。虽其度量恢廓,然经国之虑远矣。终辽之世,其出于横帐、五院、六院之同者,大惩固有,大憝固有,元勋实多,不表见之,莫知源委。作《皇族表》。

一世	二世	三世	四世	五世	六世	七世	八世	九世
五院,夷离堇房涅咎。			五院夷离堇敌鲁曾古。	北院大王图鲁曾着。				

				侍中陈家奴。
六院郎君房葛剌。		不知世次。	太子太傅棠古。	

右系出肃祖昭烈皇帝。

				侄右皮室详稳老古。
六院夷离堇重房帖剌。	夷离堇重电古只。 于越耨底。 选里特。			大王颇德。
六院部舍利房零古直。		不知世次：	北院夷离堇重斜涅赤。 改事令捺烈。 北院大王葛鲁。 南院大王吾也。	

				小将军狗儿。	
			大师斜轸。		
		惕剌。撒剌。			
	阿鲁敦于越易鲁。				
简献皇帝兄匣马葛。	遥辇可汗时，本部夷离堇偶思。				

右系出懿祖庄敬皇帝。

横帐孟父房岩木楚国王。	迭剌部夷离堇胡古只。	捕拔马被沙里神速。	
	迭剌部夷离堇末掇。		
	迭剌部夷离堇楚不	北院枢密使安搏。	

								昭德节度孟简。
					惕隐朔古。节度刘家奴。			
							撒剌竹。	
			党项节度使唐。	匡义度大悲奴。	惕隐何鲁扫古。	滦洲。 滦水郡王额显。 北院宣徽使敌禄。 右皮室详稳奚低。 南院大王善朴。		
		干越屋质。						
	左皮室详稳撒给。	孟父房，不知世次：		孟父房楚国王之后，不知世次：				
鲁。								

			侍中化哥。于越弘古。							
			北院宣徽使马六。	南京宣徽使奴古达。						
			燕王瑰引。	于越仁先。						
				惕隐许王义先。						
				南面林牙信先。						
		惕隐学古。								
		东路统军使乌古不。								
		国留。								
		昭德节度资忠。								
		昭。								
	于越休哥。	匡义节度马哥。								
	于越高十。									
滑哥。	痕只。									
仲父房隋国王释鲁。	于越准。									

仲父房，不知世次：

大祖从侄，于越鲁不古。不知所出：

北院大王的禄。

北面林牙韩留。

武定节度仙童。

西北招讨使塔不也。

西平郡王贤适。　大同节度观音。

右系出玄祖简献皇后帝。

季父房夷离堇割葛。　　塞保。　　中京留守拔里。

离董刺葛。　　左大相迭刺。　　镇国节度合住。

许国王黄。　　中书令阿　　混同郡王

								斡特剌。
							漆水郡王兹不也。	
							乌古部节度使普古。	
					北院枢密使颐的。	北院枢密使霞抹。		
					扬隐蒲古。	铁骊。		
					扬隐燕哥。			
					平章的烈。			
					中京路按问使和尚。			
					林牙高家。			
					南府宰相释鲁斡。			
				大师斡里斯。				
				季父房，不知世次：				
				尚父奴瓜。				
底石。	刘哥。	盆都。	化葛里。 奚蹇。 察割。 明王安端。	南府宰相苏。 泽稳。	烈。			

北面大王特廢。				
先锋都监张奴。				
检校太师吴九。	林牙庶成。			
	都林牙庶葳。			
黿古只。				朗。

右系出德祖宣简皇帝。

让国文献皇帝倍。	平王隆先。	陈哥。
	晋王道隐。	
	娄国。	
草肃皇帝李胡。	宋王喜隐。	留礼寿。
	卫王宛。	
锡隐牙里果。	南府宰相敌烈。	

室鲁。

北院大王奚底。

右系出太祖天皇帝。

冀王敌烈。蛙哥。

右系出太宗孝武惠文皇帝。

皇太弟隆庆。

魏国王查葛。

幽王遂哥。

陈王谢家奴。

		祗候郎君 王家奴。	祗候郎君 罗汉奴。	
辽西郡王 驴粪。	漆水郡王 苏撤。		周王胡都 古。	
			魏王合禄。	
齐国王隆 祐。				

右系出景宗孝成康靖皇帝。

	敌烈。
重元。	涅鲁古。
燕王吴哥。	

术烈,称帝。

右系出圣宗文武大孝宣皇帝。

皇太叔和鲁斡。	漆水郡王石笃。		
	匡义节度远。		
	秦晋国王淳,称帝。		

右系出兴宗孝章皇帝。

辽史卷六十七
表第五

外戚表

汉外戚有新室之患，晋宗室有八王之难。辽史耶律、萧氏十居八九，宗室、外戚，势分力敌，相为唇齿，以翰邦家，是或一道。然以是而兴，亦以是而亡，又其法之弊也。

契丹外戚，其先曰二审密氏：曰拔里，曰乙室已。至辽太祖，娶述律氏。述律，本回鹘糯思之后。大同元年，太宗自汴将还，留外戚小汉为汴州节度使，赐姓名曰萧翰，以从中国之俗，由是拔里、乙室已、述律三族皆为萧姓。拔里二房，曰大父、曰少父；乙室已亦二房，曰大翁、曰小翁；世宗以舅氏塔列葛为国舅别部。三族世预北宰相之选，自太祖神册二年命阿骨只始也。圣宗合拔里、乙室已二国舅帐为二，此辽外戚之始末也。作《外戚表》。

威	一世	二世	三世	四世	五世	六世	七世	八世	九世	十世	十一世
萧氏。	五世祖胡母里。	北府宰相敌鲁。		平章事讨古。							
			北府宰相干。								
景宗睿智皇后父思温。	忽里没。	北府宰相思温。	北府宰相继先。								
			思温无嗣，睿智皇后命为后。								
		马群侍中木鲁烈。	兰陵郡王掇凛。	南京统军掇古。							
			大父房，不知世。		林牙萧和尚。			北院枢密使革。			

北院宣徽使特末。					
大祖淳钦皇后　父月椀。	阿扎辖只月椀。	北府宰相相阿古只。	北府宰相排押。		
世宗怀节皇后　父阿古只。			兰陵郡王王某。	兰陵郡王王桓。	兰陵郡王王桓政。东路统军柳。
道宗宣懿皇后　父惠。		兰陵郡王某。	齐国王某。	北院枢密使惠。	西北招讨使慈氏奴。
兴宗仁懿皇后　懿皇后			国舅详隐陶瑰。孝穆。	大丞相孝穆。	北院枢密阿密使阿。赵国王别里剌。乙古匿。蒲离。兰陵郡王酾斡。王酾斡。

		磨撒。				
		兰陵郡王得里底。				龙虎卫
剌。	北院宣徽使撒八。	使相撒磨。	南院密使阿速。		枢密副使胡睹。	
	北院枢密使孝先。	北院枢密使孝忠。	北府宰相孝友。			
						宰相挞
父孝穆。						

					劳古，圣宗驸友。南院枢密使朴。		
						中书令乙薛。	
上将军忽古。临海节度使拔剌。							始平节度使讹都斡。
				少父房，不知世次。			
列。		驸马都尉室鲁。勉思。					
	太宗靖安皇后父室鲁。						

		南京统军迭里得。黄八。	兰陵郡王抉不也。	八世孙,世选北府相塔列葛。
		国舅详稳双古。	国舅,郡北府宰相末哲。	北府宰相只鲁。
			汉人行宫都部署韩家。	
不知房族世次。		隗因。		国舅别部,不知世次。
		国舅族,不知世次。		
圣宗仁德皇后父隗因。				

		七世孙台哂。			
威属，不知世次。	今稳塔列。	总知军国海璘。	乌古节度图王。	南京统军双古。	敬烈统军讹都鲁。

辽史卷六八

表第六

游幸表

朔漠以畜牧射猎为业，狃汉人之劝农，生生之资，于是乎出。自辽有国，建立五京，置南北院，控制诸夏，而游田之习，尚因其旧。太祖经营四方，有所不暇；穆宗、天祚之世，史不胜书。今援司马迁别书《封禅》例，列于表，观者固足以鉴云。作《游幸表》。

	正月	二月	三月	四月	五月	六月	七月	八月	九月	十月	十一月	十二月
太祖 七年							次乌林河观渔。					

九年	神册四年	五年
射野马于漠北。	幸辽阳故城。	
	射虎于东山。	射龙于拽剌山阳水上，其龙一角，尾长足短，身长五尺，舌二尺有半，敕藏内库。

	次回鹘城。猎于野乌笃斡山。辛回鹘城。猎于西河石堰,得白兔。观渔乌鲁古河。	
如平州。		辛天福城。
天赞二年	三年	天显元年

年								
四年	猎于潢河。	猎于近地。			如凉陉。		出猎，获虎。	
五年			搜于近淀。		射柳。如沿柳湖。			
六年		猎于近山，获虎。		观银冶。射柳。	沿柳湖。	障鹰于近山。		
七年			是春，搜于潢水之曲。		射柳。			猎于小满得山。
九年					射柳。			
十年			搜于满德湖。				如金瓶冻。	
十一年					射柳。			
十二年					射柳。			

年							
会同元年				观伐木。		射虎于松山。	
三年		猎于炭山。					猎于盘山。
六年	障鹰于合不剌山。						
七年		障鹰于炭山。					
九年			射柳。		钩鱼于土河。		
世宗五年		如太液谷，留饮三日。					
穆宗			障鹰于				

年				
应历三年				
四年	猎于郭里山。		障鹰于白羊山。	锅山。猎于短羊山。围鹿峪。
五年				猎于西山。
六年			射柳。	击鞠。与群臣击水上击鞠石为戏。
七年			射柳。	猎于赤山。猎于搜刺山。

年									
八年									
九年	猎于黑山。	猎于天梯山。		射鹿于凤凰门近山，迄于九月。	次三石岭，呼鹿射之。	猎于白鹰山。	猎于鹿崿南林。		猎赤山。
十年				射鹹鹿于凤凰门。		射鹹于凤凰门。			猎于图不得泉。如裒霤。猎于成吉得井。
十一年				射鹿于赤山。射柳。			射鹿于遥辊岭。		
十二年				是夏，射舐咸			猎于苏隐山。		

	猎于三岭。				幸枢密使萧护思第。
		登高,以南唐所贡菊花酒赐群臣。是秋,射鹿于黑山,搜剌山。			
	鹿于玉山。	是夏,猎于玉山。		射舐咸鹿于赤山,呼鹿射之。	射舐咸鹿于葛德泉。
	射柳。		猎于玉山。射卧鹿于白岭山。		
	猎,多获雁鸭。还宫,饮至夜。自是,昼出夜饮,迄于月终。			如潢河。	
十三年	丁卯夜,观灯。				
十四年					

年	记事
十五年	猎于七鹰山。是秋，猎于黑山。
十六年	以野鹿入驯鹿群，观耕，饮之，至竟日。击鞠。
十七年	驻跸于檀潭。如潢河。
十八年	猎于雉猪岭。射鹿于皇威岭。复射鹿，射麂。以菊花酒饮从臣。猎熊。射鹿于近山，三旬而返。避暑于檀潭。如檀潭。幸太师如古第，宴饮终夜。
十九年	幸鹿囿。

渔于赤山泺。	如秋山。		驻骅于蒲瑰坂。 猎于胡土白山。 幸于屋质第。 射鸭于惠民湖。 猎于平地松林。 猎于辽河之源。 如沿柳湖。
		是夏，幸塌母城，进幸东京。	射柳。
饮酒。至暮，幸五坊。			
景宗 保宁元 年	二年		三年

四年						
						观从臣射柳。射柳。
五年	如狎得湖。如应州。		驻跸于归化州西硬坡。			
六年		辛冰井。				
七年	如查懒淀。					
八年	如金瓶淀。				如长泺。	
九年	如龍岣。				如老翁川。钓鱼于赤山泺。	
十年		猎于颏		猎于赤	渔于霭	

		如蒲瑰坂。猎于檀州之南。					
			潭。			驻跸于老翁川。	钓鱼于老翁川，近川。
					猎于炭山。	猎于黑山。	
	山。	幸水井。			猎于炭山。		
			幸惠民湖。			幸兴王寺。猎于益马	
乾亨元年 观灯于市。	山。复如长泺。	闰月，如南京赏牧丹。西幸。		幸羊城泺。		从禽于近川，获六鹜。	
二年				放鹘于温泉南。			
三年							
四年							
圣宗统和元年							

					猎于东
					渡柏里
				辛鹅山 观障鹰。 猎于岭 右。	障鹰于
					次库骨
里坂。					
辛甘露 等寺。 驻跸长 泺。又 驻跸于 阁甸旁 山。猎 于㩉耀 甸。大 获麀豕。				猎于山 榆甸。	
				辛近地。如黄河。	
				二年	三年

年					
四年	观鱼于新淀。猎于谒懒甸。	如炭山清暑。猎于燕山。	障鹰于炭山。猎于画山。于画达剌山。	障鹰于画山。幸齐国公主第。达剌山。驻跸白杨岭。	水山障鹰。畋于赤山。斜轸山。击鞠。水,观海。猎于赤山。…古山。
五年	幸游县西,放鹘,擒鹅。	北幸,趣没打河避暑。	沿东山行猎。		
六年	幸延芳,	观鹿于射鹿于	猎于沙…古山。		

年	游幸
七年	河。猎于苏州之南甸。钩鱼子曲水泺。近山。驻跸赤城南。炭山。幸蓁园，温汤。障鹰于花山。幸秦国公主第。延洪二寺，及秦国长公主第。古鞠。射熊于古鞠。猎于新西道东。虎特岭。幸秦国公主第。
八年	幸盘山诸寺。猎西拓折山。
九年	如曲水泺。猎于盘道岭。

年					
十年	猎于炭山。	射鹿于蔚州南山。	射熊于紫荆口。		
十一年	幸延芳淀。	射鹿于汤山。			
十二年	猎于东山。	如炭山清暑。	猎于莘相山。	猎于黑河南山。	渔于潞县西泺。 猎于顺州西甸。
十三年	幸延芳淀。		幸大王川。		
十四年	幸延芳淀。	击鞠。			

十五年	十六年	十七年	十九年	二十年	二十一年
			渔于崖头川。渔于陶崖。		
					钓鱼于周河。
如秋山。		猎于诸山。	驻跸于昌平。幸南京。	叉鱼于辽河。	猎于田里不鲁斡。
	猎于平地松林。		观市。	猎于平地松林。	
幸延寿寺。		如高林岭。			观市。
		猎于崖头川。			

猎于蒐古被。

猎于桑乾河。

猎于孩里迭扎剌。猎于虎特岭。

猎于画卢打山。

猎于奴缓真岭。

猎于吾鲁真岭。

猎于野葛岭。

猎于沙渚卷岭。

猎于括只阿剌阿里山。

猎于抹特漂谷。

二十二年

二十三年

	二十八年	二十九年	三十年	开泰元年	二年
			幸中京。		钩鱼于长泺。
					猎于赤山。
		幸榆林汤泉。			猎于永安山。
	猎于青林川，射熊，获之。	猎于沙岭。			
			幸上京。		
				捕鱼于排得述鲁泺。	
					猎于阿里泺。
			猎于贾曷鲁林。	幸兴王寺。	

障鹰于缅山。败于陷岭。				
				猎于狼
如萨堤泺。	观渔于环泥泺。三树泺。戈鹅于萨堤泺。	观渔于	猎于牛山。猎于直舍山。	猎于浑河之西。
		猎于沙阜。猎于锅林。		
	三年	四年	五年	六年

年						
七年	如三树泺。		猎于雪林。猎于石底水。			
八年	如滦河。	林东。观渔于莲花泺。猎于投狐埚。	猎于桦山。猎于浅岭山。猎于涅烈山。猎于陂恩山。	如秋山。猎于近甸。障鹰于缅山。	幸中京。	幸开泰寺宴饮。幸秦晋长公主第作藏阄宴。幸开泰寺。

九年	猎于马盂山。		如大鱼泺。		猎于果里白山。猎于崖头川。猎于荞麦山。猎于榆林。射唤鹿于侯韧水滩。射唤鹿于铁里山。猎于辽河	猎于松山，猎于黑山。	观渔于沙泺。

年								
太平元年				猎于浑河山。		猎于鹘子山。障鹰于只舍山。	猎于马盂山。	之源。
三年	观渔于鸭渌江。	驻跸于鱼儿泺。	飞放于挞鲁河。					
四年		如鱼儿泺。	飞放于长春河。			猎于平地松林。	射兔子平川。	
五年				猎黑岭西至锅河。		猎于檀州北山。射兔子平川。		
六年			避暑于永安山					猎于狼河。

七年	八年	九年	十年	兴宗景福元年
				幸板密延宁第。
				猎于平地松林。
	猎于黑岭		猎于沙岭	幸楚姑公主帐。幸皇姊涅木衮第。
	驾至辽河源猎。			
	之凉陉。			
		猎于轻山。		
如长春河飞放。	钩鱼、飞鹅于长春河。			

年	游幸事迹（自右至左、自上而下）
重熙元年	猎于习礼吉山。驻跸于别岭甸。清暑于别拳斗。障鹰于习礼吉山。驻跸于辽河上源。幸中京。
三年	东幸。射柳。东幸。
四年	东幸。猎于娥儿山。驻跸于永安山。障鹰于习礼吉山，东幸，射鹿。驻跸于辽河上源。猎于牛山。
五年	猎于平地松林。钓鱼于赤项泺。放海东青鹘于五鹤次部，七猎，饮酒。击鞠。如秋山。猎于沙山。猎于炭山之侧。
六年	猎于鸳鸯泺。猎于野狐岭。射鹿于耶里山。幸萧孝穆第，击鞠。华于北华里山。击鞠。幸中京。幸晋国公主行第，击鞠。

帐。			辛佛寺受戒。		闰月，
					击鞠。
			射麂子麋子岭猎于娥儿山。		
护冲大保耶律合住帐，赐物，欢饮。	醉饮。		击鞠。射射鹿于辖剌罢。射虎于束剌山。猎于颐罗扎不葛。		
		射柳。猎金山。			
				叉鱼于子	猎于子武
			七年		八年

击鞠。	驻跸于永安山。			幸延寿寺饭僧。
	观渔于混同江。飞放于韶阳军。	猎于峰台山，亲射虎，立殪。		
		猎于散都。幸医巫闾山。幸外祖母齐国大妃之帐。	射虎于医巫闾山。	闰月，幸南京，
	猎，至于月终。驻跸于永安山清暑。			
冶河。清塞之幸甸。				幸牛山如赤嫲冻。冻。
	九年	十年		十一年

诏众使观击鞠。

猎于阴山。

宴于皇太弟重元第，泛舟于临水殿复饮。

辛庆州诸寺焚香。猎于搜刺山。猎于永安山。

射鹿于拜马山。

十二年

十三年

年						
十四年			猎于黑岭。	猎于平川。		
十五年	如鱼儿泺。	射鹿于浅林山。	南府宰相杜防生男，幸其居。观获。		幸秦国长公主帐。	
十六年		射鹿于沈鲁古只山。	障鹰子霞列山。射鹿于庵库山。观市。古鞠。射鹿于都里也刺。幸庆州诸寺焚香。障鹰子		观古鞠。	幸兴王寺拜佛。

年							
十九年	猎于分金山。	猎于乌里岭。	直舍山。	幸鹰坊使颇得帐。	射熊于医巫闾山。	射鹿于索阿不山。	猎于不野山。
二十年						如多树泺。	
二十一年	猎于凉泾诸山。	幸温汤。击鞠。观市。幸圣济寺。	射鹿于黑山。射虎于诸山。猎于王山。	观灯。	观击鞠。猎于柳河。射鹿于白鹰山。猎于平顶山。		
二十二年	射熊于葛朗底。	射鹿于门岭。	猎于黑林。	驻跸于沈鲁昆坡。			

年					
二十三年	猎于水涸川。	如夺里舍泽。			击鞠。
道宗 清宁二年					
十年	辛北社山。	辛七金山三学寺。	猎于赤山,以皇太后射获大鹿,设宴。庚寅,猎,梁王浚遇十鹿,	猎,射虎,获之。 猎于悦只吉。	辛圣济寺。击鞠。击鞠。

咸雍元年	二年	三年	四年	六年
				猎于木叶山。
		如藕丝淀。	射之得九。帝大喜，复设宴。	
	幸黑岭。	驻跸于细葛泊。	幸魏王乙辛第。猎于赤山。	
			射柳。幸魏王乙辛第。	
幸沙奴特。	北幸。			

七年	九年	大康三年	四年	六年	大安元年	二年	九年
如鱼儿泺。	幸金河寺。如黑水泺。	猎于三门口。	避暑于永安山。猎于黑岭。	猎于白石山。	射鹿于渡山。	射鹿于查沙。	猎于漫……猎于拖……

年			
寿隆元年	古烈。		
二年	牙睹山。	射鹿查沙。	幸沙门佰策戒坛，问佛法。
三年	射熊子排葛都。	射熊子沙只直山。	
五年	射熊子青崖。	射熊子瞎里山。	
天祚皇帝 乾统三	猎于吾刺里山，虎伤猎		

年	四年	六年	八年	天庆二年	四年
夫。庚子，射熊于善山。	射熊于瓦石剌山。				如庆州。驻跸于藕丝淀。射鹿于
			猎于柏山。		
		猎于撒不烈山。			
	射鹿于沙只山。			如斧柯水。	

秋山。	猎于鹉子山，虎伤猎夫。										
七年											

辽史卷六九

表第七

部族表

司马迁作《史记》，叙四裔于篇末。案，汉以降，各有其国，彼疆此界，道里云邈，不能混一寰宇，周知种落，邻国聘贡往来，焉能历览。或口传意记，模写便概耳。

辽接五代，汉地远近，载诸简册可考。西北沙漠之地，树艺五谷，衣服车马礼文，制度文为，土产品物，得其粗而失其精。部落之名，姓氏之号，得其音而未得其字。历代踵讹，艰于考案。辽氏与诸部相通，往来朝贡，及西辽所至之地，见于纪传，亦罕于纪传，部族则书于表云。其事则书于纪，部族则书于表云。

纪年	正月	二月	三月	四月	五月	六月	七月	八月	九月	十月	十一月	十二月
太祖元年	黑車子室韦八部降。									讨黑車子室韦。		
二年					皇弟飏隐撒剌讨乌黑車及黑車子室韦。							
三年										讨黑車子室韦。破之。西北喔娘改部族进牟		

四年	车人。	乌马山奚库支涅查刺底、锄勃應等部叛，讨平之。		
五年	西奚部、东奚部叛，讨平之。			
神册元年	征奚底、党项、小蕃，			

				征乌古部。
沙陀诸部,破降之。				
				皇太子暨诸将分击部落,以乌古、
	皇弟安端为惕隐,攻西南诸部。			
	三年		四年	六年

天赞元年	二年	三年
	分迭剌部为二院。	破胡母思山蕃部。
	击西南诸部。	击山东部族，破大。
奚为图卢，涅离，奥畏三部。	讨奚胡损，获之，置奚堕瑰部。	

年	记事
天显元年	奚部长安边、勃鲁恩、郯顿、王郁从征有功，定理三府叛，赏之。讨之。 鼻骨德来贡。
三年（大宗不改元）	奚吕不讨乌古部。 奚吕不献乌古俘。
四年	奚吕不献乌古俘。
五年	敌烈来贡。 乌古来贡。
六年	敌烈来贡。 乌古来贡。 鼻骨德来贡。

七年	乌古、敌烈来贡。			
九年	鼻骨德来贡。			
十一年	鼻骨德、于厥里来贡。			
十二年	鼻骨德来贡。			
会同元年	室韦进白麂。	黑车子室韦贡名马。	黑车子室韦来贡。	
三年	乌古献伏鹿国俘。	术不姑三部人来贡。	黑车子室韦来贡。	

四年				五年	
涅剌、乌隗二部上党项俘获。乌古来贡。于厥里来贡。项俘获。乙室、品、奚举三部上党项俘获。		阿里底来贡。	术不姑来贡。女直来贡。	鼻骨德来贡。	鼻骨德、乌古来贡。术不姑、鼻骨德、于厥里

六年	七年	八年	九年	穆宗
				鼻骨德
	鼻骨德来贡。			
		鼻骨德来贡。	乌古来贡。	
来贡。	奚锄勃德部进白麛。	鼻骨德来贡。		
	黑车子室韦来贡。	黑车子室韦来贡。		
			鼻骨德奏军籍。	

年						
应历元年	来贡。					
二年						
三年		敌烈部来贡。	敌烈部来贡。 乌古、鼻骨德来贡。			
五年	鼻骨德来贡。					
六年			鼻骨德来贡。			
七年	鼻骨德来贡。					
十四年		黄室韦叛。	库古只奏黄室			

十五年						
乌古杀其酋长	大黄室韦酋长	小黄室韦叛去，	库古只奏室韦降。	敌烈来	乌古至河德淀，	常思与乌古战，

韦掠马牛，叛去。库古只与黄室韦战，败之，降其众。赐诏抚谕。乌古叛，掠居民财蓄。

大败之。

遣夷离堇画里，夷离毕常恩以击之。丁丑，乌古琮上京北榆林岭居民，遣林牙萧干讨之。

南长黄底昔亡入敌烈。

雅里斯五楚思等入四坊。十户叛入乌古。所败。遣使让之。

酋长黄底昔亡叛。为室韦击之。遣使让之。

寅底吉叛。

翠离底，降而复叛。

十七年夷离毕冒欲献

年次	记事
乌古之停。	
景宗保宁三年	鼻骨德来贡。
四年	鼻骨德来贡。
五年	鼻骨德部长曷鲁括览来朝。 鼻骨德来贡。
八年	鼻骨德来贡。 来贡。
乾亨元年	敌烈来贡。

速撒奏降敌烈部。速撒奏叛蕃末降。	
	耶律蒲宁、都监萧勤德东征女直回,献捷。
	划离部人请今后详稳只干当部选授,上以诸部官长惟在得人,诏不允。
	五国,限乌古部节度使耶律限注以所辖诸部准制,请赐诏,给剑,仍便宜
圣宗统和元年	
二年	

以事，从之。	上阅诸部籍，以涅剌、乌隈二部额少役重，故量免之。	乙室奥隈部泰过热未获，遣人以助收刈。　乙室堇隈部族副使进物。木不始诸部来至近地。	
	頻不部节度使和卢睹、黄皮室详稳解		佺里古部送辖重行宫。
	三年		四年

			涅剌部节度使撒葛里有惠政，部民请留，从之。
			以西南面招讨使韩德威讨河涅路违
里等各上所获兵甲。		诏乌隈于厥部却贡貂鼠、青鼠皮，	
五年		六年	

九年	十二年	十三年	十五年
			鼻骨德来贡。
			罷奚王诸部贡物。
	鼻骨德来贡。		
		诏皇太妃领西北路乌古部兵。	
命诸蕃。			
止以马牛入贡。	罷奚王部岁贡麃鹿。	敌烈人部杀详稳以叛，萧挞凛	
振济室韦、乌古部。			

十六年	鼻骨德酋长来贡。	追击，获其部族之半。		
十九年			达卢骨部来贡。	闰月，鼻骨德来贡。
二十一年	奥里等部来贡。		乌古来贡。	
二十二年	墨蕃部贺千龄节及冬至，重		蒲奴里，剖阿里等部来贡。	

年					
				鼻骨德来贡。	
					八部敌烈杀其
		乌古来贡。		乌古、敌烈皆复故地。	
					乌古叛。
二十三年	五进贡。				
开泰元年	大王曷里蕃来朝。				
二年		乌古、敌烈叛，命右皮室详稳延寿率兵讨之。			
三年					铁骊来贡。

详稳稍瓦，皆叛，诏南府宰相耶律吾剌葛招抚之。释所囚敌烈数人，令招谕其众。王子耶律世良遣使

			献敌烈之序。	以旗鼓拽剌详稳题里姑为六部奚王。
七年	五年	四年		
命东北	鼻骨德酋长撒保特、赛剌等来贡。	耶律世良讨叛使乌古,尽杀之。遣使道赏军前有功将校。		
蒲奴里		耶律世良讨敌烈得部。		

部来贡。

越里笃、剖阿里、奥里米、蒲奴里、铁骊等五部，岁贡貂皮六万五千，马三百匹。乌古部节度使萧普达讨叛命敌

						葛苏馆部乞建旗鼓，许之。
					敌烈酋长颇白来贡马，驼。	葛苏馆诸部长来朝。
				葛苏馆杨隐阿不葛来贡。		术不姑诸部皆叛。
			回跋部大保麻门来贡。			
		葛苏馆杨隐阿不葛、宰相赛剌来贡。				
				蒲卢毛朵部内多有兀惹民户，		
烈，灭之。	回跋部大师踏剌葛来贡。					
	八年			大平元年		六年

七年	兴宗重熙元年	三年	十年
	奚只底部民四百户来附。	五国首长来贡。	术不姑首长来贡。
诏察之。		振济耶迷只部。	
蒲卢毛朵部遣使来贡。	女直部，蒲卢毛朵部送来州收管。		葛苏馆人户没入蒲卢毛朵部

			元昊率党项三部酋长来降。
者。索还复业。	置回跋部详稳、蒲卢毛朵部都监。	以释朵、蒲卢毛朵部二使来贡不时，释其罪遣之。	耶律欧里斯将兵攻蒲卢毛朵部兵与党项战不利。西南面罗汉奴奏所发部兵与党项战不利。
十二年			十三年

招讨都监罗汉奴、详稳斡鲁母等奏山西部族节度使屈烈以五部叛入西夏,仍乞南北府兵援送实威塞州人

十五年	蒲卢毛朵界曷懒河人户来附。	蒲卢毛朵曷懒河一百八十户来附。户。诏选富者发之，余令屯田于天德军。	女直部长遮母率众来附。
十七年	振济瑶稳、啜稳部。	蒲卢毛朵部大王蒲辇进珙。	长白山大师柴葛，回跋太师、婆离八部夷离董蒲里、陶得里、伐蒲离堇、苗离夷离董虎葹等内附。

撒剌都来贡方物。

五国首长各率其部来附。回跋部长兀迭、台札等来朝。五国节度使耶律仙童以降

乌古遣使送款。

耶律义先奏蒲奴里之捷。

十八年　耶律义先等执陶得里以献。

十九年					二十一年
乌古叛人,授左监门卫上将军。	回跋远夷拔思母部蒲卢毛朵部杨隐信笃遣使来贡。高丽来贡。	思母部葛苏馆遣使来贡。	蒲卢毛朵部各遣使进马。		遣使诣五国及鼻骨德、乌古,遣使进马。

			敌烈四部捕海东青鹘。		
					吾独婉
道宗清宁二年	诏二女古部与世预辛相，节度使之选者，免皮室库役。			三年 五国部长贡方物。	八年

咸雍五年	六年	九年
五国酋长来降，仍献方物。		
五国剖阿里部叛命，左夷离毕萧素飒讨之。		
	五国部长来朝。	
		八石烈敌烈人
惕隐屯秃葛等乞岁贡马、驼，许之。		

	西北路叛命酋长遏搭、雏搭、双古等来降。	五国部长来贡。
杀其节度使以叛,上诏隈乌古部军分两道击之。		
大康元年		四年

年	事
七年	五国部长来贡。
八年	五国诸酋长贡方物。
九年	五国部长来贡。
大安元年	五国诸酋长贡良马。
三年	西北部渤海进牛。　出绢赐隗乌古部贫民。
四年	诏诸部官长来　五国诸部长来

鞫狱讼。

阻卜酋长磨古斯余金吾吐古斯以叛。遣奚六部吐古耶律郭三发诸蕃部兵讨之。诏以战马三千给乌古

贡。

八年

九年

是岁，赐德睿长萌得斯领所部来降，诏复旧地。颇里八部来寇，

部。乌古敌烈统军使萧朽哥奏讨阻卜之捷。

和烈葛部来贡。赐德睿长来贡。

乌古部节度使耶律陈家奴奏讨茶札刺之捷。知北院枢密使事耶律

西北路招讨司奏敌烈部入寇，统军司兵与战不利，招讨司兵击破

赐德睿长来贡。

十年

击败之。

之。

轹特剌为都统，夷离毕耶律秃朵为副统，龙虎卫上将军耶律胡吕为都监，讨磨古斯，遣积庆宫使萧乥里监战。

年					
寿隆元年	敌烈人寇，掠群牧马，戍兵袭之，尽得所掠。	斡特剌奏耶睹刮之捷。		颇里八部首长来附，且进方物。斡特剌奏磨古斯之捷。	
二年	市牛以给乌古、敌烈、隗乌古部贫民。振达麻里别古部。			颇里八部进马。	五国部长来贡。蒲卢毛朵部来
三年	乌古部节度使			蒲卢毛朵部长	蒲卢毛朵部长

							贡。
						斡特剌奏讨耶睹刮之捷。	
						五国诸部长来贡。	
				率其部民来归。			
			五国部长来贡。		耶睹刮诸部寇西北路。	斡特剌奏耶睹刮诸部之捷。	
			惕德莒长秃的等来贡。				
		乌古部讨茶扎剌，破之。					
		斡特剌献耶睹刮等部					
五年	耶律陈家奴讨西北诸部有功。						
六年	斡特剌获叛命磨古斯来献。						
天祚乾统二年							

四年	九年	十年	天庆元年	二年	五年
之捷。					
	五国部来贡。	五国部长来贡。	五国部长来贡。		
莫骨德遣使来贡。				五国部长来贡。	饶州渤海古欲

			闻金抚定南
	东面行宫副统马哥、余睹等攻曷苏馆，败绩。		
	乌古部降。	都统马哥讨叛	
		乌古部叛，遣中丞耶律挞不也等招之。	
		乌古部节度使	
			金师取西京，
等反，自称大王，以萧谢佛留等讨之。			
六年		保大二年	

京，遂由扫里关出，居四部族详稳之家。				
				上纳衮曰不部
	命敌烈部，克之。	耶律棠古破敌烈部叛，命皮室，加太子大保。		耶律大石自金朝亡归。复渡河东还，居笑吕不部。
	军将耶律敌烈等劫梁王雅里奔西北部。	沙漠以南部族皆降之，帝遣讹莎烈。		三年
		上纥连，谟葛失	上北阻，谟葛失	四年

天祚播越，那律大石立燕晋国王淳。淳死，与萧妃奔天德军。上诛妃，责大石。大石率众西去，自立为帝。所历诸部，附见于后：

人讹哥之妻谱葛，以讹葛为本部节度使。

来迎，率部人防卫。时侍从乏粮数日，以衣易羊。至乌古敌烈部，封谟葛失为神于越。

大黄室韦部	白达旦部	敌烈部	王纪剌部	茶赤剌部	也喜部	鼻骨德部
尼剌部	达剌乖部	达密里部	德儿纪部	合主部	乌古里部	阻卜部
普速完部	唐古部	忽母思部	奚昀部	纪而毕部	乃蛮部	畏吾儿城
回回大食部	寻思干地	起而漫地				

辽史卷七〇

表第八

属国表

周有天下，不期而会者八百余国。辽居松漠，最为强盛。天命有归，建国改元。号令法度，皆遵汉制。命将出师，臣服诸国。人民皆入版籍，贡赋悉输内帑。东西朔南，何啻万里，视古起百里里国而致太平之业者，亦无几矣。故有辽之盛不可不著。作《属国表》。

纪年	正月	二月	三月	四月	五月	六月	七月	八月	九月	十月	十一月	十二月
太祖												回鹘和州

鹘来贡。

元年　神册元年，御正殿，受百僚暨诸国人使朝贺。

三年　渤海、高丽、回鹘、阻卜、党项各遣使来贡。高丽泊西北诸蕃皆遣使来贡。回鹘献娜娜树。

四年　师次骨里国，

五年			分路击之，举国归附。
天赞二年	征党项。	波斯国来贡。	获甘州回鹘乌母主可汗。遣兵逾流沙，拔浮图城，尽取西鄙诸部。大食国来贡。回鹘怕里遣使来贡。阻卜攻阻卜诸部。
三年		西讨吐浑、党、项，阻卜。	
四年	大元帅尧骨略地党项。	攻小番，下之。回鹘乌	日本国来贡。新罗国来贡。

母主可汗遣使贡谢。		
	回鹘、新罗、吐蕃、党项、沙陀从征有功，赏之。泥骱、铁骊、靺鞨来贡。改渤海	天显元年

			女直国遣使来贡。		
					铁骊来贡。
				奚厥来贡。	
二年太宗不改元	国为东丹国，忽汗城为天福城。				
三年	达卢古来贡。				
六年	西南边将以慕化辖戛斯国人来。				

七年			女直来贡。			阻卜贡海东青鹘。
八年	皇太弟吐浑、李胡率兵伐党项。	党项来贡。	阻卜来贡。阿萨兰回鹘来。铁骊来贡。	阻卜来贡。未不姑来贡。		阻卜来贡。未不姑来贡。
九年	党项贡驼、鹿。	女直来贡。				
十年	吐谷浑酋长率众内附。吐浑来贡。	党项来贡。	吐谷浑来贡。	吐谷浑来贡。		
十一年	女直国		吐谷浑		吐浑来	

十二年		遣使来贡。	来贡。		贡。			铁骊来贡。
会同元年	铁骊来贡。	女直国遣使来贡。	吐谷浑来贡。女直国遣使来贡弓矢。西南边大详稳耶律鲁不古奏党项之		吐谷浑、乌孙、鞑鞘各来贡。		女直国遣使来贡。回鹘来贡。	

二年	女直来朝贡。	女直国来贡。	捷。	吐谷浑来贡。	阻卜来贡。	铁骊、敦煌并遣使来贡。
三年					阻卜来贡。阻卜及阻烈国来贡。阻卜来贡。	女直国来贡。
四年	铁骊来贡。	鲁不古伐党项回，献				吐谷浑降。阻卜来

年		
五年	铁骊来贡。	贡。女直国遣使来贡。侔。
六年	党项逆命，伐之。	阻卜来贡。素撒国人来贡。阻卜贡方物。铁骊来贡。
七年	回鹘遣使请婚，不许。	铁骊来贡。货列、要里等国来贡。铁骊来贡。
八年	回鹘来。	铁骊来贡。

					年
铁骊来贡。	回鹘及辖戛斯		贡。	吐谷浑来贡。纽没里、要里等国贡方物。	
		女直来贡。			九年 回鹘、女直来贡。
		吐浑白可久来附。	吐浑进生口。		穆宗应历元年
铁骊贡鹰鹘。					二年 女直来贡。

三年	铁骊来贡。			
十二年	吐蕃、吐谷浑来贡。	女直国贡鼻上有毛小儿。		
十三年		斡朗改国进花鹿生麟，视之。		
景宗保宁三年	汉遣使来告。	回鹘遣使来贡。汉以来人来改，遣使来	吐谷浑来贡。	

年						
			告。	女直国侵贵德州。	辖戛斯国遣使来贡。	
五年	伐党项，破之，上俘获之数。	女直国侵边。阿萨兰回鹘来贡。				
八年				女直国侵贵德州。	辖戛斯国遣使来贡。	
九年	女直国遣使来贡。	女直国二十一人来请宰相、夷离堇之职。		回鹘遣使来贡。		耶律沙以党项首可汗降，丑天友来，赐诏抚谕之。吐谷浑叛入太原四日余房，索而还之。

				讨阻卜。
女直国遣使来贡。				
			韩德威破党项，上俘获之数。	
以次授之。	女直国遣使来贡。	女直国宰相遣使来贡。		
	阿萨兰回鹘遣使来贡。		党项十五部寇西边，西南面招讨使韩德威讨	
十年	乾亨元年	四年	圣宗 统和元年	

			速撒等讨阻卜，杀其酋长挞剌干。
	女直国宰相木里朴来朝。		
		女直宰相海里等八族内附。	
德威破之。破阻卜。韩德威讨党项诸部。			
	三年	二年	

年				
四年	党项来贡。	阻卜遣使来贡。		
六年	女直宰相速鲁里来朝。	闰月，党项大阿萨兰保阿剌回鹘恌来朝。贡。	回鹘、于阗、师子等国来贡。党项遣使来贡。	
七年	于阗遣张文宝进内丹书。	阿思懒、于阗、辖烈三师子等国来贡。党项遣吐蕃来使来贡。		
八年	女直遣使来贡。回鹘来。	阻卜遣使来贡。北女直国四部请内附。	女直国阿萨兰回鹘子越达剌海来朝。	女直国遣使来贡。于阗、回鹘各遣使来贡。

年	纪事
九年	贡。女直国遣使来贡。　女直国遣使来贡。　回鹘来贡。　干遣使来贡。女直道使来贡。
十年	回鹘来贡。　阿萨兰回鹘来贡。　铁骊来贡。　女直国进唤鹿人。　突厥来贡。　铁骊来贡。　兀惹来贡。
十一年	回鹘来贡。　铁骊来贡。　党项、合谷泽来贡。
十二年	回鹘来贡。　铁骊来贡。　阻卜来。　女直国进使来贡。　女直国遣使来贡。　回鹘遣使来贡。　高丽遣使请所俘生口，诏赎还。　高丽来贡。　女直国以宋人由海道略本国。

及说兀惹叛，遣使来告。	铁骊遣使来贡，鹰、马。	阿萨兰回鹘遣使来贡。高丽遣童子十人来学本国语。	回鹘来贡。兀惹归款。高丽遣鼻骨来贡。	阿萨兰回鹘遣使为子求婚，
贡。		女直国遣使来贡。		回鹘来贡。
				铁骊来贡。回鹘来贡。
	高丽进鹰。			
之。	夏国遣使来贡。	女直国遣使来贡。	韩德威奏讨党项之捷。	回鹘遣使来贡。女直国遣使来
十三年			十四年	

不许。	萧挞凛奏讨阻卜之捷。		党项酋长来贡。禁吐浑别部鬻马于宋。	铁骊来贡。		党项来贡。韩德威奏破党项，河西党项乞内附。兀惹乌昭庆乞岁时免进贡鹰、马，貂皮，以其地远，诏生辰、正旦外，	贡。
						十五年 河西党项叛，诏韩德威讨之。兀惹酋长武周来降。女直国遣使来贡。	

年				
				回鹘来贡。
			兀惹乌昭庆来降，释之。	阻卜叛，酋鹘碾之弟铁剌不率部民来附，鹘碾无所碾。
十六年	并免。夏国遣使来贡。	铁骊来贡。		
十七年		女直国遣使来贡。		

十九年	回鹘进梵僧名医。	西南面招讨司奏讨党项之捷。	归，继降诏谕之。	达卢骨部来贡。西南面招讨司奏讨吐谷浑之捷。	鼻骨德来贡。
二十年	女直国宰相夷离毕底离遣其子出焯来贡。女直国大王阿骨底改遣其子出焯你、耶剌改、塞剌来	铁骊遣使来贡。	高丽遣使来进本国地图。		

二十二年						二十一年			
女直国遣使来贡。					朝。	铁骊来贡。	女直国来贡。兀惹、渤海、奥里米、越里笃、越里吉五部来贡。	党项来贡。阻卜酋长铁剌里率诸部来降。	阻卜铁剌里来朝。
									党项来贡。阻卜酋铁剌里来朝。
								南京女直国遣使献所获乌昭庆妻子。	

铁剌里求婚，许之。

党项来贡。阻卜酋铁剌里遣使贺，与宋和。乌古来贡。女直国遣使来贡。阿萨兰回鹘遣使来，因请先留使者，

女直国及阿萨兰回鹘各遣使来贡。铁骊来贡。党项来寇。

振党项部。回鹘来贡。

二十三年

	二十四年	二十五年
	皆遣之。沙州敦煌王曹寿遣使进大食马及美玉，以对衣、银器等物赐之。	西北路招讨使萧图玉讨叛命阻卜，

萧图玉驰奏讨甘州回鹘，降其王耶剌里，抚慰而还。

破之。

高丽进文化、武功两殿龙须草地席。

西北路招讨使萧图玉奏伐甘州回鹘，破其属

二十六年

二十八年

诏西北路招讨使、驸马都尉萧图玉安抚西鄙，置阻卜等

郡肃州，尽俘其生口。诏修土隗口故城以实之。

二十九年

年				
开泰元年	女直国太保蒲撚等来朝。		铁骊那沙等送兀惹百余户至宾州，赐丝绢以偿之。	部。
二年		化哥等破阻卜酋长乌八之众。		
三年	阻卜酋长乌八朝贡，	沙州回鹘曹顺遣使来		

		四年	五年
		干阗国来贡。耶律世良等破阻卜，上[仵]获之数。女直国遣使来贡。	耶律世阻卜首叛命党
贡，回赐衣币。			
封乌八为王。女直国及铁骊各遣使来贡。			

			沙州回鹘敦煌郡王曹顺遣使册请
			大食国王遣使为其子册哥请
	诏阻卜依旧岁贡马、驼、貂鼠、青鼠皮等物。		遣使赐沙州回鹘敦煌郡王曹
项首长长来朝。魁可来降。良与萧普宁东讨高丽，破之。			
八年 铁骊来贡。			
九年			

婚，进象及方物。	党项首长葛鲁来贡。	来贡。	顺衣物。	阻卜扎剌部来贡。	
				铁骊遣使进兀惹人一	
				大食国王复遣使请婚，以王子班郎君胡思里女可老封公主，降之。	
太平元年				二年	

六年			十六户。			
诏党项别部塌西设契丹节度使洽之。	阻卜入寇，西北路招讨使萧惠破之。		遣西北路招讨使萧惠将兵伐甘州回鹘。		萧惠攻甘州不克，师还。自是，西阻卜诸部皆叛。我军与战，败绩，涅里姑、曷不吕皆殁于	

阵,遣惕隐耶律洪古等将兵讨之。			
	诏萧惠再讨阻卜。		
	七年	八年 党项寇边,破之。	兴宗重熙二年 女直国详稳台押率所部来贡。

年	事件
六年	阻卜酋长来贡。
七年	阻卜酋长屯秃古厮来朝。夏国遣使来贡。高丽遣使来贡。
九年	女直国人侵边，发黄龙府路铁骊军拒之。
十年	回鹘遣使来贡。夏国遣使献所俘宋将。

以吐浑及党项多羁马于夏国,诏沿边筑障塞以防之。		
及生口。		
		夏人侵掠党项,道延昌宫使高家奴问之。
		阻卜来贡。
		阻卜大王屯秃古斯弟大尉撒葛里来朝。回鹘遣
	夏国遣使进马,驼。	高丽国以加上尊号,遣使来贺。
十一年	十二年	

	十三年									十四年	

十三年

高丽遣使来贡。

南院大王耶律王那奏所发高十奏部兵与党项等部叛附夏国。

罗汉奴所发部兵与党项战不利。

阻卜酋长乌八遣其子执元昊求援使者焚邑，改来，且乞以兵助战，从之。

夏国遣使来。

夏国复遣使来询。

获叛命党项侦人，射鬼箭。

元昊亲执党项三部酋长来降。

十四年

高丽遣使来贡。

阻卜大王屯秃古斯率诸酋长

阿萨兰回鹘遣使来贡。

		女直国遣使来贡。	铁骊仙门来朝，以前此未尝入贡，仍加右监门卫大将军。			阿萨兰回鹘王以公主生子，遣使来告。			
十五年		来朝。夏国遣使来朝。			高丽遣使来贡。				
十六年		阻卜大王屯秃古厮来朝，进方物。							
十七年		阻卜进			铁不得	高丽遣			

			阻卜首长豁得剌遣使来贡。
十八年	马、驼二万。 国遣使来,乞本部军助攻夏国,不许。	阻卜来贡马、驼、珍玩。 高昌国遣使来贡。	
十九年		高丽遣使来贡。 远夷拔思母部遣使来贡。	阻卜尊长喘只葛拔里斯来朝,加太尉。 阻卜首长豁得剌弟拔里得来朝。 高丽遣使来贺伐夏之捷。

	二十年	二十一年	二十二年	二十三年
阻卜南				吐蕃遣
			阻卜大王屯秃古斯率诸部长进马、驼。	夏国遣
			高丽遣使来贡。	高丽遣
		阿萨兰回鹘遣使贡名马、文豹。		
	遣之。			
	吐蕃遣使来贡。		阿萨兰回鹘为邻国所侵，遣使求援。	夏国遣

年	道宗清宁二年	咸雍二年	四年	五年
长来贡。			夏国遣使来贡。	
			晋王仁先遣人	
使来贡。	使来贡。	使来贡。		
	阻卜酋长来朝及贡方物。	回鹘来贡。阻卜酋长来贡。	吐蕃遣使来贡。	
		阿萨兰回鹘遣使来贡。		阻卜酋长叛，
使贡方物。				

	西北路招讨司擒阻卜酋长来献，以所降阻卜酋长卜酋长
奏阻卜之捷。	
	阻卜酋长来朝。
以南京留守晋王仁先为西北路招讨使，领禁军讨之。	西北路招讨司以所降阻卜酋来。
阻卜酋长来朝，且贡方物。	
六年	

七年	回鹘来贡。	图木同刮来。		吐蕃来贡。	女直国进马。
八年	高丽遣使来贡。	回鹘来贡。	振易州贫民。高丽遣使来贡。		
九年	南丽、夏国并遣使来贡。	回鹘来贡。	回鹘来贡。		
十年	高丽遣使来贡。				阻卜诸酋长来贡。

		回鹘遣使来贡。			高丽遣
吐蕃来贡。	回鹘来贡。	阻卜酋长来贡。	阻卜诸酋长进良马。	阻卜酋长来贡。	女直国遣使来贡。 阻卜与
		高丽遣使乞赐鸭渌江以东地，不许。			
					女直国
大康元年	二年	四年		五年	六年　七年

年					
八年	贡良马。铁骊酋长贡方物。		余古赧来贡。阻卜酋长来贡。		使来贡。
九年			阻卜酋长来贡。		
十年			阻卜诸酋长来贡。	女直国贡良马及犬。阻卜诸酋长来贡。	
大安二年		女直国来贡良马。	阻卜诸酋长来朝。		高丽遣使来谢封册。
三年		女直国来贡良			

			高丽遣使来贡。	
				日本国遣邦元等二十八人来
			回鹘遣使来贡异物，不纳，	回鹘遣使贡方物。
		回鹘遣使贡良马。		
马。高丽遣使来贡。	免高丽岁贡。			
		女直国遣使贡良马。		
四年	五年 高丽遣使来贡。	六年	七年	

八年	阻卜诸酋长来降。	阻卜酋长来贡。	厚赐遣之。	阻卜酋长磨古斯来贡。日本国遣使来贡。阻卜磨古斯杀金吾秃古斯以叛，遣奚六部秃里耶律郭三发诸番部兵讨之。贡。
九年	磨古斯入寇。	西北路招讨使		有司奏磨古斯

诸西北
路招讨
使，耶
律蕴不
也遇害，
附近阻
卜酋长
乌古扎
叛去。
里底及
拔思母
并寇倒
塌岭路。
阻卜酋
辖底侵

耶律阿
鲁扫古
追磨古
斯还，
都监萧
张九遇
贼众，
与战不
利，二
室韦、
拽剌、
北王府、
特满群
牧，宫
分等军

西北路统军司奏讨磨古斯之捷。

惕德菅铜刮，阻卜菅的烈等来降。

西北路统军司奏阻卜赖阻卜菅拍撒葛、蒲鲁等来献。

达里氏及拔思母弟来寇，山北副部署阿鲁带击败之。

琼西路群牧。

阻卜来寇倒塌岭，西路群牧及滦河北牧马皆为所掠。东北路统军使耶律石柳以兵追及，尽

多陷于贼。

乌古扎等来降。达里底，拔思母二部入寇。

西南面招讨司达里底，拔思母二部入寇。

山北路副部署萧阿鲁带奏拔思母之捷。达里底入寇。

闰月，达里底，拔思母二部来降。

十年

年							
寿隆元年	西南面招讨司奏拔思母入寇，击败之。萧阿鲁带等讨拔思母，破之。	高丽遣使来贡。	女直国遣使来贡。	阻卜酋长秃里底及图木葛来朝贡。阻卜酋长猛达斯来贡。（获所掠。）	女直国遣使进马。	高丽来贡。	阻卜来贡。
二年	西南面招讨司讨拔思母，破之。						

西北路统军司奏梅里急之捷。	斡特剌遣人奏梅里急之捷。	斡特剌讨阻卜，破之。	阻卜酋长猛撒葛及粘八葛酋长秃骨撒、梅里急酋长忽鲁八等请复旧地，以贡方物。	三年
		阻卜来贡。	诏夏国王李乾顺伐拨	五年

年			
六年	思母部。	阻卜酋长来贡。	女直国遣使来贡。铁骊来贡。
七年		阻卜、骊甾长来贡。	
天祚乾统二年		阻卜入寇，斡特剌等战败之。	
三年	女直国袭萧海。		吐蕃遣使来贡。

	四年	六年	八年			九年
						高丽遣使来贡。
			高丽遣使来谢。			
		阻卜来贡。				
	吐蕃遣使来贡。		西北路招讨使萧敌里率诸蕃酋长来朝。			
						夏国以来不归
里首，遣使来献。						

								回鹘遣使来贡。高丽遣使来谢。铁骊、兀惹叛归女直。
								女直国下宁江州。
								女直国阿息保言还，复遣使来取阿。
十年		地，遣使来告。		阻卜来贡。				
天庆二年				和州回鹘来贡。阻卜酋长来贡。				
三年				斡朗改国遣使来献良犬。				
四年		女直国遣使来索叛人阿。						

女直军
下黄龙
府。
女直国
主遣塞
剌以书

主之意,
若还阿
疏,即
贡如日;
不然,
已。女
直国遣
师来攻。

都统斡
里朵等
及女直
军败于
白马泺,
败绩。

张家奴
等以女
直国主
书来,
复遣张
家奴以

疏,不
发,即
道待御
阿息保,
任间境
上建城
堡之故。

疏,不
发。

遣耶律
张家奴、
蒲苏、
阿息保、
裒葛、
纥石保,

遣僧家
奴持书
约和,
斥女直
国主名。
女直国

五年

来报，若归我叛人阿疏，即当班师。	
之使降。遣萧辞剌使女直国，以书辞不屈，见留。 住。	女直军攻下沈州。族人痕字、铎剌、吴十、挞
得里底等赍书使女直国，斥其名，冀以速降。	
主遣塞剌复书，若归叛人阿疏，迁黄龙府于别地，然后图之。 六年	

女直国。人皆归鲁十三温，曷那也吴十，韩七、剌、辟离古，卢仆平甲、斡斡、迪剌、不也、

都元帅秦晋国王淳遇女直军，战于蔡山，败绩。女直军复攻拔显州。是岁，女直国主即皇帝位，建元天

七年	女直军改春州，女古、皮室四部及渤海人皆降。复下泰州。

辅，国号金。以议定册礼，遣奴哥使千金。宁昌军节度使刘完以懿州民户三千归金。

奴哥、突送持金主书来。龙化州张应古，如不能从，勿复遣使。渤海二哥等率众归附金朝。萧宝、沈里野

突送见留，奴哥还。金主复书谓，

奴哥、突送复使金朝，议册礼。

遣胡突衮赍三国书诏，衮以书表牒，复使金国。遣奴哥使金，议册礼。金主遣胡突衮持书来，兄事朕，

奴哥以书来。约不通此月见报。复遣奴哥使金国。要以酌中之议。金主遣胡突与奴哥持书来，

复遣奴哥使金国。

八年　遣耶律奴哥等使金国，复议和好。保安军节度使张崇以双州户二百归金国。耶律奴哥还，金主复书，大略言，始兄事朕，岁贡方物，归双州民物，归中京、上京、兴中府三路州县，

特末、霍石、韩庆和、王伯龙等各率众归于金。

册用汉仪,可以如约。

大略如前所约。

以亲王、公主、驸马、大臣子孙为质,及还我行人与元给信牌,并宋、夏、高丽住复书诏,表牒,可以如约。

九年						
金遣乌林答赞谟持书来迎册礼。	遣知右夷离毕事萧习泥烈、大理寺提点杨勉等册金主为东怀国皇帝。	阻卜朴疏只等反。	金复遣乌林答赞谟持书来，责册文无兄事之语，不言"大金"，而云"东怀"，及乖体式。如依前书所定，然后可	复遣萧习泥烈、杨近忠先持册藁使于金。		遣使送赞谟以还。

	从。
	扬询卿，罗子韦率众归金。
	金主亲师攻上京，已攻外郛，留守获不也出降。
以金朝所定册草内"大圣"二字与先世称号相同，复遣习泥烈持书议之。	金复遣赞谟以书并撰到册副本以来，仍责乞兵于高丽。
十年	

保大元年	二年							
南京统军耶律余睹率将吏户归于金。	金师克中京，进下泽州。	金师败，奚王霞末于北安州，遂降其城。	闻金师将出岭西，遂趋白水泺。群牧使遗鲁斡归金。闻金师将及，轻	金师取西京。	夏国遣兵来援，为金师所败。	亲遇金师，战于石辇驿，败绩。夏国遣曹介来问起居。	奉圣州降金。	蔚州降金。
						金师屯奉圣，上遁于落昆髓。		金主抚定南京。

三年	辽兴军,宜、锦、乾、显、成、川、豪、懿等州降金。兴中府降金。归德军及隰、润、迁三州款附金。	骑以遁。殿前点检耶律高八率卫士归金。	金师至居庸关,耶律大石被擒。金师围中都,辄重于青冢硬寨。金遣人以	回金帅书,乞为弟若子,量赐土地。夏国王李乾顺请临其国。	册李乾顺为夏国皇帝。

书来招，回书请和。金帅以兵送族属东行，乃遣兵邀战于白水泺，为金师所败。金帅以书来招，以书答之，之

		萧挞不也，蔡剌归金。	建州降金。	兴中府降金。
	帅复书，不许请和。			
四年	金师来攻，上弃营北遁，特母哥归金。			
五年	党项小斛禄遣人请临其地。上过沙漠，金上至应州新城，为金帅完颜娄室等所获。			

师忽王，徒步出走。

辽史卷七一
列传第一

后　妃

肃祖昭烈皇后萧氏

懿祖庄敬皇后萧氏

玄祖简献皇后萧氏

德祖宣简皇后萧氏

太祖淳钦皇后述律氏

太宗靖安皇后萧氏

世宗怀节皇后萧氏

世宗妃甄氏

穆宗皇后萧氏

景宗睿智皇后萧氏

圣宗仁德皇后萧氏

圣宗钦哀皇后萧氏

兴宗仁懿皇后萧氏

兴宗贵妃萧氏

道宗宣懿皇后萧氏

道宗惠妃萧氏
天祚皇后萧氏
天祚德妃萧氏
天祚文妃萧氏
天祚元妃萧氏

《书》始嫔虞,《诗》兴《关雎》。国史记载,往往自家而国,以立天下之本。然尊卑之分,不可易也。司马迁列吕后于纪;班固因之,而传元后于外戚之后;范晔登后妃于帝纪。天子纪年以叙事谓之纪,后曷为而纪之? 自晋史列诸后以首传,隋唐以来,莫之能易也。辽因突厥,称皇后曰"可敦",国语谓之"腻俚蹇",尊称曰"耨斡麼",盖以配后土而母之云。太祖称帝,尊祖母曰太皇太后,母曰皇太后,嫡曰皇后。等以徽称,加以美号,质于隋唐,文于故俗。后族唯乙室、拔里氏,而世任其国事。太祖慕汉高皇帝,故耶律兼称刘氏;以乙室、拔里比萧相国,遂为萧氏。耶律俨、陈大任《辽史·后妃传》大同小异,酌取其当著于篇。

肃祖昭烈皇后萧氏,小字卓真。归萧祖,生四子。见《皇子表》。乾统三年,追尊昭烈皇后。

懿祖庄敬皇后萧氏,小字牙里辛。肃祖尝过其家曰:"同姓可结交,异姓可结婚。"知为萧氏,为懿祖聘焉。生男女七人。乾统三年,追尊庄敬皇后。

玄祖简献皇后萧氏,小字月里朵。玄祖为狠德所害,后嫠居,恐不免,命四子往依邻家耶律台押,乃获安。太祖生,后以骨相异常,惧有阴图害者,鞠之别帐。重熙二十一年,追尊简献皇后。

德祖宣简皇后萧氏,小字岩母斤。遥辇氏宰相剔剌之女。男、女六人,太祖长子也。天显十一年崩,祔德陵。重熙二十一年,追尊宣简皇后。

太祖淳钦皇后述律氏,讳平,小字月理朵。其先回鹘人糯思,生魏宁舍利,魏宁生慎思梅里,慎思生婆姑梅里,婆姑娶匀德恝王女,生后于契丹右大部。婆姑名月椀,仕遥辇氏为阿扎割只。

后简重果断,有雄略。尝至辽、土二河之会,有女子乘青牛车,仓卒避路,忽不见。未几,童谣曰:"青牛妪,曾避路。"盖谚谓地祇为青牛妪云。

太祖即位,群臣上尊号曰地皇后。神册元年,大册,加号应天大明地皇后。行兵御众,后尝与谋。太祖尝渡碛击党项,黄头、臭泊二室韦乘虚袭之。后知,勒兵以待,奋击,大破之,名震诸夷。时晋王李存勖欲结援,以叔母事后。幽州刘守光遣韩延徽求援,不拜,太祖怒,留之,使牧马。后曰:"守节不屈,贤者也,宜礼用之。"太祖乃召延徽与语,大悦,以为谋主。吴主李昇献猛火油,以水沃之愈炽。太祖选三万骑以攻幽州。后曰:"岂有试仇而攻人国者?"指帐前树曰:"无皮可以生乎?"太祖曰:"不可。"后曰:"幽州之有土有民,亦由是耳。吾以三千骑掠其四野,不过数年,因而归我矣,何必为此?万一不胜,为中国笑,吾部落不亦解体乎!"其平渤海,后与有谋。

太祖崩,后称制,摄军国事。及葬,欲以身殉,亲戚百官力谏,因断右腕纳于枢。太宗即位,尊为皇太后。会同初,上尊号曰广德至仁昭烈崇简应天太后。

初,太祖尝谓太宗必兴我家,后欲令皇太子倍避之,太祖册倍为东丹王。太祖崩,太宗立,东丹王避之唐。太后常属意于少子李胡。太宗崩,世宗即位于镇阳,太后怒,遣李胡以兵逆击。李胡败,太后亲率师遇于黄河之横渡。赖耶律屋质谏,罢兵。迁太后于祖州。

应历三年崩,年七十五,祔祖陵,谥曰贞烈。重熙二十一年,更今谥。

太宗靖安皇后萧氏,小字温,淳钦皇后弟室鲁之女。帝为大元帅,纳为妃,生穆宗。及即位,立为皇后。性聪慧洁素,尤被宠顾,虽军旅、田猎必兴。天显十年崩,谥彰德,葬奉陵。重熙二十一年,更今谥。

世宗怀节皇后萧氏,小字撒葛只,淳钦皇后弟阿古只之女。帝为永康王,纳之,生景宗。天禄末,立为皇后。明年秋,生萌古公主。在蓐,察割作乱,弑太后及帝。后乘步辇,直诣察割,请毕收殓。明日遇害。谥曰孝烈皇后。重熙二十一年,更今谥。

世宗妃甄氏,后唐宫人,有姿色。帝从太宗南征得之,宠遇甚厚。生宁王只没。及即位,立为皇后。严明端重,风神闲雅。内治有法,莫干以私。刘知远、郭威称帝,世宗承强盛之资,奄奄岁时。后与参帷幄,密赞大谋,不果用。察割作乱,遇害。景宗立,葬二后于医巫闾山,建庙陵寝侧。

穆宗皇后萧氏,父知璠,内供奉翰林承旨。后生,有云气馥郁久之。幼有仪则。帝居藩,纳为妃。及正位中宫,性柔婉,不能规正。无子。

景宗睿智皇后萧氏,讳绰,小字燕燕,北府宰相思温女。早慧。思温尝观诸女扫地,惟后洁除,喜曰:"此女必能成家。"帝即位,选为贵妃,寻册为皇后。生圣宗。景宗崩,尊为皇太后,摄国政。后泣曰:"母寡子弱,族属雄强,边防未靖,奈何?"耶律斜轸、韩德让进曰:"信任臣等,何虑之有。"于是,后兴斜轸、德让参决大政,委于越休哥以南边事。统和元年,上尊号曰承天皇太后。二十四年,加上尊号曰睿德神略应运启化承天皇太后。二十七年崩，谥曰圣神宣献皇后。重熙二十一年，更今谥。

后明达治道，闻善必从，故群臣咸竭其忠。习知军政，澶渊之役，亲御戎车，指麾三军，赏罚信明，将士用命。圣宗称辽盛主，后教训为多。

圣宗仁德皇后萧氏，小字菩萨哥，睿智皇后弟隗因之女。年十二，美而才，选入掖庭。统和十九年，册为齐天皇后。尝以草莛为殿式，密付有司，令造清风、天祥、八方三殿。既成，益宠异。所乘车置龙首鸱尾，饰以黄金。又造九龙辂、诸子车，以白金为浮图，各有巧思。夏秋从行山谷间，花木如绣，车服相错，人望之以为神仙。生皇子二，皆早卒。开泰五年，宫人耨斤生兴宗，后养为子。帝大渐，耨斤詈后曰："老物宠亦有既耶！"左右扶后出。帝崩，耨斤自立为皇太后，是为钦哀皇后。护卫冯家奴、喜孙等希旨，诬告北府宰相萧浞卜、国舅萧匹敌谋逆。诏令鞫治，连及后。兴宗闻之曰："皇后侍先帝四十年，抚育眇躬，当为太后。今不果，反罪之，可乎？"钦哀曰："此人若在，恐为后患。"帝曰："皇后无子而老，虽在，无能为也。"钦哀不从，迁后于上京。

车驾春蒐，钦哀虑帝怀鞠育恩，驰遣人加害。使至，后曰："我实无辜，天下共知。卿待我浴，而后就死，可乎？"使者退。比反，后已崩，年五十。是日，若有见后于木叶山阴者，乘青盖车，卫从甚严。

追尊仁德皇后。与钦哀并祔庆陵。

圣宗钦哀皇后萧氏，小字耨斤，淳钦皇后弟阿古只五世孙。黝面，狠视。母尝梦金柱擎天，诸子欲上不能，后后至，与仆从皆升，异之。久之，入宫。尝拂承天太后榻，获金鸡，吞之，肤色光泽胜常。太后惊异曰："是必有奇子！"已而生兴宗。仁德皇后无子，取而养之如己出。后以兴宗侍仁德皇后谨，不悦。圣宗崩，令冯家奴等诬仁德皇后与萧浞卜、萧匹敌等谋乱，徙上京，害之。自立为皇太后，摄政，以生辰为应圣节。

重熙元年，尊为仁慈圣善钦孝广德安靖贞纯宽厚崇觉仪天皇太后。三年，后阴召诸弟议，欲立少子重元，重元以所谋白帝。帝收太后符玺，迁于庆州七括宫。六年秋，帝悔之，亲驭奉迎，侍养益孝谨。后常不怿。帝崩，殊无戚容。见崇圣皇后悲泣如礼，谓曰："汝年尚幼，何哀痛如是！"

清宁初，尊为太皇太后。崩，谥曰钦哀皇后。后初摄政，追封曾祖为兰陵郡王，父为齐国王，诸弟皆王之，虽汉五侯无以过。

兴宗仁懿皇后萧氏，小字挞里，钦哀皇后弟孝穆之长女。性宽容，姿貌端丽。帝即位，入宫，生道宗。重熙四年，立为皇后。二十三年，号贞懿慈和文惠孝敬广爱崇圣皇后。道宗即位，尊为皇太后。清宁二年，上尊号曰慈懿仁和文惠孝敬广爱宗天皇太后。九年秋，敦睦宫使耶律良以重元与其子涅鲁古反状密告太后，乃言于帝。帝疑之，太后曰："此社稷大事，宜早为计。"帝始戒严。及战，太后亲督卫士，破逆党。大康二年崩，谥仁懿皇后。仁慈淑谨，中外感德。凡正旦、生辰诸国贡币，悉赐贫瘵。尝梦重元曰："臣骨在太子山北，不胜寒溧。"寤，即命屋之，慈悯类此。

兴宗贵妃萧氏，小字三嬭，驸马都尉匹里之女。选入东宫。帝即位，立为皇后。重熙初，以罪降贵妃。

道宗宣懿皇后萧氏，小字观音，钦哀皇后弟枢密使惠之女。姿容冠绝，工诗，善谈论。自制歌词，尤善琵琶。重熙中，帝王燕赵，纳为妃。清宁初，立为懿德皇后。皇太叔重元妻，以艳冶自矜，后见之，戒曰："为贵家妇，何必如此！"后生太子浚，有专房宠。好音乐，伶官赵惟一得侍左右。大康初，宫婢单登、教坊朱顶鹤诬后与惟一私，枢密使耶律乙辛以闻。诏乙辛与张孝杰劾状，因而实之。族诛惟一，赐后自尽，归其尸于家。

乾统初,追谥宣懿皇后,合葬庆陵。

道宗惠妃萧氏,小字坦思,驸马都尉霞抹之妹。大康二年,乙辛誉之,选入掖庭,立为皇后。居数岁,未见皇嗣。后妹斡特懒先嫁乙辛子绥也,后以宜子言于帝,离婚,纳宫中。八年,皇孙延禧封梁王,降为惠妃,徙乾陵,斡特懒还其家。顷之,其母燕国夫人厌魅梁王,伏诛。贬妃为庶人,幽于宜州,诸弟没入兴圣宫。

天庆六年,召还,封太皇太妃。后二年,奔黑顶山,卒,葬太子山。

天祚皇后萧氏,小字夺里懒,宰相继先五世孙。大安三年入宫。明年,封燕国王妃。乾统初,册为皇后。性闲淑,有仪则。兄弟奉先、保先等缘后宠柄任。女直乱,从天祚西狩,以疾崩。

天祚德妃萧氏,小安师姑,北府宰相常哥之女。寿隆二年入宫,封燕国妃,生子挞鲁。乾统三年,改德妃,以柴册礼,封挞鲁为燕国王,加妃号赞翼。王薨,以哀戚卒。

天祚文妃萧氏,小安瑟瑟,国舅大父房之女。乾统初,帝幸耶律挞葛第,见而悦之,匿宫中数月。皇太叔和鲁斡劝帝以礼选纳,三年冬,立为文妃。生蜀国公主、晋王敖卢斡,尤被宠幸。以柴册,加号承翼。

善歌诗。女真乱作,日见侵迫,帝畋游不恤,忠臣多被疏斥。妃作歌讽谏,其词曰:"勿嗟塞上兮暗红尘,勿伤多难兮畏夷人。不如塞奸邪之路兮,选取贤臣。直须卧薪尝胆兮,激壮士之捐身。可以朝清漠北兮,夕枕燕云。"又歌曰:"丞相来朝兮剑佩鸣,千官侧目兮寂无声。养成外患兮嗟何及,祸尽忠臣兮罚不明。亲戚并居兮藩屏位,私门潜畜兮爪牙兵。可怜往代兮秦天子,犹向宫中兮望太平。"天祚见而衔之。

播迁以来，郡县所失几半，上颇有倦勤之意。诸皇子敖卢斡最贤，素有人望，元后兄萧奉先深忌之，诬南军都统余睹谋立晋王，以妃与闻，赐死。

天祚元妃萧氏，小字贵哥，燕国妃之妹。年十七，册为元妃。性沉静。尝昼寝，近侍盗貂裀，妃觉而不言，宫掖称其宽厚。从天祚西狩，以疾薨。

论曰：辽以鞍马为家，后妃往往长于射御，军旅田猎，未尝不从。如应天之奋击室韦，承天之御戎澶渊，仁懿之亲破重元，古所未有，亦其俗也。靖安无毁无誉；齐天巧思，乃奢侈之渐；宣懿度曲知音，岂致诬蔑之阶乎？文妃能歌诗讽谏，而谓谋私其子，非矣。若简宪之艰危保孤，怀节之从容就义，虽烈丈夫何以过之！钦哀狠桀，贼杀嫡后，而兴宗不能防闲其母，惜哉！

辽史卷七二
列传第二

宗　室

义宗倍　平王隆先　晋王道隐
章肃皇帝李胡　宋王喜隐　顺宗
晋王敖卢斡

义宗，名倍，小字图欲，太祖长子，母淳钦皇后萧氏。幼聪敏好学，外宽内挚。神册元年春，立为皇太子。

时太祖问侍臣曰："受命之君，当事天敬神。有大功德者，朕欲祀之，何先？"皆以佛对。太祖曰："佛非中国教。"倍曰："孔子大圣，万世所尊，宜先。"太祖大悦，即建孔子庙，诏皇太子春秋释奠。

尝从征乌古、党项，为先锋都统及经略燕地。太子西征，留倍守京师，因陈取渤海计。天显元年，从征渤海，拔扶余城，上欲括户口，倍谏曰："今始得地而料民，民必不安。若乘破竹之势，径造忽汗城，克之必矣。"太祖从之。倍与大元帅德光为前锋，夜围忽汗城，大諲譔穷蹙，请降。寻复叛，太祖破之。改其国曰东丹，名其城曰天福，以倍为人皇王主之。仍赐天子冠服，建元甘露，称制，置左右大次四相及百官，一用汉法。岁贡布十五万端，马千匹。上谕曰："此地濒海，非可久居，留汝抚治，以见朕爱民之心。"驾将还，倍作歌以献。陛辞，太祖曰："得汝治东土，吾复何忧。"倍号泣而出。遂如仪坤州。

未几,诸部多叛,大元帅讨平之。太祖讣至,倍即日奔赴山陵。倍知皇太后意欲立德光,乃谓公卿曰:“大元帅功德及人神,中外攸属,宜主社稷。”乃与群臣请于太后而让位焉。于是大元帅即皇帝位,是为太宗。

太宗既立,见疑,以东平为南京,徙倍居之,尽迁其民。又置卫士阴伺动静。倍既归国,命王继远撰建南京碑,起书数于西宫,作《乐田园诗》。唐明宗闻之,遣人跨海持书密召倍,倍因畋海上。使再至,倍谓左右曰:“我以天下让主上,今反见疑。不如适他国,以成吴太伯之名。”立木海上,刻诗曰:“小山压大山,大山全无力。羞见故乡人,从此投外国。”携高美人载书浮海而去。

唐以天子仪卫迎倍,倍坐船殿,众官陪列上寿。至汴,见明宗。明宗以庄宗后夏氏妻之,赐姓东丹,名之曰慕华。改瑞州为怀化军,拜怀化军节度使、瑞慎等州观察使。复赐姓李,名赞华。移镇滑州,遥领虔州节度使。倍虽在异国,常思其亲,问安之使不绝。

后明宗养子从珂弑其君自立,倍密报太宗曰:“从珂弑君,盍讨之。”及太宗立石敬瑭为晋主,加兵于洛。从珂欲自焚,召倍与俱,倍不从,遣壮士李彦绅害之,时年三十八。有一僧为收瘗之。敬瑭入洛,丧服临哭,以王礼权厝。后太宗改葬于医巫闾山,谥曰文武元皇王。世宗即位,谥让国皇帝,陵曰显陵。统和中,更谥文献。重熙二十年,增谥文献钦义皇帝,庙号义宗,及谥二后曰端顺,曰柔贞。

倍初市书至万卷,藏于医巫闾绝顶之望海堂。通阴阳,知音律,精医药、砭焫之术。工辽、汉文章,尝译《阴符经》。善画本国人物,如《射骑》、《猎雪骑》、《千鹿图》,皆入宋秘府。然性刻急好杀,婢妾微过,常加刲灼。夏氏惧而求削发为尼。

五子:长世宗,次娄国、稍、隆先、道隐,各有传。

平王隆先,字团隐,母大氏。景宗即位,始封平王。未几,兼政事令,留守东京。薄赋税,省刑狱,恤鳏寡,数荐贤能之士。后与统军耶律室鲁同讨高丽有功,还薨,葬医巫闾山之道隐谷。

平王为人聪明,博学能诗,有《阆苑集》行于世。

保宁之季,其子陈哥与渤海官属谋杀其父,举兵作乱,上命辗裂于市。

晋王道隐,字留隐,母高氏。道隐生于唐,人皇王遭李从珂之害,时年尚幼,洛阳僧匿而养之,因名道隐。太宗灭唐,还京,诏赐外罗山地居焉。性沉静,有文武才,时人称之。

景宗即位,封蜀王,为上京留守。乾亨元年,迁守南京,号令严肃,民获安业。居数年,徙封荆王。统和初,病薨,追封晋王。

论曰:自古新造之国,一传而太子让,岂易得哉。辽之义宗,可谓盛矣。然让而见疑,岂不兆于建元称制之际乎?斯则一时群臣昧于礼制之过也。束书浮海,寄迹他国,思亲不忘,问安不绝,其心甚有足谅者焉。观其始慕泰伯之贤而为远适之谋,终疾陈恒之恶而有请讨之举,志趣之卓,盖已见于早岁先祀孔子之言欤。善不令终,天道难诘,得非性卞嗜杀之所致也!虽然,终辽之代,贤圣继统,皆其子孙。至德之报,昭然在兹矣。

章肃皇帝,小字李胡,一名洪古,字奚隐,太子第三子,母淳钦皇后萧氏。少勇悍多力,而性残酷,小怒辄黥人面,或投水火中。太祖尝观诸子寝,李胡缩项卧内,曰:“是必在诸子下。”又尝大寒,命三子采薪。太宗不择而取,最先至;人皇王取其乾者束而归,后至;李胡取少而弃多,既至,袖手而立。太子曰:“长巧而次成,少不及矣。”而母笃爱李胡。

天显五年,遣徇地代北,攻寰州,多俘而还,遂立为皇太弟,兼天下兵马大元帅。太宗亲征,常留守京师。世宗即位镇阳,太后怒,遣李胡将兵击之,至泰德泉,为安端、留歌所败。太后与世宗隔潢河而阵,各言举兵意。耶律屋质入谏太后曰:“主上已立,宜许之。”时李胡在侧,作色曰:“我在,兀欲安得立?”屋质曰:“奈公酷暴失人心何!"太后顾李胡曰:"昔我与太祖爱汝异于诸子,谚云:'偏怜之子不保业,难得之妇不主家。'我非不欲立汝,汝自不能矣。"及会议,世宗使解剑而言。和约既定,趋上京。会有告李胡与太后谋废立者,徙李胡祖州,禁其出入。

穆宗时,其子喜隐谋反,辞逮李胡,囚之,死狱中,年五十,葬玉峰山西谷。

统和中,追谥钦顺皇帝。重熙二十一年,更谥章肃,后曰和敬。

二子:宋王喜隐、卫王完。

喜隐,字完德,雄伟善骑射,封赵王。应历中,谋反,事觉,上临问有状,以亲释之。未几,复反,下狱。景宗即位,闻有赦,自去其械而朝。上怒曰:"汝罪人,何得擅离禁所?"诏诛守者,复置于狱。及改元保宁,乃宥之,妻以皇后之姊,复爵,王宋。

喜隐轻儇抚恒,小得志即骄。上尝召,不时至,怒而鞭之,由是愤怨谋乱。贬而复召,适见上与刘继元书,辞意卑逊,谏曰:"本朝于汉为祖,书旨如此,恐亏国体。"帝寻改之。授西南面招讨使,命之河东索吐蕃户,稍见进用。复诱群小谋叛,上命械其手足,筑圜土囚祖州。宋降卒二百余人欲劫立喜隐,以城坚不得入。立其子留礼寿,上京留守除室擒之。留礼寿伏诛,赐喜隐死。

论曰:李胡残酷骄盈,太祖知其不才而不能教,太后不知其恶而溺爱之。初以屋质之言定立世宗,而复谋废立。子孙继以逆诛,并及其身,可哀也已。夫自太祖之世,剌葛、安端首倡祸乱,太祖既不之诛,又复用之,固为有君人之量。然惟太祖之才足以驾驭,庶乎其可也。李胡而下,宗王反侧,无代无之,辽之内难,与国始终。厥后嗣君,虽严法以绳之,卒不可止。乌虖,创业垂统之主,所以贻厥孙谋者,可不审欤!

顺宗,名浚,小字耶鲁斡,道宗长子,母宣懿皇后萧氏。

幼而能言，好学知书。道宗曾曰："此子聪慧，殆天授欤！"六岁，封梁王。明年，从上猎，矢连发三中。上顾左右曰："朕祖宗以来，骑射绝人，威震天下。是儿虽幼，不坠其风。"后遇十鹿，射获其九。帝喜，设宴。八岁，立为皇太子。大康元年，兼领北南枢密院事。及母后被害，太子有忧色。耶律乙辛为北院枢密使，常不自安。会护卫萧忽古谋害乙辛，事觉，下狱。副点检萧十三谓乙辛曰："臣民心属太子，公非阀阅，一日若立，吾辈措身何地！"乃与同知北院宣徽事萧特里特谋构陷太子，阴令护尉太保耶律查剌诬告都宫使耶律撒剌、知院耶律速撒、护卫萧忽古谋废立。诏案无迹，不治。

乙辛复令牌印郎君萧讹都斡等言："查剌前告非妄，臣实与谋，欲杀耶律乙辛等，然后立太子。臣若不言，恐事发连坐。"帝信之，幽太子于别室，以耶律燕歌鞫案。太子具陈枉状曰："吾为储副，尚何所求。公当为我辨之。"燕哥乃乙辛之党，易其言为款伏。上大怒，废太子为庶人。将出，曰："哉何罪至是！"十三叱登车，遣卫士阖其扉。徙于上京，囚圜堵中。乙辛寻遣达鲁古、撒八往害之，太子年方二十，上京留守萧挞得给以疾薨闻。上哀之，命有司葬龙门山。欲召其妃，乙辛阴遣人杀之。

州后知其冤，悔恨无及，谥曰昭怀太子，以天子礼改葬玉峰山。乾统初，追尊大孝顺圣皇帝，庙号顺宗，妃萧氏贞顺皇后。

一子，延禧，即天祚皇帝。

论曰：道宗知太子之贤，而不能辨乙辛之诈，竟绝父子之亲，为万世惜。乙辛知为一身之计，不知有君臣之义，岂复知有太子乎！奸邪之臣乱人家国如此，可不戒哉！可不戒哉！

晋王，小字敖卢斡，天祚皇帝长子，母曰文妃萧氏。甫髫龀，驰马善射。出为大丞相耶律隆运后，封晋王。性乐道人善，而矜人不能。时宫中见读书者辄斥，敖卢斡尝入寝殿，见小底茶剌阅书，因取观。会诸王至，阴袖而归之，曰："勿令他人见也。"一时号称长者。

及长,积有人望,内外归心。保大元年,南军都统耶律余睹与其母文妃密谋立之,事觉,余睹降金,文妃伏诛,敖卢斡实不与谋,免。二年,耶律撒八等复谋立,不克。上知敖卢斡得人心,不忍加诛,令缢杀之。或劝之亡,敖卢斡曰:"安忍为蕞尔之躯,而失臣子之大节。"遂就死。闻者伤之。

　　论曰:天祚不君,臣下谋立其子,适以杀之。敖卢斡重君父之命,不亡而死,申生其恭矣乎!

辽史卷七三
列传第三

耶律曷鲁　萧敌鲁 阿古只
耶律斜涅赤 老古　颇德
耶律欲隐　耶律海里

　　耶律曷鲁，字控温，一字洪隐，迭剌部人。祖匣马葛，简宪皇帝兄。父偶思，遥辇时为本部夷离堇，曷鲁其长子也。

　　性质厚。在髫鬐，与太祖游，从父释鲁奇之曰："兴我家者，必二儿也。"太祖既长，相与易裘马为好，然曷鲁事太祖弥谨。会滑哥弑其父释鲁，太祖顾曷鲁曰："滑哥弑父，料我必不能容，将反噬我。今彼归罪台呬为解，我姑与之。是贼吾不忘也！"自是，曷鲁常佩刀从太祖，以备不虞。居久之，曷鲁父偶思病，召曷鲁曰："阿保机神略天授，汝率诸弟赤心事之。"已而太祖来问疾，偶思执其手曰："尔命世奇才，吾儿曷鲁者，他日可委以事，吾已谕之矣。"既而以诸子属之。

　　太祖为挞马狘沙里，参预部族事，曷鲁领数骑召小黄室韦来附。太祖素有大志，而知曷鲁贤，军国事非曷鲁议不行。会讨越兀与乌古部，曷鲁为前锋，战有功。

　　及太祖为迭剌部夷离堇，讨奚部，其长术里逼险而垒，攻莫能下，命曷鲁持一笴往谕之。既入，为所执。乃说奚曰："契丹与奚言语相通，实一国也。我夷离堇于奚岂有辚轹之心哉？汉人杀我祖奚首，夷离堇怨次骨，日夜思报汉人。顾力单弱，使我求援于奚，传矢以示信耳。夷离堇受命于天，抚下以德，故能有此众也。今奚杀我，违天背德，不祥莫大焉。且兵连祸结，当自此始，岂尔国之利乎！”术里感其言，乃降。

太祖为于越，秉国政，欲命曷鲁为迭剌部夷离堇。辞曰：“贼在君侧，未敢远去。”太祖讨黑车子室韦，幽州刘仁恭遣养子赵霸率众来救。曷鲁伏兵桃山，俟霸众过半而要之。与太祖合击，斩获甚众，遂降室韦。太祖会李克用于云州，时曷鲁侍，克用顾而壮之曰：“伟男子为谁？”太祖曰：“吾族曷鲁也。”

会遥辇痕德堇可汗殁，群臣奉遗命请立太祖。太祖辞曰：“昔吾祖夷离堇雅里尝以不当立而辞，今若等复为是言，何欤？”曷鲁进曰：“曩吾祖之辞，遗命弗及，符瑞未见，第为国人所推戴耳。今先君言犹在耳，天人所与，若合符契。天不可逆，人不可拂，而君命不可违也。”太祖曰：“遗命固然，汝焉知天道？”曷鲁曰：“闻于越之生也，神光属天，异香盈幄，梦受神诲，龙锡金佩。天道无私，必应有德。我国削弱，龁龁于邻部日久，以故生圣人以兴起之。可汗知天意，故有是命。且遥辇九营棋布，非无可立者，小大臣民属心于越，天也。昔者于越伯父释鲁尝曰：‘吾犹蛇，儿犹龙也。’天时人事，几不可失。”太祖犹未许。是夜，独召曷鲁责曰：“众以遗命迫我，汝不明吾心，而亦俯随耶？”曷鲁曰：“在昔夷离堇雅里虽推戴者众，辞之，而立阻午为可汗。相传十余世，君臣之分乱，纪纲之统隳。委质他国，若缀旒然。羽檄蜂午，民疲奔命。兴王之运，实在今日。应天顺人，以答顾命，不可失也。”太祖乃许。明日，即皇帝位，命曷鲁总军国事。

时制度未讲，国用未充，扈从未备，而诸弟剌葛等往往觊非望。太祖官行营始置腹心部，选诸部豪健二千余充之，以曷鲁及萧敌鲁总焉。已而诸弟之乱作，太祖命曷鲁总领军事，讨平之，以功为迭剌部夷离堇。时民更兵燹剽，日以抚敝，曷鲁抚辑有方，畜牧益滋，民用富庶。乃讨乌古部，破之。自是震慑，不敢复叛。乃请制朝仪、建元，率百官上尊号。太祖既备礼受册，拜曷鲁为阿鲁敦于越。“阿鲁敦”者，辽言盛名也。

后太祖伐西南诸夷，数为前锋。神册二年，从逼幽州，与唐节度使周德威拒战可汗州西，败其军，遂围幽州，未下。太祖以时暑班师，留曷鲁与卢国用守之。俄而救兵继至，曷鲁等以军少无援，退。

三年七月，皇都既成，燕群臣以落之。曷鲁是日得疾薨，年四十七。既葬，赐名其阡宴答，山曰于越峪，诏立石纪功。清宁间，命立祠上京。

初，曷鲁病革，太祖临视，问所欲言。曷鲁曰："陛下圣德宽仁，群生咸遂，帝业隆兴。臣既蒙宠遇，虽瞑目无憾。惟析迭剌部议未决，顾亟行之。"及薨，太祖流涕曰："斯人若登三五载，吾谋蔑不济矣！"后太祖二十一功臣，各有所，拟以曷鲁为心云。子惕剌、撒剌，俱不仕。

论曰：曷鲁以肺腑之亲，任帷幄之寄，言如蓍龟，谋成战胜，可谓算无遗策矣。其君臣相得之诚，庶吴汉之于光武欤？天信其所可信，智也，太祖有焉。故曰"惟圣知圣，惟贤知贤"斯近之矣。

萧敌鲁，字敌輦，其母为德祖女弟，而淳钦皇后又其女兄也。五世祖曰胡母里，遥輦氏时尝使唐，唐留之幽州。一夕，折关逃归国，由是世为决狱官。

敌鲁性宽厚，膂力绝人，习军旅事。太祖潜藩，日侍左右，凡征讨必与行阵。既即位，敌鲁与弟阿古只、耶律释鲁、耶律曷鲁偕总宿卫。拜敌鲁北府宰相，世其官。太祖征奚及讨刘守光，敌鲁略地海滨，杀获甚众。顷之，剌葛等作乱，溃而北走。敌鲁率轻骑追之，兼昼夜行。至榆河，败其党，获剌葛以献。太祖嘉之，锡赉甚渥。后讨西南夷，功居诸将先。神册三年十二月卒。

敌鲁有胆略，闻敌所在即驰赴，亲冒矢石，前后战未尝少衄，必胜乃止。以故在太祖功臣列，喻以手云。

弟阿古只。

阿古只,字撒本。少卓越,自放不羁。长骁勇善射,临敌敢前,每射甲楯辄洞贯。

太祖为于越时,以材勇充任使。既即位,与敌鲁总腹心部。剌葛之乱也,淳钦皇后军黑山,阻险自固。太祖方经略奚地,命阿古只统百骑往卫之。逆党迭里特、耶律滑哥素惮其勇略,相戒曰:"是不可犯也!"剌葛既北走,与敌鲁追擒于榆河。

神册初元,讨西南夷有功,徇山西诸郡县,又下之,败周德威军。三年,以功拜北府宰相,世其职。天赞初,与王郁略地燕、赵,破磁窑镇。太祖西征,悉逮以南面边事。攻渤海,破扶余城,独将骑兵五百,败老相军三万。渤海既平,改东丹国。顷之,已降郡县复叛,盗贼蜂起。阿古只与康默记讨之,所向披靡。会贼游骑七千自鸭渌府来援,势张甚。阿古只帅麾下精锐,直犯其锋,一战克之,斩馘三千余,遂进军破回跋城。以病卒。

功臣中喻阿古只为耳云。子安团,官至右皮室详稳。

耶律斜涅赤,字撒剌,六院部舍利裵古直之族。始字铎盌,早隶太祖幕下,尝有疾,赐樽酒饮而愈,辽言酒尊曰"撒剌",故诏易字焉。

太祖即位,掌腹心部。天赞初,分迭剌部为北、南院,斜涅赤为北院夷离堇。帝西征至流沙,威声大振,诸夷溃散,乃命斜涅赤抚集之。及讨渤海,破扶余城,斜涅赤从太子大元帅率众夜围忽汗城,大諠譟降。已而复叛,命诸将分地攻之。诘旦,斜涅赤感励士伍,鼓噪登陴,敌震慑,莫敢御,遂破之。

天显中卒,年七十,居佐命功臣之一。侄老古、颇德。

老古,字撒懒,其母淳钦皇后姊也。

老古幼养宫掖,既长,沉毅有勇略,隶太祖帐下。既即位,屡有战功。剌葛之乱也,欲乘我不备为掩袭计,绐降。太祖将纳之;命老古、耶律欲稳严号令,勒士卒,控辔以防其变。逆党知有备,惧而遁。

以功授右皮室详稳,典宿卫。

太祖侵燕、赵,遇唐兵云碧店,老古恃勇轻敌,直犯其锋。战久之,被数创,归营而卒。太祖深悼惜之,佐命功臣其一也。

颇德,字兀古邻。弱冠事太祖。天显初,为左皮室详稳,典宿卫,迁南院夷离堇。治有声。

石敬瑭破张敬达军于太原北,时颇德勒兵为援,敬达遁。敬瑭追至晋安寨围之,颇德领轻骑袭潞州,塞其饷道。唐诸将惧,杀敬达以降。会同初,改迭剌部夷离堇为大王,即拜颇德,既而加采访使。

旧制,肃祖以下宗室称院,德祖宗室号三父房称横帐,百官子弟及籍没人称著帐。耶律斜的言,横帐班列,不可与北、南院并。太宗诏在廷议,皆曰然,乃诏横帐班列居上。颇德奏曰:“臣伏见官制,北、南院大王品在惕隐上。今横帐始图爵位之高,愿与北、南院参任,兹又耻与同列。夫横帐与诸族皆臣也,班列奚以异?”帝乃谕百官曰:“朕所不知,卿等不宜面从。”诏仍旧制。其强直不挠如此。

颇德状貌秀伟,初太祖见之曰:“是子风骨异常儿,必为国器。”后果然。卒年四十九。

耶律欲隐,字辖剌干,突吕不部人。祖台押,遥辇时为北边拽剌。简献皇后与诸子之罹难也,尝倚之以免。太祖思其功不忘,又多欲稳严重,有济世忠,乃命典司近部,以遏诸族窥觊之想。

欲稳既见器重,益感奋思报。太祖始置宫分以自卫,欲稳率门客首附宫籍。帝益嘉其忠,诏以台押配享庙廷。及平剌葛等乱,以功迁奚迭剌部夷离堇。从征渤海有功。天显初卒。

后诸帝以太祖之与欲隐也为故,往往取其子孙为友。宫分中称“八房”,皆其后也。

弟霞里,终奚六部秃里。

耶律海里,字涅剌昆,遥辇昭古可汗之裔。

太祖传位,海里与有力焉。初受命,属籍比局萌觊觎,而遥辇故族尤觖望。海里多先帝知人之明,而素服太祖威德,独归心焉。以故太祖托为耳目,数从征讨。既清内乱,始置遥辇敞稳,命海里领之。天显初,征渤海,海里将遥辇糺,破忽汗城。师般,卒。

辽史卷七四
列传第四

耶律敌刺　萧痕笃　康默记
延寿　**韩延徽**　德枢　绍勋　绍芳　资让
韩知古　匡嗣　德源　德凝

耶律敌刺,字合鲁隐,遥辇鲜质可汗之子。太祖践阼,与敌稳海里同心辅政。太祖知其忠实,命掌礼仪,且诿以军事。后以平内乱功,代辖里为奚六部吐里,卒。敌刺善骑射,颇好礼文。

萧痕笃,字元里轸,迭剌部人。其先相遥辇氏。痕笃少慷慨,以才能自任。早隶太祖帐下,数从征讨。既践阼,除北府宰相。痕笃事亲孝,为政尚宽简。

康默记,本名照。少为蓟州衙校,太祖侵蓟州得之,爱其材,隶麾下。一切蕃、汉相涉事,属默记折衷之,悉合上意。

时诸部新附,文法未备,默记推析律意,论决重轻,不差毫厘。罹禁网者,人人自以为不冤。顷之,拜左尚书。神册三年,始建都,默记董役,人咸劝趋,百日而讫事。五年,为皇都夷离毕。会太祖出师居庸关,命默记将汉军进逼长芦水寨,俘馘甚众。天赞四年,亲征渤海,默记与韩知古从。后大諲譔叛,命诸将攻之。默记分薄东门,率骁勇先登。既拔,与韩延徽下长岭。府军还,已下城邑多叛,默记与阿古只平之。既破回跋城，归营太祖山陵毕，卒。佐命功臣其一也。

孙延寿，字胤昌，少倜傥，谓其所亲：“大丈夫为将，当效节边垂，马革裹尸。”景宗特授千牛卫大将军。宋人攻南京，诸将既成列，延寿独奋击阵前，敌遂大溃。以功遥授保大军节度使。韩宁三年卒。

韩延徽，字藏明，幽州安次人。父梦殷，累官蓟、儒、顺三州刺史。

延徽少英，燕帅刘仁恭奇之，召为幽都府文学、平州录事参军，同冯道祗候院，授幽州观察度支使。后守光为帅，延徽来聘，太祖怒其不屈，留之。述律后谏曰：“彼秉节弗挠，贤者也，奈何困辱之？”太祖召与语，合上意，立命参军事。攻党项、室韦，服诸部落，延徽之筹居多。乃请树城郭，分市里，以居汉人之降者。又为定配偶，教垦艺，以生养之。以故逃亡者少。

居久之，慨然怀其乡里，赋诗见意，遂亡归唐。已而与他将王缄有隙，惧及难，乃省亲幽州，匿故人王德明舍。德明问所适，延徽曰：“吾将复走契丹。”德明不以为然。延徽笑曰：“彼失我，如失左右手，其见我必喜。”既至，太祖问故。延徽曰：“忘亲非孝，弃君非忠。臣虽挺身逃，臣心在陛下。臣是以复来。”上大悦，赐名曰匣列。“匣列”，辽言复来也。即命为守政事令、崇文馆大学士，中外事悉令参决。天赞四年，从征渤海，大諲譔乞降。既而复叛，与诸将破其城，以功拜左仆射。又与康默记攻长岭府，拔之。师还，太祖崩，哀动左右。

太宗朝，封鲁国公，仍为政事令。使晋还，改南京三司使。

世宗朝，迁南府宰相，建政事省，设张理具，称尽力吏。天禄三年六月，河东使请行册礼，帝诏延徽定其制，延徽奏一遵太宗册晋帝礼，从之。

应历中，致事。子德枢镇东平，诏许每岁东归省。九年卒，年七十八。上闻震悼，赠尚书令，葬幽州之鲁郭，世为崇文令公。

初,延徽南奔,太祖梦白鹤自帐中出,比还,复入帐中。诘旦,谓侍臣曰:"延徽至矣。"已而果然。太祖初元,庶事草创,凡营都邑,建宫殿,正君臣,定名分,法度井井,延徽力也。为佐命功臣之一。子德枢。

德枢年甫十五,太宗见之,谓延徽曰:"是儿卿家之福,朕国之宝,真英物也。"未冠,守左羽林大将军,迁特进太尉。时汉人降与转徙者,多寓东平。丁岁灾,饥馑疾疠。德枢请任抚字之,授辽兴军节度使。下车整纷剔蠹,恩煦信孚,劝农桑,兴教化,期月民获苏息。入为南院宣徽史,遥授天平军节度使,平、滦、营三州管内观察处置等使,门下平章事。已而加开府仪同三司、行侍中,封赵国公。保宁元年卒。孙绍勋、绍芳。

绍勋,仕至东京户部使。会大延琳叛,被执,辞不屈,贼以锯解之,愤骂至死。

绍芳,重熙间参知政事,加兼侍中。时廷议征李元昊,力谏不听,出为广德军节度使。闻败,呕血卒。

孙资让,寿隆初拜中书侍郎、平章事。会宋徽宗嗣位,遣使来报,有司按籍,有登宝位文,坐是出为崇义军节度使。改镇辽兴,卒。

韩知古,蓟州玉田人。善谋,有识量。太祖平蓟时,知古六岁,为淳钦皇后兄欲稳所得。后来嫔,知古从媵,未得省见。久之,负其有,怏怏不得忠,挺身逃庸保,以供资用。

其子匡嗣,得亲近太祖,因间言。太祖召见,与语贤之。命参谋议。神册初,遥授彰武军节度使。久之,信任益笃,总知汉儿司事,兼主诸国礼仪。时仪法疏阔,知古援据故典,参酌国俗,与汉仪杂就之,使国人易知而行。顷之,拜左仆射,与康默记将汉军征渤海有功,迁中书令。天显中卒,为佐命功臣之一。

子匡嗣。

匡嗣以善医,直长乐宫,皇后视之犹子。应历十年,为太祖庙详稳。后宋王喜隐谋叛,辞引匡嗣,上置不问。初,景宗在藩邸,善匡嗣。即位,拜上京留守。顷之,王燕,改南京留守。保宁末,以留守摄枢密使。

时耶律虎古使宋还,言宋人必取河东,合先事以为备。匡嗣诋之曰:"宁有是!"已而宋人果取太原,乘胜逼燕。匡嗣与南府宰相沙、惕隐休哥侵宋,军于满城,方阵,宋人请降。匡嗣欲纳之,休哥曰:"彼军气甚锐,疑诱我也。可整顿士卒以御。"匡嗣不听。俄而宋军鼓噪薄我,众蹙践,尘起涨天。匡嗣仓卒谕诸将,无当其锋。众既奔,遇伏兵扼要路,匡嗣弃旗鼓遁,其众走易州山,独休哥收所弃兵械,全军还。帝怒匡嗣,数之曰:"违尔众谋,深入敌境,尔罪一也;号令不肃,行伍不整,尔罪二也;弃我师旅,挺身鼠窜,尔罪三也;侦候失机,守御弗备,尔罪四也;损弃旗鼓,损威辱国,尔罪五也。"促令诛之。皇后引诸内戚徐为开解,上重违其请。良久,威稍霁,乃杖而免之。

既而遥授晋昌军节度使。乾亨二年,改西南面招讨使,卒。睿智皇后闻之,遣使临吊,赙赠甚厚,后追赠尚书令。

五子:德源,德让(后赐名隆运),德威,德崇,德凝。德源德凝附传,余各有传。

德源,性愚而贪,早侍景宗邸。及即位,列近侍。统和间,官崇义、兴国二军节度使,加检校太师。以贿名,德让贴书谏之,终不悛。以故论者少之。后加同政事门下平章事,遥摄保宁军节度使。乾亨初卒。

德凝,谦逊廉谨。保宁中,迁护军司徒。开泰中,累迁护卫太保、都宫使、崇义军节度使。移镇广德,秩满,部民请留,从之。改西南面招讨使,党项隆益答叛,平之。迁大同军节度使,卒于官。

子郭三,终天德军节度使。孙高家奴,终南院宣徽使;高十,终辽兴军节度使。

辽史卷七五
列传第五

耶律觌烈 羽之　　耶律铎臻 古
突吕不　王郁　耶律图鲁窘

耶律觌烈，字剌里轸，六院部蒲古只夷离堇之后。父偶思，亦为夷离堇。

初，太祖为于越，时觌烈以谨愿宽恕见器使。既即位，兄曷鲁典宿卫，以故觌烈入侍帷幄，与闻政事。神册三年，曷鲁薨，命觌烈为迭剌部夷离堇，属以南方事。会讨党项，皇太子为先锋，觌烈副之。军至天德、云内，分道并进。觌烈率遍师渡河力战，斩获甚众。天赞初，析迭剌部为北、南院，罗夷离堇。时大元帅率师由古北口略燕地，觌烈徇山西，所至城堡皆下，太祖嘉其功，锡赉甚厚。从伐渤海，拔扶余城，留觌烈与寅底石守之。

天显二年，留守南京。十年卒，年五十六。

弟羽之。

羽之，小字兀里，字寅底哂。幼豪爽不群，长嗜学，通诸部语。太祖经营之初，多预军谋。天显元年，渤海平，立皇太子为东丹王，以羽之为中台省右次相。时人心未安，左大相迭剌不逾月薨，羽之莅事勤恪，威信并行。

太宗即位，上表曰：“我大圣天皇始有东土，择贤辅以抚斯民，不以臣愚而任之。国家利害，敢不以闻。渤海昔畏南朝，阻险自卫，居忽汗城。今去上京辽邈,既不为用,又不罢戍,果何为哉? 先帝因彼离心,乘衅而动,故不战而克。天授人与,彼一时也。遗种浸以蕃息,今居远境,恐为后患。梁水之地乃其故乡,地衍土沃,有木铁盐鱼之利。乘其微弱,徙还其民,万世长策也。彼得故乡,又获木铁盐鱼之饶,必安居乐业。然后选徒以翼吾左,突厥、党项、室韦夹辅吾右,可以坐制南邦,混一天下,成圣祖未集之功,贻后世无疆之福。”表奏,帝嘉纳之。是岁,诏徙东丹国民于梁水,时称其善。

人皇王奔唐,羽之镇抚国人,一切如故。以功加守太傅,迁中台省左相。会同初,以册礼赴阙,加特进。表奏左次相渤海苏贪墨不法事,卒。

子和里,终东京留守。

耶律铎臻,字敌辇,六院部人。祖蒲古只,遥辇氏时再为本部夷离堇。耶律狼德等既害玄祖,暴横益肆。蒲古只以计诱其党,悉诛夷之。铎臻幼有志节,太祖为于越,常居左右。后即位,梁人遣使求辕轴材,太祖难之。铎臻曰:“梁名求材,实觇吾轻重。宜答曰:‘材之所生,必深山穷谷,有神司之,须白鼻赤驴祷祠,然后可伐。’如此,则其语自塞矣。”已而果然。

天赞三年,将伐渤海,铎臻谏曰:“陛下先事渤海,则必西夏蹑吾后。请先西讨,庶无后顾忧。”太祖从之。及淳钦皇后称制,恶铎臻,囚之,誓曰:“铁锁朽,当释汝!”既而召之,使者欲去锁,铎臻辞曰:“铁未朽,可释乎?”后闻,嘉叹,趣召释之。天显二年卒。

弟古、突吕不。

古,字涅剌昆,初名霞马葛。太祖为于越,尝从略地山右。会李克用于云州,古侍,克用异之曰:“是儿骨相非常,不宜使在左右。”以故太祖颇忌之。时方西讨,诸弟乱作,闻变,太祖问古与否,曰无。喜曰:“吾无患矣!”趣召古议。古陈殄灭之策,后皆如言,以故锡赉甚厚。

神册末,南伐,以古佐右皮室详稳老古,与唐兵战于云碧店。老古中流矢,伤甚,太祖疑古阴害之。古知上意,跪曰:"陛下疑臣耻居老古麾下耶？及今老古在,请遣使问之。"太祖使问老古,对曰:"臣于古无可疑者。"上意乃释。老古卒,遂以古为右皮室详稳。既卒,太祖谓左右曰:"古死,犹长松自倒,非吾伐之也。"

突吕不,字铎衮,幼聪敏嗜学。事太祖见器重。及制契丹大字,突吕不赞成为多。未几,为文班林牙,领国子博士、知制诰。明年,受诏撰决狱法。

太祖略燕,诏与皇太子及王郁攻定州。师还至顺州,幽州马步军指挥使王千率众来袭,突吕不射其马踬,擒之。天赞二年,皇子尧骨为大元帅,突吕不为副,既克平州,进军燕、赵,攻下曲阳、北平。至易州,易人来拒,逾濠而阵。李景章出降,言城中人无斗志。大元帅将修攻具,突吕不谏曰:"我师远来,人马疲惫,势不可久留。"乃止。军还,大元帅以其谋闻,太祖大悦,赐赉优渥。车驾西征,突吕不与大元帅为先锋,伐党项有功,太祖犒师水精山。大元帅东归,突吕不留屯西南部,复讨党项,多获而还。太祖东伐,大諲譔降而复叛,攻之。突吕不先登。渤海平,承诏铭太祖功德于永兴殿壁。班师,已下州郡往往复叛,突吕不从大元帅攻破之。

淳钦皇后称制,有飞语中伤者,后怒,突吕不惧而亡。太宗知其无罪,召还。天显三年,讨乌古部,俘获甚众。伐唐,以突吕不为左翼,攻唐军霞沙寨,降之。十一年,送晋主石敬瑭入洛。及太册,突吕不总礼仪事,加特进检校太尉。会同五年卒。

王郁,京兆万年人,唐义武军节度使处直之孽子。伯父处存镇义武,卒,三军推其子郜袭,处直为都知兵马使。光化三年,梁王朱全忠攻定州,郜遣处直拒于沙河。兵败,入城逐郜,郜奔太原。乱兵推处直为留后,遣人请事梁王。梁与晋王克用绝好,表处直为义武军节度使。

初，郜之亡也，郁从之。晋王克用妻以女，用为新州防御使。处直料晋必讨张文礼，镇亡，则定不独存，益自疑。阴使郁北导契丹入塞以牵晋兵，且许为嗣。郁自奔晋，常恐失父心，得使，大喜。神册六年，奉表送款，举室来降，太祖以为养子。未几，郁兄都囚父，自为留后，帝遣郁从皇太子讨之。至定州，都坚壁不出，掠居民而还。明年，从皇太子攻镇州，遇唐兵于定州，破之。天赞二年秋，郁及阿古只略地燕、赵，攻下磁窑务。从太祖平渤海，战有功，加同政事门下平章事，改崇义军节度使。

太祖崩，郁与妻会葬，其妻泣诉于淳钦皇后，求归乡国，许之。郁奏曰："臣本唐主之婿，主已被弑，此行夫妻岂能相保。愿常侍太后。"后喜曰："汉人中惟王郎最忠孝。"以太祖尝与李克用约为兄弟故也。寻加政事令。还宜州，卒。

耶律图鲁窘，字阿鲁隐，肃祖子治睿之孙，勇而有谋略。

太宗立晋之役，其父敌鲁古为五院夷离堇，殁于兵，帝即以其职授图鲁窘。会同元年，改北院大王，曾屏左右与议大事，占对合上意。从讨石重贵，杜重威拥十万余众拒滹沱桥，力战数日，不得进。帝曰："两军争渡，人马疲矣，计安出？"诸将请缓师为后图，帝然之。图鲁窘厉色进曰："臣愚窃以为陛下乐于安逸，则谨守四境可也。既欲扩大疆宇，出师远攻，讵能无厪圣虑。若中路而止，适为贼利，则必陷南京，夷属邑。若此，则争战未已，吾民无奠枕之期矣。且彼步我骑，何虑不克。况汉人足力弱而行缓，如选轻锐骑先绝其饷道，则事蔑不济矣。"帝喜曰："国强则其人贤，海巨则其鲁大。"于是塞其饷道，数出师以牵挠其势，重威果降如言。以功获赐甚厚。明年春，卒军中。

论曰：神册初元，将相大臣拔起风尘之中，翼扶王运，以任职取名者，固一时之材。亦由太祖推诚御下，不任独断，用能总揽群策而为之用欤！其投天隙而列功庸，至有心腹、耳目、手足之谕，岂偶然哉！讨党项，走敌鲁，平剌葛，定渤海，功亦伟矣。若默记治狱不冤，颇得持论不挠，延徽立经陈纪，绍勋秉节而死，图鲁窘料敌制胜，岂器博者无近用，道长者其功远欤？称为佐命固宜。

辽史卷七六
列传第六

耶律解里　　耶律拔里得
耶律朔古　　耶律鲁不古
赵延寿　　高模翰　　赵思温
耶律沤里思　　张砺

耶律解里,字泼单,突吕不部人。世为小吏,解里早隶太宗麾下,擢为军校。天显间,唐攻定州,既陷,解里为唐兵所获。晋高祖立,始归国。太宗贳其罪,拜御史大夫。

会同九年,伐晋,师次滹沱河,夺中渡桥,降其将杜重威。上命解里与降将张彦泽率骑兵三千疾趋河南,所至无敢当其锋。既入汴,解里等迁晋主重贵于开封府。彦泽恣杀掠,乱宫掖,解里不能禁,百姓骚然,莫不怨愤。车驾至京,数彦泽罪,斩于市,汴人大悦。解里亦被诘责,寻释之。

天禄间,加守太子太傅。应历初,置本部令稳,解里世其职,卒。

耶律拔里得,字孩邻,太祖弟剌葛之子。太宗即位,以亲爱见任。会同七年,讨石重贵,拔里得进围德州,下之,擒刺史师居璠等二十七人。九年,再举兵,次滹沱河,降杜重威,战功居多。太宗入汴,以功授安国军节度使,总领河北道事。师还,州郡往往叛,以应刘知远,拔里得不能守而归。

世宗即位,迁中京留守,卒。

耶律朔古,字弥骨顶,横帐孟父之后。幼为太祖所养。既冠,为右皮室详稳。从伐渤海,战有功。天显七年,授三河乌古部都详稳。平易近民,民安之,以故久其任。会同间,为惕隐。时晋主石重贵渝盟,帝亲征,晋将杜重威拥众拒滹沱。月余,帝由他渡济。朔古与赵延寿据中渡桥,重威兵却,遂降。是岁,入汴。

世宗即位,朔古奉太宗丧归上京,佐皇太后出师,坐是免官,卒。

耶律鲁不古,字信宁,太祖从侄也。初,太祖制契丹国字,鲁不古以赞成功,授林牙、监修国史。后率偏师为西南边大详稳,从伐党项有功。会河东节度使石敬瑭为其主所讨,遣人求援,鲁不古导送于朝,如其请。帝亲率师往援,鲁不古从击唐将张敬达于太原北,败之。会同初,从讨党项,俘获最诸将,师还。

天册中,拜于越。六年,为北院大王。终年五十五。

赵延寿,本姓刘,恒山人。父邟,令蓨。梁开平初,沧州节度使刘守文陷蓨,其裨将赵德钧获延寿,养以为子。少美容貌,好书史。唐明宗先以女妻之,及即位,封其女为兴平公主,拜延寿驸马都尉、枢密使。明宗子从荣恃权跋扈,内外莫不震慑,延寿求补外避之,出为宣武军节度使。清泰初,加鲁国公,复为枢密使,镇许州。

石敬瑭发兵太原,唐遣张敬达往讨。会敬达败保晋安寨,延寿与德钧往救,闻晋安已破,走团柏峪。太宗追及,延寿与其父俱降。

明年,德钧卒,以延寿为幽州节度使,封燕王。及改幽州为南京,迁留守,总山南事。天显末,以延寿妻在晋,诏取之以归。自是益自激昂图报。

会同初,帝幸其第,加政事令。冬,晋人背盟,帝亲征,延寿为先锋,下贝州,授魏、博等州节度使,封魏王。败晋军于南乐,获其将赛项羽。军元城,晋将李守贞、高行周率兵来逆,破之。至顿丘,会大霖雨,帝欲班师,延寿谏曰:"晋军顿河滨,不敢出战,若径入澶州,夺其桥,则晋不足平。"上然之。适晋军先归澶州,高行周至析城,延寿将轻兵逆战。上亲督骑士突其阵,敌遂溃。师还,留延寿徇贝、冀、深三州。

八年,再伐晋,晋主遣延寿族人赵行实以书来招。时晋人坚壁不出,延寿绐曰:"我陷虏久,宁忘父母之邦。若以军逆,我即归。"晋人以为然,遣杜重威卒兵迎之。延寿至滹沱河,据中渡桥,与晋军力战,手杀其将王靖,两军相拒。太宗潜由他渡济,留延寿与耶律朔古据桥,敌不能夺,屡败之。杜重威掃厥众降。上喜,赐延寿龙凤赭袍,且曰:"汉兵皆尔所有,尔宜亲往抚慰。"延寿至营,杜重威、李守贞迎谒马首。后太宗克汴,延寿因李崧求为皇太子,上曰:"吾于魏王虽割肌肉亦不惜,但皇太子须天子之子得为,魏王岂得为也?"盖上尝许灭晋后,以中原帝延寿,以故摧坚破敌,延寿常以身先。至是,以崧达意,上命迁延寿秩。翰林学士承旨张砺进拟中京留守、大丞相、录尚书事、都督中外诸军事。上涂"录尚书事、都督中外诸军事"。

世宗即位,以翊戴功,授枢密使。天禄二年薨。

高模翰,一名松,渤海人。有膂力,善骑射,好谈兵。

初,太祖平渤海,模翰避地高丽,王妻以女。因罪亡归。坐使酒杀人下狱,太祖知其才,贳之。

天显十一年七月,唐遣张敬达、杨光远帅师五十万攻太原,势锐甚。石敬瑭遣人求救,太宗许之。九月,征兵出雁门,模翰与敬达军接战,败之,太原围解。敬瑭夜出谒帝,约为父子。帝召模翰等赐以酒馔,亲飨士卒,士气益振。翌日,复战,又败之。敬达鼠窜晋安寨,模翰献俘于帝。会敬瑭自立为晋帝,光远斩敬达以降,诸州悉下。上谕模翰曰:"朕自起兵,百余战,卿功第一,虽古名将无以加。"

乃授上将军。

会同元年，册礼告成，宴百官及诸国使于二仪殿。帝指模翰曰："此国之勇将，朕统一天下，斯人之力也。"群臣皆称万岁。及晋叛盟，出师南伐。模翰为统军副使，与僧遏前驱，拔赤城，破德、贝诸寨。是冬，兼总左右铁鹞子军，下关南城邑数十。三月，救虎官杨覃赴乾宁军，为沧州节度使田武名所围，模翰与赵延寿聚议往救。俄有光自模翰目中出，紫绕旗矛，焰焰如流星久之。模翰喜曰："此天赞之祥。"遂进兵，杀获甚众。以功加侍中。略地盐中，破饶安，晋人震怖，不敢接战。加太傅。

晋以魏府节度使杜重威领兵三十万来拒，模翰谓左右曰："军法在正不在多。以多陵少，不义必败。其晋之谓乎！"诘旦，以麾下三百人逆战，杀其先锋梁汉璋，余兵败走。手诏褒美，比汉之李陵。顷之，杜重威等复至滹沱河，帝召模翰问计。上善其言曰："诸将莫及此。"乃令模翰守中渡桥。及战，复败之。上曰："朕凭高观两军之势，顾卿英锐无敌，如鹰逐雉兔。当图形麟阁，爵赒后裔。"已而杜重威等降。车驾入汴，加特进检校太师，封悊郡开国公，赐玺书、剑器。为汴州巡检使，平汜水诸山土贼，迁镇中京。

天禄二年，加开府仪同三司，赐对衣、鞍勒、名马。应历初，召为中台省右相。至东京，父老欢迎曰："公起戎行，致身富贵，为乡里荣，相如、买臣辈不足过也。"九年正月，迁左相，卒。

赵思温，字文美，卢龙人。少果锐，膂力兼人，隶燕帅刘仁恭幕。李存勖问罪于燕，思温统偏师拒之。流矢中目，裂裳渍血，战犹不已。为存勖将周德威所擒，存勖壮而释其缚。久之，日见信用。与梁战于莘县，以骁勇闻，授平州刺史，兼平、营、蓟三州都指挥使。

神册二年，太祖遣大将经略燕地，思温来降。及伐渤海，以思温为汉军都团练使，力战，拔扶余城。身被数创，太祖亲为调药。

太宗即位，以功擢检校太保、保静军节度使。天显十一年，唐兵攻太原，石敬瑭遣使求救，上命思温自岚、宪间出兵援之。既罢兵，改南京留守、卢龙军节度使、管内观察处置等使、开府仪同三司,兼侍中,赐协谋静乱翊圣功臣,寻改临海军节度使。

会同初,从耶律牒蠟使晋行册礼,还,加检校太师。二年,有星陨于庭,卒。上遣使赙祭,赠太师、卫国公。子延昭、延靖,官至使相。

耶律沤里思,六院夷离堇蒲古只之后。负勇略,每战被重铠,挥铁槊,所向披靡。

会同间,伐晋,上至河而猎,适海东青鹘搏雉,晋人隔水以鸽引去。上顾左右曰:“谁为我得此人?”沤里思请内厩马,济河擒之,并杀救者数人还。上大悦,优加赏赉。既而,晋将杜重威逆于望都,据水勒战。沤里思介马突阵,余军继之。被围,众言阵薄处可出,沤里思曰:“恐彼有他备。”竟引兵冲坚而出,回视众所指,皆大堑也。其料敌多此类。

是年,总领敌烈皮室军,坐私免部曲,夺官,卒。

张砺,磁州人。初仕唐为掌书记,迁翰林学士。会石敬瑭起兵,唐主以砺为招讨判官,从赵德钧援张敬达于河东。及敬达败,砺入契丹。后太宗见砺刚直,有文彩,擢翰林学士。砺临事必尽言,无所避,上益重之。未几,谋亡归,为追骑所获。上责曰:“汝何故亡?”砺对曰:“臣不习北方土俗、饮食、居处,意常郁郁,以是亡耳。”上顾通事高彦英曰:“朕尝戒汝善遇此人,何乃使失所而亡? 砺去,可再得耶?”遂杖彦英而谢砺。

会同初,升翰林承旨,兼吏部尚书,从太宗伐晋。入汴,诸将萧翰、耶律郎五、麻答辈肆杀掠,砺奏曰:“今大辽始得中国,宜以中国人治之,不可专用国人及左右近习。苟政令乖失,则人心不服,虽得之亦将失之。”上不听。改右仆射,兼门下侍郎、平章事。

顷之,车驾北还,至栾城崩。时砺在恒州,萧翰与麻答以兵围其第。砺方卧病,出见之。翰数之曰:“汝何故于先帝言国人不可为节度使? 我以国舅之亲,有征伐功,先帝留我守汴,以为宣武军节度使,汝独以为不可。又譖我与解里好掠人财物子女,今必杀汝!"趣令锁之。砺抗声曰:"此国家大体,安危所系,吾实言之。欲杀即杀,奚以锁为?"麻答以砺大臣,不可专杀,乃救止之。是夕,砺恚愤卒。

论曰:初,晋因辽之兵而得天下,故兼臣礼而父事之,割地以为寿,输帛以为贡。未久也,而会同之师次滹沱矣。岂群帅贪功黩武而致然欤?抑所谓信不由衷也哉?模翰以功名自终,可谓良将。若延寿之勋虽著,至于觊觎储位,谬矣。利矣智昏,固无足议。若乃成末衅以亏俊功,如解里者,何讥焉!

辽史卷七七
列传第七

耶律屋质　耶律吼　何鲁不
耶律安搏　耶律洼
耶律颓昱　耶律挞烈

　　耶律屋质,字敌辇,系出孟父房。姿简静,有器识,重然诺。遇事造次,处之从容,人莫能测。博学,知天文。

　　会同间,为惕隐。太宗崩,诸大臣立世宗,太后闻之,怒甚,遣皇子李胡以兵逆击,遇安端、刘哥等于泰德泉,败归。李胡尽执世宗臣僚家属,谓守者曰:"我战不克,先殪此曹。"人皆恟恟相谓曰:"若果战,则是父子兄弟相夷矣。"军次潢河横渡,隔岸相拒。时屋质从太后,世宗以屋质善筹,欲行间,乃设事奉书,以试太后。太后得书,以示屋质。屋质读竟,言曰:"太后佐太祖宣天下,故臣愿竭死力。若太后见疑,臣虽欲尽忠,得乎?为今之计,莫若以言和解,事必有成。否即宜速战,以决胜负。然人心一摇,国祸不浅,惟太后裁察。"太后曰:"我若疑卿,安肯以书示汝?"屋质对曰:"李胡、永康王皆太祖子孙,神器非移他族,何不可之有?太后宜思长策,与永康王和议。"太后曰:"谁可遣者?"对曰:"太后不疑臣,臣请往。万一永康王见听,庙社之福。"太后乃遣屋质授书于帝。帝遣宣徽使耶律海思复书,辞多不逊。屋质谏曰:"书意如此,国家之忧未艾也。能释怨以安社稷,则臣以为莫若和好。"帝曰:"彼众乌合,安能敌我?"屋质曰:"即不敌，奈骨肉何！况未知孰胜。借曰幸胜，诸臣之族执于李胡者无噍类矣。以此计之，惟和为善。"左右闻者失色。帝良久，问曰："若何而和？"屋质对曰："与太后相见，各纾忿憾，和之不难。不然，决战非晚。"帝然之。遂遣海思诣太后约和。往返数日，议乃定。

　　始相见，怨言交让，殊无和意。太后谓屋质曰："汝当为我画之。"屋质进曰："太后与大王若能释怨，臣乃敢进说。"太后曰："汝第言之。"屋质借谒者筹执之，谓太后曰："昔人皇王在，何故立嗣圣？"太后曰："立嗣圣者，太祖遗旨。"又曰："大王何故擅立，不禀尊亲？"帝曰："人皇王当立而不立，所以去之。"屋质正色曰："人皇王舍父母之国而奔唐，子道当如是耶？大王见太后，不少逊谢，惟怨是寻。太后牵于偏爱，托先帝遗命，妄授神器。如此何敢望和，当速交战。"掷筹而退。太后泣曰："向太祖遭诸弟乱，天下荼毒，疮痍未复，庸可再乎！"乃索筹一。帝曰："父不为而子为，又谁咎也！"亦取筹而执。左右感激，大恸。太后复谓屋质曰："议既定，神器竟谁归？"屋质曰："太后若授永康王，顺天合人，复何疑？"李胡厉声曰："我在，兀欲安得立！"屋质曰："礼有世嫡，不传诸弟。昔嗣圣之立，尚以为非，况公暴戾残忍，人多怨讟。万口一辞，愿立永康王，不可夺也。"太后顾李胡曰："汝亦闻此言乎？汝实自为之。"乃许立永康。

　　帝谓屋质曰："汝与朕属尤近，何反助太后？"屋质对曰："臣以社稷至重，不可轻付，故如是耳。"上喜其忠。

　　天禄二年，耶律天德、萧翰谋反下狱，惕隐刘哥及其弟盆都结天德等为乱。耶律石剌潜告屋质，屋质遽引入见，白其事。刘哥等不服，事遂寝。未几，刘哥邀驾观樗蒲，捧觞上寿，袖刃而进。帝觉，命执之，亲诘其事。刘哥自誓，帝复不问。屋质奏曰："当使刘哥与石剌对状，不可辄恕。"帝曰："卿为朕鞫之。"屋质率剑士往讯之，天德等伏罪，诛天德，杖翰，迁刘哥，以盆都使辖戛斯国。

　　三年，表列泰宁王察割阴谋事，上不听。五年，为右皮室详稳。秋，上祭让国皇帝于行宫，与群臣皆醉，察割弑帝。屋质闻有吉"衣紫者不可失"，乃易衣而出，亟遣人召诸王，及喻禁卫长皮室等同力

讨贼。时寿安王归帐,屋质遣弟冲迎之。王至,尚犹豫。屋质曰:
"大王嗣圣子,贼若得之,必不容。群臣将谁事,社稷将谁赖?万一
落贼手,悔将何及!"王始悟。诸将闻屋质出,相继而至。迟明整兵,
出贼不意,围之,遂诛察割。乱既平,穆宗即位,谓屋质曰:"朕之性
命,实出卿手。"命知国事,以逆党财产尽赐之,屋质固辞。应历五
年,为北院大王,总山西事。

保宁初,宋围太原,以屋质率兵往援。至白马岭,遣劲卒夜出间
道,疾驰驻太原西,鸣鼓举火。宋兵以为大军至,惧而宵遁。以功加
于越。四年,汉刘继元遣使来贡,致币于屋质,屋质以闻,帝命受之。
是年五月薨,年五十七。帝痛悼,辍朝三日。后道宗诏上京立祠祭
享,树碑以纪其功云。

耶律吼,字曷鲁,六院部夷离堇蒲古只之后。端悫好施,不事生
产。太宗特加倚任。

会同六年,为南院大王,莅事清简,人不敢以年少易之。时晋主
石重贵表不称臣,辞多踞慢,吼言晋罪不可不伐。及帝亲征,以所部
兵从。既入汴,诸将皆取内帑珍异,吼独取马铠,帝嘉之。

及帝崩于栾城,无遗诏,军中忧惧不知所为。吼诣北院大王耶
律洼议曰:"天位不可一日旷。若请于太后,则必属李胡。李胡暴戾
残忍,讵能子民。必欲厌人望,则当立永康王。"洼然之。会耶律安
搏来,意与吼合,遂定议立永康王,是为世宗。顷之,以功加采访使,
赐以宝货。吼辞曰:"臣位已高,敢复求富。臣从弟之璱诸子坐事籍
没,陛下哀而出之,则臣受赐多矣。"上曰:"吼舍重赏,以族人为请,
其贤远甚。"许之。仍赐宫户五十。

时有取当世名流作《七贤传》者,吼与其一。天禄三年卒,年三
十九。

子何鲁不。

何鲁不,字斜宁,尝与耶律屋质平察割乱。穆宗以其父吼首议

立世宗，故不显用。晚年为本族敞史。及景宗即位，以平察割功，授昭德军节度使，为北院大王。时黄龙府军将燕颇杀守臣以叛，何鲁不讨之，破于鸭绿江。坐不亲追击，以至失贼，杖之。乾亨间卒。

耶律安搏，曾祖岩木，玄祖之长子。祖楚不鲁，为本部夷离堇。父迭里，幼多疾，时太祖为挞马狨沙里，常加抚育。神册六年，为惕隐，从太祖将龙军讨阻卜、党项有功。天赞三年，为南院夷离堇，征渤海，攻忽汗城，俘斩甚众。太祖崩，淳钦皇后称制，欲以大元帅嗣位。迭里建言，帝位宜先嫡长，今东丹王赴朝，当立。由是忤旨。以党附东丹王，诏下狱，讯鞫，加以炮烙。不伏，杀之，籍其家。

安搏自幼若成人，居父丧，哀毁过礼，见者伤之。太宗屡加慰谕，尝曰："此儿必为令器。"既长，寡见笑，重然诺，动遵绳矩，事母至孝。以父死非罪，未葬，不预宴乐。世宗在藩邸，尤加怜恤，安搏密自结纳。

太宗伐晋还，至栾城崩，诸将欲立世宗，以李胡及寿安王在朝，犹豫未决。时安搏直宿卫，世宗密召问计。安搏曰："大王聪安宽恕，人皇王之嫡长，先帝虽有寿安，天下属意多在大王。今若不断，后悔无及。"会有自京师来者，安搏诈以李胡死传报军中，皆以为信。于是安搏诣北、南二大王计之。北院大王洼闻而遽起曰："吾二人方议此事，先帝尝欲以永康王为储贰，今日之事有我辈在，孰敢不从。但恐不白太后而立，为国家启衅。"安搏对曰："大王既知先帝欲以永康王为储副，况永康王贤明，人心乐附。今天下甫定，稍缓□大事去矣。若白太后，必立李胡。且李胡残暴，行路共知，果嗣位，如社稷何？"南院大王吼曰："此言是也，吾计决矣。"乃整军，召诸将奉世宗即位于太宗枢前。

帝立，以安搏为腹心，总知宿卫。是岁，约和于潢河横渡。太后问安搏曰："吾与汝有何隙？"安搏以父死为对，太后默然。及置北院枢密使，上命安搏为之，赐奴婢百口，宠任无比，事皆取决焉。然性太宽，事循苟简，豪猾纵恣不能制。天禄末，察割兵犯御幄，又不能讨,由是中外短之。

穆宗即位,以立世宗之故,不复委用。应历三年,或诬安搏与齐王罨撒葛谋乱,系狱死。侄撒给,左皮室详稳。

耶律洼,字敌辇,隋国王释鲁孙,南院夷离堇绾思子。少有器识,人以公辅期之。

太祖时,虽未官,常任以事。太宗即位,为惕隐。天显末,帝援河东,洼为先锋,败张敬达军于太原北。会同中,迁北院大王。及伐晋,复为先锋,与梁汉璋战于瀛州,败之。太宗崩于栾城,南方州郡多叛,士马困乏,军中不知所为。洼与耶律吼定策立世宗,乃令诸将曰:"大行上宾,神器无主,永康王人皇王之嫡长,天人所属,当立。有不从者,以军法从事。"诸将皆曰"诺。"世宗即位,赐宫户五十,拜于越。卒年五十四。

耶律颓昱,字团宁,孟父楚国王之后。父末掇,尝为夷离堇。

颓昱性端直。会同中,领九石烈部,政济宽猛。世宗即位,为惕隐。天禄三年,兼政事令,封漆水郡王。及穆宗立,以匡赞功,尝许以本部大王。后将葬世宗,颓昱恳言于帝曰:"臣蒙先帝厚恩,未能报。幸及大葬,臣请陪位。"帝由是不悦,寝其议。薨。

耶律挞烈,字涅鲁衮,六院部郎君裹古直之后。沉厚多智,有任重才。年四十未仕。

会同间,为边部令稳。应历初,升南院大王,均赋役,劝耕稼,部人化之,户口丰殖。时周人侵汉,以挞烈都统西南道军援之。周已下太原数城,汉人不敢战。及闻挞烈兵至,周主遣郭从义、尚钧等率精骑拒于忻口。挞烈击败之,获其将史彦超,周军遁归,复所陷城邑,汉主诣挞烈谢。及汉主殂,宋师来伐,上命挞烈为行军都统,发诸道兵救之。既出雁门,宋谍知而退。

保宁元年,加兼政事令,致政。乾亨初,召之。上见须发皓然,精力犹健，问以政事，厚礼之。以疾薨，年七十九。

挞烈凡用兵，赏罚信明，得士卒心。河东单弱，不为周、宋所并者，挞烈有力焉。在治所不修边幅，百姓无称，年谷屡稔。时耶律屋质居北院，挞烈居南院，俱有政迹，朝议以为"富民大王"云。

赞曰：立嗣以嫡，礼也。太宗崩，非安搏、吼、洼谋而克断，策立世宗，非屋质直而能谏，杜太后之私，折李胡之暴，以成横渡之约，则乱将谁定？四臣者，庶几《春秋》首止之功哉！

辽史卷七八
列传第八

耶律夷腊葛　萧海璞
萧护思　　萧思温　　萧继先

　　耶律夷腊葛，字苏散，本宫分人检校太师合鲁之子。应历初，以父任入侍。数岁，始为殿前都点检。时上新即位，疑诸王有异志，引夷腊葛为布衣交，一切机密事必与之谋，迁寄班都知，赐宫户。

　　时上酗酒，数以细故杀人。有监雉者因伤雉而亡，获之欲诛。夷腊葛谏曰："是罪不应死。"帝竟杀之，以尸付夷腊葛曰："收汝故人！"夷腊葛终不为止。复有监鹿详稳亡一鹿，下狱当死，夷腊葛又谏曰："人命至重，岂可为一兽杀之？"良久，得免。

　　辽法，麏歧角者，惟天子得射。会秋猎，善为鹿鸣者呼一麏至，命夷腊葛射，应弦而踣。上大悦，赐金、银各百两，名马百匹，及黑山东抹真之地。后穆宗被弑，坐守卫不严被诛。

　　萧海璞，字寅的哂，其先遥辇氏时为本部夷离堇。父塔列，天显间为本部令稳。

　　海璞貌魁伟，膂力过人。天禄间，娶明王安端女蔼因翁主。应历初，察割乱，蔼因连坐，继娶嘲瑰翁主。上以近戚，嘉其勤笃，命预北府宰相选。顷之，总知军国事。

　　时诸王多坐反逆，海璞为人廉谨，达政体。每被命案狱，多得其情，人无冤者，繇是知名。汉主刘承钧每遣使入贡，必别致币物，诏许受之。年五十卒,帝愍悼,辍朝二日。

萧护思,字延宁,世为北院吏,累迁御史中丞,总典群牧部籍。

应历初,迁左客省使。未几,拜御史大夫。时诸王多坐事系狱,上以护思有才干,诏穷治,称旨。改北院枢密使,仍命世预宰相选。护思辞曰:“臣子孙贤否未知,得一客省使足矣。”从之。

上晚岁酗酒,用刑多滥,护思居要地,踽踽自保,未尝一言匡救,议者以是少之。年五十七卒。

萧思温,小字寅古,宰相敌鲁之族弟忽没里之子。通书史。太宗时为奚秃里太尉,尚燕国公主,为群牧都林牙。思温在军中,握龊修边幅,僚佐皆言非将帅才。寻为南京留守。

初,周人攻扬州,上遣思温蹑其后,惮暑不敢进,拔缘边数城而还。后周师来侵,围冯母镇,势甚张。思温请益兵,帝报曰:“敌来,则与统军司并兵拒之。敌去,则务农作,勿劳士马。”会敌入束城,我军退渡滹沱而屯。思温勒兵徐行,周军数日不动。思温与诸将议曰:“敌众而锐,战不利则有后患。不如顿兵以老其师,蹑而击之,可以必胜。”诸将从之。遂与统军司兵会,饰他说请济师。周人引退,思温亦还。已而,周主复北侵,与其将傅元卿、李崇进等分道并进,围瀛州,陷益津、瓦桥、淤口三关,垂迫固安。思温不知计所出,但云车驾旦夕至,麾下士奋跃请战,不从。已而,陷易、瀛、莫等州,京齐人皆震骇,往往遁入西山。思温以边防失利,恐朝廷罪己,表请亲征。会周主荣以病归,思温退至益津,伪言不知所在。遇步卒二千余人来拒,败之。是年,闻周丧,燕民始安,乃班师。

时穆宗湎酒嗜杀,思温以密戚预政。无所匡辅,士论不与。十九年,春蒐,上射熊而中,思温与夷离毕牙里斯等进酒上寿,帝醉还宫。是夜,为庖人斯奴古等所弑。思温与南院枢密使高勋、飞龙使女里等立景宗。

保宁初,为北院枢密使,兼北府宰相,仍命世预其选。上册思温女为后,加尚书令,封魏王。从帝猎闾山,为贼所害。

萧继先,字杨隐,小字留只哥。幼颖悟,叔思温命为子,睿智皇后尤爱之。乾亨初,尚齐国公主,拜驸马都尉。

统和四年,宋人来侵,继先率逻骑逆境上,多所俘获,上嘉之,拜北府宰相。自是出师,继先必将本府兵先从。拔狼山石垒,从破宋军应州,上南征取通利军,战称捷力。及亲征高丽,以继先年老,留守上京。卒,年五十八。

继先虽处富贵,尚俭素,所至以善治称,故将兵攻战,未尝失利,名重戚里。

论曰:呜呼!人君之过,莫大于杀无辜。汤之伐桀也,数其罪曰"并告无辜于上下神祇"。武王之伐纣也,数其罪曰"无辜吁天"。尧之伐苗民也,吕侯追数其罪曰"杀戮无辜"。迹是言之,夷腊葛之谏,凛凛庶几古君子之风矣。虽然,善谏者不谏于已然。盖必先得于心术之微,如察脉者,先其病而治之,则易为功。穆宗沉湎失德,盖其资富强之势以自肆久矣。使详臣于造次动作之际,此谏彼诤,提而警之,以防其甚,则亦讵至是哉!于以知护思、思温处位优重,耽禄取容,真鄙夫矣。若海瓒之折狱,继先之善治,可谓任职臣欤!

辽史卷七九
列传第九

室昉　耶律贤适　女里
郭袭　耶律阿没里

　　室昉,字梦奇,南京人。幼谨厚笃学,不出外户者二十年,虽里人莫识。其精如此。

　　会同初,登进士第,为卢龙巡捕官。太宗入汴受册礼,诏昉知制诰,总礼仪事。天禄中,为南京留守判官。应历间,累迁翰林学士,出入禁闼十余年。保宁间,兼政事舍人,数延问古今治乱得失,奏对称旨。上多昉有理剧才,改南京副留守。决讼平允,人皆便之。迁工部尚书,寻改枢密副使,参知政事。顷之,拜枢密使,兼北府宰相,加同政事门下平章事。乾亨初,监修国史。

　　统和元年,告老,不许。进《尚书·无逸篇》以谏,太后闻而嘉奖。二年秋,诏修诸岭路,昉发民夫二十万,一日毕功。是时,昉与韩德让、耶律斜轸相友善,同心辅政,整哲蠹弊,知无不言,务在息民薄赋,以故法度修明,朝无异议。

　　八年,复清致政。诏入朝免拜,赐几杖,太后遣阁门使李从训持诏劳问,令常居南京,封郑国公。初,晋国公主建佛寺于南京,上许赐额。昉奏曰:“诏书悉罢无名寺院,今以主请赐额,不惟违前昭,恐此风愈炽。”上从之。表进所撰《实录》二十卷,手诏褒之,加政事令,赐帛六百匹。

　　九年,荐韩德让自代,不从。上以昉年老若寒,赐诏皮衾褥,许乘辇入朝。病剧，遣翰林学士张干就第授中京留守，加尚父。卒，年七十五。上嗟悼，辍朝二日，赠尚书令。遗言戒厚葬。恐人誉过情，自志其墓。

耶律贤适，字阿古真，于越鲁不古之子。嗜学有大志，滑稽玩世，人莫之知。惟于越屋质器之，尝谓人曰："是人当国，天下幸甚。"应历中，朝臣多以言获谴，贤适乐于静退，游猎自娱，与亲朋言不及时事。会讨乌古还，擢右皮室详稳。景宗在藩邸，常与韩匡嗣、女里等游，言或刺讥，贤适劝以宜早疏绝，由是穆宗终不见疑，贤适之力也。

景宗立，以功加检校太保，寻遥授宁江军节度使，赐推忠协力功臣。时帝初践阼，多疑诸王或萌非望，阴以贤适为腹心，加特进同中书门下平章事。保宁二年秋，拜北院枢密使，兼侍中，赐保节功臣。三年，为西北路兵马都部署。贤适忠介肤敏，推诚待人，虽燕息不忘政务。以故百同首职，罔敢愉堕，累年滞狱悉决之。

大丞相高勋、契丹行宫都部署女里席宠放恣，及帝姨母、保母势薰灼。一时纳赂请谒，门若贾区。贤适患之，言于帝，不报。以病解职，又不充，令铸手印行事。

乾亨初，疾笃，得请。明年，封西平郡王，薨，年五十三。

子观音，大同军节度使。

女里，字涅烈衮，逸其氏族，补积庆宫人。

应历初，为习马小底，以母忧去。一日，至雅伯山，见一巨人，惶惧走。巨人止之曰："勿惧，我地祇也。葬尔母于斯，当速诣阙，必贵。"女里从之，累迁马群侍中。

时景宗在藩邸，以女里出自本宫，待遇殊厚，女里亦倾心结纳。及穆宗遇弑，女里奔赴景宗。是夜，集禁兵五百以卫。既即位，以翼戴功，加政事令、契丹行宫都部署，赏赉甚渥，寻加守太尉。北汉主刘继元闻女里为上信任，遇其生日必致礼。女里素贪，同别萧阿不底亦好贿，二人相善。人有毡裘为枭耳子所著者，或戏曰："若遇女里、阿不底，必尽取之。"传以为笑。其贪狠如此。

保宁末，坐私藏甲五百属，有司方案诘，女里袖中又得杀枢密使萧思温贼书，赐死。

女里善识马，尝行郊野，见数马迹，指其一曰："此奇骏也！"以己马易之，果然。

郭袭，不知何郡人。性端介，识治体。久淹外调。景宗即位，召见，对称旨，知可任以事，拜南院枢密使，寻加兼政事令。

以帝数游猎，袭上书谏曰："昔唐高祖好猎，苏世长言不满十旬未足为乐，高祖即日罢，史称其美。伏念圣祖创业艰难，修德布政，宵旰不懈。穆宗逞无厌之欲，不恤国事，天下愁怨。陛下继统，海内翕然望中兴之治。十余年间，征伐未已，而寇贼未弭。年谷虽登，而疮痍未复。正宜戒惧修省，以怀永图。侧闻恣意游猎，甚于往日。万一有衔橛之变，搏噬之虞，悔将何及？况南有强敌伺隙而动，闻之得无生心乎？伏望陛下节从禽酗饮之乐，为生灵社稷计，则有无疆之休。"上览而称善，赐协赞功臣，拜武定军节度使。卒。

耶律阿没里，字蒲邻，遥辇嘲古可汗之四世孙。幼聪敏。

保宁中，为南院宣徽使。统和初，皇太后称制，与耶律斜轸参预国论，为都统。以征高丽功，迁北院宣徽使，加政事令。四年春，宋将曹彬、米信等侵燕，上亲征，阿没里为都监，屡破敌军。十二年，行在多盗，阿没里立禁捕法，盗始息。先是，叛逆之家，兄弟不知情者亦连坐。阿没里谏曰："夫兄弟虽曰同胞，赋性各异，一行逆谋，虽不与知，辄坐以法，是刑及无罪也。自今虽同居兄弟，不知情者免连坐。"太后嘉纳，著为令。致仕，卒。

阿没里性好聚敛，每从征所掠人口，聚而建城，请为丰州，就以家奴阎贵为刺史，时议鄙之。

子贤哥，左夷离毕。

　　论曰：景宗之世，人望中兴，岂其勤心庶绩而然，盖承穆宗啬虐之余，为善易见。亦由群臣多贤，左右弼谐之力也。室昉进《无逸》之篇，郭袭陈谏猎之疏，阿没里请免同气之坐，所谓仁人之言，其利博哉。贤适忠介，亦近世之名臣。女里贪猥，后人所当取鉴者也。

辽史卷八○
列传第一○

张俭 邢抱朴 马得臣
萧朴 耶律八哥

张俭,宛平人。性端悫,不事外饰。

统和十四年,举进士第一,调云州幕官。故事,车驾经行,长吏当有所献。圣宗猎云中,节度使进曰:"臣境无他产,惟幕僚张俭,一代之宝,愿以为献。"先是,上梦四人侍侧,赐食人二口,至闻俭名,始悟。召见,容止朴野,访及世务,占奏三十余事。由此顾遇特异,践历清华,号称明干。

开泰中,累迁同知枢密院事。太平五年,出为武定军节度使,移镇大同。六年,入为南院枢密使。帝方眷倚,参知政事吴叔达与俭不相能,帝怒,出叔达为康州刺史,拜俭左丞相,封韩王。帝不豫,受遗诏辅立太子,是为兴宗。赐贞亮弘靖保义守节耆德功臣,拜太师、中书令,加尚父,徙王陈。

重熙五年,帝幸礼部贡院及亲试进士,皆俭发之。进见不名,赐诗褒美。俭衣唯绌帛,食不重味,月俸有余,赒给亲旧。方冬,奏事便殿,帝见衣袍弊恶,密令近侍以火夹穿孔记之,屡见不易。帝问其故,俭对曰:"臣服此袍已三十年。"时尚奢靡,故以此微讽喻之。上怜其清贫,令恣取内府物,俭奉诏持布三端而出,益见奖重。

俭第五人,上欲俱赐进士第,固辞。有司获盗八人,既戮之,乃获正贼。家人诉冤,俭三乞申理。上勃然曰:"卿欲朕偿命耶?"俭曰:

"八家老稚无告,少加存恤,使得收葬,足慰存没矣。"乃从之。俭在相位二十余年,裨益为多。

致政归第,会宋书辞不如礼,上将亲征。幸俭第,尚食先往具馔,却之。进葵羹乾饭,帝食之美。徐问以策,俭极陈利害,且曰:"第遣一使问之,何必远劳车驾?"上悦而止。复即其第赐宴,器玩悉与之。十二年薨,年九十一,敕葬宛平县。

邢抱朴,应州人。刑部郎中简之子也。抱朴性颖悟,好学博古。

保守初,为政事舍人、知制诰,累迁翰林学士,加礼部侍郎。统和四年,山西州县被兵,命抱朴镇抚之,民始安,加户部尚书。迁翰林学士承旨,与室昉同修《实录》。决南京滞狱还,优诏褒美。十年,拜参知政事。以枢密使韩德让荐,按察诸道守令能否而黜陟之,大协人望。寻以母忧去官,诏起视事。表乞终制,不从。宰相密谕上意,乃视事。人以孝称。及耶律休哥留守南京,又多滞狱,复诏抱朴平决之,人无冤者。改南院枢密使,卒,赠侍中。

初,抱朴与弟抱质受经于母陈氏,皆以儒术显,抱质亦官至侍中,时人荣之。

马得臣,南京人。好学博古,善属文,尤长于诗。

保宁间,累迁政事舍人、翰林学士,常预朝议,以正直称。乾亨初,宋师屡犯边,命为南京副留守,复拜翰林学士承旨。

圣宗即位,皇太后称制,兼侍读学士。上阅唐高祖、太宗、玄宗三纪,得臣乃录其行事可法者进之。及扈从伐宋,进言"降不可杀,亡不可追,二三其德者别议"。诏从之。俄兼谏议大夫,知宣徽院事。

时上击鞠无度,上书谏曰:"臣窃观房玄龄、杜如晦,隋季书生,向不遇太宗,安能为一代名相?臣虽不才,陛下在东宫,幸列侍从,今又得侍圣读,未有裨补圣明。陛下尝问臣以贞观、开元之事,臣请略陈之。臣闻唐太宗侍太上皇宴罢,则挽辇至内殿。玄宗与兄弟欢饮,尽家人礼。陛下嗣祖考之祚,躬侍太后,可谓至孝。臣更望定省之余,睦六亲,加爱敬,则陛下亲亲之道比隆二帝矣。臣又闻二帝耽玩经史,数引公卿讲学,至于日昃。故当时天下翕然向风,以隆文治。今陛下游心典籍,分解章句。臣愿研究经理,深造而笃行之,二帝之治不难致矣。臣又闻太宗射豕,唐俭谏之;玄宗臂鹰,韩休言之;二帝莫不乐从。今陛下以球马为乐,愚臣思之,有不宜者三,故不避斧钺言之。窃以君臣同戏,不免分争,君得臣愧,彼负此喜,一不宜;跃马挥杖,纵横驰骛,不顾上下之分,争先取胜,失人臣礼,二不宜;轻万乘之尊,图一时之乐,万一有衔勒之失,其如社稷、太后何?三不宜。傥陛下不以臣言为迂,少赐省览,天下之福,九臣之愿也。"书奏,帝嘉叹良久。未几卒,赠太子太保,诏有司给葬。

　　萧朴,字延宁,国舅少父房之族。父劳古,以善属文,为圣宗诗友。朴幼如老成人。及长,博学多智。

　　开泰初,补牌印郎君,为南院承旨,权知转运事,寻改南面林牙。帝问以政,朴具陈百姓疾苦,国用丰耗,帝悦曰:"吾得人矣!"擢左夷离毕。时萧合卓为枢密使,朴知部署院事,以酒废事,出为兴国军节度使,俄召为南面林牙。太平三年,守太子太傅。明年,拜北府宰相,迁北院枢密使。时太平日久,帝留心翰墨,始画谱牒以别嫡庶,由是争讼纷起。

　　朴有吏才,能知人主意,敷奏称旨,朝议多取决之。封兰陵郡王,进王恒,加中书令。及大延琳叛,诏安抚东京,以便宜从事。

　　兴宗即位,皇太后称制,国事一委弟孝先。方仁德皇后以冯家奴所诬被害,朴屡言其冤,不报。每念至此,为之呕血。重熙初,改王韩,拜东京留守。及迁太后于庆州,朴徙王楚,升南院枢密使。四年,王魏。薨,年五十,赠齐王。

　　子铎剌,国舅详稳。

　　耶律八哥,字乌古邻,五院部人。幼聪慧,书一览辄成诵。

　　统和中,以世业为本部吏。未几,升闸撒狨,寻转枢密院侍御。

会宋将曹彬、米信侵燕，八哥以扈从有功，擢上京留守。

开泰四年，召为北院枢密副使。顷之，留守东京。七年，上命东平王萧排押帅师伐高丽，八哥为都监，至开京，大掠而还。济茶、陀二河，高丽追兵至。诸将皆欲使敌渡两河击之，独八哥以为不可，曰："敌若渡两河，必殊死战，乃危道也。不若击于两河之间。"排押从之。战，败绩。明年，还东京，奏渤海承奉官宜有以统领之，上从其言，置都知押班。

后以茶、陀之败，削使相，降西北路都监，卒。

论曰：张俭名符帝梦，遂结主知，服弊袍不易，志敦薄俗，功著两朝，世称贤相，非过也。邢抱朴甄别守令，大惬人望，两决滞狱，民无冤滥。马得臣引盛唐之治以谏其君。萧朴痛皇后之诬，至于呕血。四人者，皆以明经致位，忠荩若此，宜矣。圣宗得人，于斯为盛。

辽史卷八一
列传第一一

耶律室鲁 欧里思　王继忠
萧孝忠　陈昭衮　萧合卓

耶律室鲁,字乙辛隐,六部院人。魁岸,美容仪。圣宗同年生,帝爱之。甫冠,补祗候郎君。未几,为宿直官。

及出师伐宋,为队帅,从南府宰相耶律奴瓜、统军使萧挞览略地赵、魏,有功,加检校太师,为北院大王。攻拔通利军。宋和议成,特进门下平章事,赐推诚竭节保义功臣。以本部俸羊多阙,部人空乏,请以羸老之羊及皮毛,岁易南中绢,彼此利之。拜北院枢密使,封韩王。自韩德让知北院,职多发旷,室鲁拜命之日,朝野相庆。

从上猎松林,至沙岭卒,年四十四,赠守司徒、政事令。二子:十神奴、欧里斯。十神奴,南院大王。

欧里思,字留隐,少有大志。未冠,补祗候郎君。

开泰初,为本部司徒。秩满,闲居,徵为郎君班详稳,迁右皮室详稳。将本部兵,从重平王萧排押伐高丽。至茶、陀二河,战不利。欧里斯独全军还,帝嘉赏。终西南面招讨使。

王继忠,不知何郡人。仕宋为郓州刺史、殿前都虞候。

统和二十一年,宋遣继忠顿定之望都,以轻骑觇我军,遇南府宰相耶律奴瓜等,获之。太后知其贤,授户部使,以康默记族女女之。继忠亦自激昂，事必尽力。宋以继忠先朝旧臣，每遣使，必有附赐，圣宗许受之。二十二年，宋使来聘，遗继忠弧矢、鞭策及求和札子，有曰："自临大位，爱养黎元。岂欲穷兵，惟思息战。每敕边事，严谕守臣。至于北界人民，不令小有侵扰，众所具悉，尔亦备知。向以知雄州何承矩已布此恳，自后杳无所闻。汝可密言，如许通和，即当别使往请。"诏继忠与宋使相见，仍许讲和。以继忠家无奴隶，赐宫户三十，加左武卫上将军，摄中京留守。

五年，为汉人行宫都部署，封琅邪郡王。六年，进楚王，赐国姓。上尝燕饮，议以萧合卓为北院枢密使，继忠曰："合卓虽有刀笔才，暗于大体。萧敌烈才行兼备，可任。"上不纳，竟用合卓。及遣合卓伐高丽，继忠为行军副部署，攻兴化镇，月余不下。师还，上谓明于知人，拜枢密使。太平三年，致仕，卒。

子怀玉，仕至防御使。

萧孝忠，字撒板，小字图古斯。志慷慨。

开泰中，补祗候郎君，尚越国公主，拜驸马都尉，累迁殿前都点检。太平中，擢北府宰相。

重熙七年，为东京留守。时禁渤海人击球，孝忠言："东京最为重镇，无从禽之地，若非球马，何以习武？且天子以四海为家，何分彼此？宜弛其禁。"从之。

十二年，入朝，封楚王，拜北院枢密使。国制，以契丹、汉人分北、南院枢密治之。孝忠奏曰："一国二枢密，风俗所以不同，若并为一，天下幸甚。"事未及行，薨。追封楚国王。帝素服哭临，赦死囚数人，为孝忠荐福。葬日，亲临，赐宫户守冢。

子阿速，终南院枢密使。

陈昭衮，小字王九，云州人。工译鞮，勇而善射。统和中，补祗候郎君，为奚拽剌详稳，累迁敦睦宫太保，兼掌围场事。

开泰五年秋，大猎，帝射虎，以马驰太速，矢不及发。虎怒，奋势将犯跸。左右辟易,昭衮舍马,捉虎两耳骑之,虎骇且逸,上命卫士追射,昭衮大呼止之。虎虽轶山,昭衮终不堕地。伺便,拔佩刀杀之。辇至上前,慰劳良久。即日设燕,悉以席上金银器赐之,特加节钺,迁围场都太师,赐国姓,命张俭、吕德懋赋以美之。迁归义军节度使,同知上京留守,历西南面招讨都监,卒。

萧合卓,安合鲁隐,突吕不部人。始为本部吏。

统和初,以谨恪补南院侍郎。十八年,北院枢密使韩德让举合卓为中丞,以太后遗物使宋。还,迁北院枢密副使。开泰三年,为左夷离毕。

合卓久居近职,明习典故,善占对。以是尤被宠渥,升北院枢密使。时议以为无完行,不可大用。南院枢密使王继忠侍宴,又讥其短。帝颇不悦。六年,遣合卓伐高丽,还,时求进者多附之。然其服食、仆马不加于旧。帝知其廉,以族属女妻其子,诏许亲友馈献,豪贵奔趋于门。

太平五年,有疾,帝欲临视,合卓辞曰:“臣无状,猥蒙重任。今形容毁瘁,恐陛下见而动心。”帝从之。会北府宰相萧朴问疾,合卓执其手曰:“吾死,君必为枢密使,慎勿举胜己者。”朴出而鄙之。是日,卒。

子乌古,终本部节度使。

论曰:统和诸臣,名昭王室者多矣。室鲁拜枢密使,朝野相庆,必有得民心者。继忠既不能死国,虽通南北之和,有知人之鉴,奚足尚哉!孝忠、昭衮皆有可称者。合卓临终,教萧朴毋举胜己者任枢密,其误国之罪大矣。

辽史卷八二
列传第一二

耶律隆运 德威 涤鲁 制心
耶律勃古哲 萧阳阿 武白
萧常哥 耶律虎古 磨鲁古

　　耶律隆运，本姓韩，名德让，西南面招讨使匡嗣之子也。统和十九年，赐名德昌。二十二年，赐姓耶律。二十八年，复赐名隆运。重厚有智略，明治体，喜建功立事。

　　侍景宗，以谨饬闻，加东头承奉官，补枢密院通事，转上京皇城使，遥授彰德军节度使，代其父匡嗣为上京留守，权知京事，甚有声。寻复代父守南京，时人荣之。宋兵取河东，侵燕，五院糺详稳奚底、统军萧讨古等败归，宋兵围城，招胁甚急，人怀二心。隆运登城，日夜守御。援军至，围解。及战高梁河，宋兵败走，隆运邀击，又破之。以功拜辽兴军节度使，徵为南院枢密使。景宗疾大渐，与耶律斜轸俱受顾命，立梁王为帝，皇后为皇太后，称制，隆运总宿卫事，太后益宠任之。

　　统和元年，加开府仪同三司，兼政事令。四年，宋遣曹彬、米信将十万众来侵，隆运从太后出师，败之。加守司空，封楚国公。师还，与北府宰相室昉共执国政。上言西州数被兵，加以岁饥，宜轻税赋以来流民，从之。六年，太后观击鞠，胡里室突隆运坠马，命立斩之。诏率师伐宋、围沙堆，敌乘夜来袭，隆运严军以待，败走之。封楚王。

九年,复言燕人挟奸,苟免赋役,贵族因为囊橐,可遣北院宣徽使赵智戒谕,从之。

十一年,丁母忧,诏强起之。明年,室昉致政,以隆运代为北府宰相,仍领枢密使,监修国史,赐兴化功臣。十二年六月,奏三京诸鞫狱官吏,多因请托,曲加宽贷,或妄行搒掠,乞行禁止。上可其奏。又表请任贤去邪,太后喜曰:"进贤辅政,真大臣之职。"优加赐赉。服阕,加守太保、兼政事令。会北院枢密使耶律斜轸薨,诏隆运兼之。久之,拜大丞相,进王齐,总二枢府事。以南京、平州岁不登,奏免百姓农器钱,及请平诸郡商贾价,并从之。

二十二年,从太后南征。及河,许宋成而还。徙王晋,赐姓,出宫籍,隶横帐季父房后,乃改赐今名,位亲王上,赐田宅及陪葬地。

从伐高丽还,得末疾,帝与后临视医药。薨,年七十一。赠尚书令,谥文忠,官给葬具,建庙乾陵侧。

无子。清宁三年,以魏王贴不子耶鲁为嗣。天祚立,以皇子敖卢斡继之。弟德威,侄制心。

德威,性刚介,善驰射。保宁初,历上京皇城使,儒州防御使,改北院宣徽使。乾亨初,丁父丧,强起复职,权西南招讨使。统和初,党项寇边,一战却之。赐剑许便宜行事,领突吕不、迭剌二糺军。以讨平稍古葛功,真授招讨使。

夏州李继迁叛宋内附,德威请纳之。既得继迁,诸夷皆从,玺书褒奖。与惕隐耶律善补败宋将杨继业,加开府仪同三司、政事门下平章事。未几,以山西城邑多陷,夺兵柄。李继迁受赂,潜怀二心,奉诏率兵往谕,继迁托以西征不出,德威至灵州俘掠而还。年五十五卒,赠兼侍中。

子雱金,终彰国军节度使。二孙:谢十、涤鲁。谢十终惕隐。

涤鲁,字遵宁。幼养宫中,授小将军。

重熙初,历北院宣徽使、右林牙、副点检,拜惕稳,改西北路招讨使,封漆水郡王,请减军籍三千二百八十人。后以私取回鹘使者獭毛裘,及私取阻卜贡物,事觉,决大杖,削爵免官。俄起为北院宣徽使。十九年,改乌古敌烈部都详隐,寻为东北路详稳,封混同郡王。清宁初,徙王邓,擢拜南府宰相。以年老乞骸骨,更王汉。大康中薨,年八十。

涤鲁神情秀彻,圣宗子视之,兴宗待以兄礼,虽贵愈谦。初为都点检,扈从猎黑岭,获熊。上因乐饮,谓涤鲁曰:"汝有求乎?"对曰:"臣富贵逾分,不敢他望。惟臣叔先朝优遇,身殁之后,不肖子坐罪籍没,四时之荐享,诸孙中得赦一人以主祭,臣愿毕矣。"诏免籍,复其产。

子燕五,官至南京步军都指挥使。

制心,小字可汗奴。父德崇,善医,视人形色,辄决其病,累官至武定军节度使。

制心善调鹰隼。统和中,为归化州刺史。开泰中,拜上京留守,进汉人行宫都部署,封漆水郡王。以皇后外弟,恩遇日隆。枢密副使萧合卓用事,制心奏合卓寡识度,无行检,上默然。每内宴欢洽,辄避之。皇后不悦曰:"汝不乐耶?"制心对曰:"宠贵鲜能长保,以是为忧耳。"

太平中,历中京留守、惕隐、南京留守,徙王燕,迁南院大王。或劝制心奉佛,对曰:"吾不知佛法,惟心无私,则近之矣。"一日,沐浴更衣而卧,家人闻丝竹之声,怪而入视,则已逝矣。年五十三。赠政事令,追封陈王。

守上京时,酒禁方严,有捕获私酝者,一饮而尽,笑而不诘。卒之日,部民若哀父母。

耶律勃古哲,字蒲奴隐,六院夷离堇蒲古只之后。勇悍,善治生。

保宁中,为天德军节度使,历南京侍卫马步军都指挥使。以讨平党项羌阿理撒米、仆里鳖米,迁南院大王。

圣宗即位,太后称制,会群臣议军国事,勃古哲上疏陈便宜数事,称旨,即日兼领山西路诸州事。统和四年,宋将曹彬等侵燕,勃古哲击之甚力,赐输忠保节致主功臣,总知山西五州。

会有告勃古哲曲法虐民者,按之有状,以大杖决之。八年,为南京统军使,卒。

子爻里,官至详稳。

萧阳阿,字稍隐。端毅简严,识辽、汉字,通天文、相法。父卒,自五蕃部亲挽丧车至奚王岭,人称其孝。年十九为本班郎君。历铁林、铁鹞、大鹰三军详稳。

乾统元年,由乌古敌烈部屯田太保为易州刺史。幸臣刘彦良尝以事至州,怙宠恣横,为阳阿所沮。彦良归,妄加毁訾,寻遣人代阳阿。州民千余诣阙请留,即日授武安州观察使。历乌古涅里、顺义、彰信等军节度使,权知东北路统军使事。

闻耶律狼不、铎鲁斡等叛,独引麾下三十余人追捕之,身被二创,生擒十余人,送之行在。坐不获首恶,免官。未几,权南京留守,卒。

武白,不知何郡人。为宋国子博士,差知相州,至通利军,为我军所俘。诏授上京国子博士,改临潢县令,迁广德军节度副使。

先是,有讼宰相刘慎行与子妇姚氏私者,有司出其罪。圣宗诏白鞫之,白正其事。使新罗还,权中京留守。时慎行诸子皆处权要,以白断百姓分籍事不直,坐左迁。未几,迁尚书左丞,知枢密事,拜辽兴军节度使。致仕,卒。

萧常哥,字胡独堇,国舅之族。祖约直,同政事门下平章事。父实老,累官节度使。

常哥魁伟寡言,年三十余,始为祗候郎君。历本族将军、松山州刺史。寿隆二年，以女为燕王妃，拜永兴宫使。及妃生子，为南院宣徽使，寻改汉人行宫都部署。统和初，加太子太师，为国舅详稳。二年，改辽兴军节度使，召为北府宰相，以柴册礼，加兼侍中。

天庆元年，致仕，卒，谥曰钦肃。

耶律虎古，字海邻，六院夷离堇觋烈之孙。少颖悟，重然诺。

保宁初，补御盏郎君。十年，使宋还，以宋取河东之意闻于上。燕王韩匡嗣曰："何以知之？"虎古曰："诸僭号之国，宋毕并收，惟河东未下。今宋讲武习战，意必在汉。"匡嗣力沮，乃止。明年，宋果伐汉。帝以虎古能料事，器之，乃曰："吾与匡嗣虑不及此。"授涿州刺史。

统和初，皇太后称制，召赴京师。与韩德让以事相忤，德让怒，取护卫所执戎伏击其脑，卒。子磨鲁古。

磨鲁古，字遥隐，有智识，善射。

统和初，拜南面林牙。四年，宋侵燕，太后亲征。磨鲁古为前锋，手中流矢，拔而复进。太后既至，磨鲁古以创不能战，与北府宰相萧继先巡逻境上。累迁北院大王。

七年，伐宋为先锋，与耶律奴瓜破其将李忠吉于定州。以疾卒于军。

论曰：德让在统和间位兼将相，其克敌制胜，进贤辅国，功业茂矣。至赐姓名，王齐、晋，抑有宠于太后而致然欤？宗族如德威平党项，涤鲁完宗祀，制心不苟合，家声益振，岂无所自哉！若勃古之忠，阳阿之孝，武白之直，亦彬彬乎一代之良臣矣。

辽史卷八三
列传第一三

耶律休哥 马哥　耶律斜轸
耶律奚低　耶律学古 乌不吕

耶律休哥,字逊宁。祖释鲁,隋国王。父绾思,南院夷离堇。休哥少有公辅器。初乌古、室韦二部叛,休哥从北府宰相萧干讨之。应历末,为惕隐。

乾亨元年,宋侵燕,北院大王奚底、统军使萧讨古等败绩,南京被围。帝命休哥代奚底,将五院军往救。遇大敌于高梁河,与耶律斜轸分左右翼,击败之。追杀三十余里,斩首万余级,休哥被三创。明旦,宋主遁去,休哥以创不能骑,轻车追至涿州,不及而还。是年冬,上命韩匡嗣、耶律沙伐宋,以报围城之役。休哥率本部兵从匡嗣等战于满城。翌日,将复战,宋人请降,匡嗣信之。休哥曰:"彼众整而锐,必不肯屈,乃诱我耳。宜严兵以待。"匡嗣不听。休哥引兵凭高而视,须臾南兵大至,鼓噪疾驰。匡嗣仓卒不知所为,士卒弃旗鼓而走,遂败绩。休哥整兵进击,敌乃却。诏总南面戍兵,为北院大王。

车驾亲征,围瓦桥关。宋兵来救,守将张师突围出。帝亲督战,休哥斩师,余众退走入城。宋阵于水南,将战,帝以休哥马介独黄,虑为敌所识,乃赐玄甲、白马易之。休哥率精骑渡水,击败之,追至莫州。横尸满道,軷矢俱罄,生获数将以献。帝悦,赐御马、金盂劳之,曰:"尔勇过于名,若人人如卿,何忧不克。"师还,拜于越。

圣宗即位,太后称制,令休哥总南面军务,以便宜从事。休哥均戍兵，立更休法，劝农桑，修武备，边境大治。统和四年，宋复来侵。
其将范密、杨继业出云州。曹彬、米信出雄、易，取歧沟、涿州，陷固
安，置屯。时北南院、奚部兵未至，休哥力寡，不敢出战。夜以轻骑
出两军间，杀其单弱以胁余众；昼则以精锐张其势，使彼劳于防御，
以疲其力。又设伏林莽，绝其粮道。曹彬等以粮运不继，退保白沟。
月余，复至。休哥以轻兵薄之，伺彼蓐食，击其离伍单出者，且战且
却。由是南军自救不暇，结方阵，堑地两边而行。军渴之井，漉淖而
饮，凡四日始达于涿。闻太后军至，彬等冒雨而遁。太后益以锐卒，
追及之。彼力穷，环粮车自卫，休哥围之。至夜，彬、信以数骑亡去，
余众悉溃。追至易州东，闻宋师尚有数万，濒沙河而莝
之。宋师望尘奔窜，堕岸相蹂死者过半，沙河为之不流。太后旋旆，
休哥收宋尸为京观。封宋国王。

又上言，可乘宋弱，略地至河为界。书奏，不纳。及太后南征，
休哥为先锋，败宋兵于望都。时宋将刘廷让以数万骑并海而出，约
与李敬源合兵，声言取燕。休哥闻之，先以兵扼其要地。会太后军
至，接战，杀敬源，廷让走瀛州。七年，宋遣刘廷让等乘暑潦来攻易
州，诸将惮之。独休哥率锐卒逆击于沙河之北，杀伤数万，获辎重不
可计，献于朝。太后嘉其功，诏免拜，不名。自是宋不敢北向。时宋
人欲止儿啼，乃曰：“于越至矣！”

休哥以燕民疲弊，省赋役，恤孤寡，戒戍兵无犯宋境，虽马牛逸
于北者，悉还之。远近向化，边鄙以安。十六年，薨。是夕，雨木冰。
圣宗诏立祠南京。休哥智略宏远，料敌如神。每战胜，让功诸将，故
士卒乐为之用。身更百战，未尝杀一无辜。

二子：高八，官至节度使；高十，终于越。孙马哥。

马哥，字讹特懒。兴宗时以散职入见，上问：“卿奉佛乎？”对曰：
“臣每旦诵太祖、太宗及先臣遗训，未暇奉佛。”帝悦。清宁中，迁唐
古部节度使。咸雍中，累迁匡义军节度使。大康初，致仕，卒。

耶律斜轸,字韩隐,于越曷鲁之孙。性明敏,不事生产。

保宁元年,枢密使萧思温荐斜轸有经国才,上曰:"朕知之,第佚荡,岂可羁屈?"对曰:"外虽佚荡,中未可量。"乃召问以时政,占对剀切,帝器重之。妻以皇后之侄,命节制西南面诸军,仍援河东。改南院大王。

乾亨初,宋再攻河东,从耶律沙至白马岭遇敌,沙等战不利。斜轸赴之,令麾下万矢齐发,敌气褫而退。是年秋,宋下河东,乘胜袭燕,北院大王耶律奚底与萧讨古逆战,败绩,退屯清河北。斜轸取奚底等青帜军于得胜口以诱敌,敌果争赴。斜轸出其后,奋击,败之。及高梁之战,与耶律休哥分左右翼夹击,大败宋军。

统和初,皇太后称制,益见委任,为北院枢密使。会宋将曹彬、米信出雄、易,杨继业出代州。太后亲帅师救燕,以斜轸为山西路兵马都统。继业陷山西诸郡,各以兵守,自屯代州。斜轸至定安,遇贺令图军,击破之,追至五台,斩首数万级。明日,至蔚州,敌不敢出,斜轸书帛射城上,谕以招慰意。阴闻宋军来救,令都监耶律题子夜伏兵险厄,俟敌至而发。城守者见救至,突出。斜轸击其背,二军俱溃。追至飞狐,斩首二万余级,遂取蔚州。贺令图、潘美复以兵来,斜轸逆于飞狐,击败之。宋军在浑源、应州者,皆弃城走。斜轸闻继业出兵,令萧挞凛伏兵于路。明旦,继业兵至,斜轸拥众为战势。继业麾帜而前,斜轸佯退。伏兵发,斜轸进攻,继业败走,至狼牙村,众军皆溃。继业为流矢所中,被擒。斜轸责曰:"汝与我国角胜三十余年,今日何面目相见!"继业但称死罪而已。初,继业在宋以骁勇闻,人号"杨无敌",首建梗边之策。至狼牙村,心恶之,欲避不可得。既擒,三日死。

斜轸归阙,以功加守太保。从太后南伐,卒于军。太后亲为哀临,仍给葬具。

庶子狗儿,官至小将军。

耶律奚低,孟父楚国王之后。便弓马,勇于攻战。

景宗时,多任以军事。统和四年,为右皮室详稳。时宋将杨继业陷山西郡县,奚低从枢密使斜轸讨之。凡战,必以身先,矢无虚发。继业败于朔州之南,匿深林中。奚低望袍影而射,继业堕马。先是,军令须生擒继业,奚低以故不能为功。后太后南伐,屡有战绩。以病卒。

耶律学古,字乙辛隐,于越洼之庶孙。颖悟好学,工译鞮及诗。保宁中,补御盏郎君。

乾亨元年,宋既下河东,乘胜侵燕,学古受诏往援。始至京,宋败耶律奚底、萧讨古等,势益张,围城三周,穴地而进,城中民怀二心。学古以讨安反侧,随宜备御,昼夜不少懈。适有敌三百余人夜登城,学古战却之。会援军至,围遂解。学古开门列阵,四面鸣鼓,居民大呼,声震天地。旋有高梁之捷,以功遥授保静军节度使,为南京马步军都指挥使。

二年,伐宋,乞将汉军,从之,改彰国军节度使。时南境未静,民思休息,学古禁寇掠以安之。会宋将潘美率兵分道来侵,学古以军少,虚张旗帜,杂丁黄为疑兵。是夜,适独虎峪举烽火,遣人侦视,见敌俘掠村野,击之,悉获所掠物,擒其将领。自是学古与潘美各守边约,无相侵轶,民获安业。以功为惕隐,卒。

弟乌不吕。

乌不吕,字留隐。严重,有膂力,善属文。

统和中伐宋,屡任以军事。曾与爻直不相能,因曰:"尔奴才,何所知?"爻直讼于北院枢密使韩德让。德让怒,问曰:"尔安得此奴耶?"乌不吕对曰:"三父异籍时亦易得。"德让笑而释之。后从萧恒德伐蒲卢毛朵部,以功为东路统军都监。及德让为大丞相,荐其材可任统军使,太后曰:"乌不吕尝不逊于卿,何善而荐?"德让奏曰:"臣忝相位,于臣犹不屈,况于其余?以此知可用。若任使之,必能镇抚诸蕃。"太后从之,加金紫崇禄大夫、检校太尉。而弟国留以罪亡,乌不吕及其母俱下更。恐祸及母,阴使人召国留,绐曰:"太后知事之诬,汝第来勿畏。"国留至,送有司,坐诛。其后,退归田里,以疾卒。

论曰:宋乘下太原之锐,以师围燕,继遣曹彬、杨继业等分道来伐。是两役也,辽亦岌岌乎殆哉!休哥奋击于高梁,敌兵奔溃;斜轸擒继业于朔州,旋复故地。宋自是不复深入,社稷固而边境宁,虽配古名将,无愧矣。然非学古之在南京安其反侧,则二将之功,盖亦难致。故曰,"国以人重"。信哉!

辽史卷八四
列传第一四

耶律沙　耶律抹只　萧干
讨古
耶律善补　耶律海里

　　耶律沙,字安隐。其先尝相遥辇氏。应历间,累官南府宰相。景宗即位,总领南面边事。保宁间,宋攻河东,沙将兵救之,有功,加守太保。

　　乾亨初,宋复北侵,沙将兵由间道至白马岭,阻大涧遇敌。沙与诸将欲待后军至而战,冀王敌烈、监军耶律抹只等以为急击之便,沙不能夺。敌烈等以先锋渡涧,未半,为宋人所击,兵溃。敌烈及其子蛙哥、沙之子德里、令稳都敏、详稳唐筈等五将俱没。会北院大王耶律斜轸兵至,万矢俱发,敌军始退。

　　沙将趋太原,会汉驸马都尉卢俊来奔,言太原已陷,遂勒兵还。宋乘锐侵燕,沙与战于高梁河,稍却。遇耶律休哥及斜轸等邀击,败宋军。宋主宵遁,至涿州,微服乘驴车间道而走。上以功释前过。是年,复从韩匡嗣伐宋,败绩,帝欲诛之,以皇后营救得免。

　　睿智皇后称制,召赐几杖,以优其老。复从伐宋,败刘廷让、李敬源之军,赐赍优渥。统和六年卒。

　　耶律抹只,字留隐,仲父隋国王之后。初以皇族入侍。景宗即位,为林牙,以干给称。保宁间,迁枢密副使。

　　宋攻河东,南府宰相耶律沙为都统,将兵往援,抹只监其军。及白马岭之败，仅以身免。宋乘锐攻燕，将奚兵翊休哥击败之。上以功释前过。十一年，从都统韩匡嗣伐宋，战于满城，为宋将所绐，诸军奔溃。独抹只部伍不乱，徐整旗鼓而归。玺书褒谕，改南海军节度使。乾亨二年，拜枢密副使。

统和初，为东京留守。宋将曹彬、米信等侵边，抹只引兵至南京，先缮守御备。及车驾临幸，抹只与耶律休哥逆战于涿之东，克之，迁开远军节度使。

故事，州民岁输税，半粟折钱五，抹只表请折钱六，部民便之。统和末卒。

萧干，小字项烈，字婆典，北府宰相敌鲁之子。性质直。

初，察割之乱，其党胡古只与干善，使人召之。干曰："吾岂能从逆臣！"缚其人送寿安王。贼平，上嘉其忠，拜群牧都林牙。复以伐乌古功，迁北府宰相，改突吕不部节度使。乾亨初，宋伐河东，乘胜侵燕，诏干拒之，战于高梁河。耶律沙退走，干与耶律休哥等并力战败之，上手救慰劳。自是，每征伐必参决军事。加政事令。二年，宋兵围瓦桥，夜袭我营，干及耶律匀骨战却之。

时皇后以父呼干，及后为皇太后称制，干数条奏便宜，多见听用。统和四年卒。

侄讨古。

讨古，字括宁，性忠简。应历初，始入待。会冀王敌烈、宣徽使海思谋反，讨古与耶律阿列密告于上，上嘉其忠，诏尚朴谨公主。保宁末，为南京统军使。

乾亨初，宋侵燕，讨古与北院大王奚底拒之，不克，军溃。讨古等不敢复战，退屯清河。帝闻其败，遣使责之曰："卿等不严侦候，用兵无法，遇敌即败，奚以将为！"讨古惧。顷之，援兵至，讨古奋力以败宋军。上释其罪，降为南京侍卫亲军都指挥使。四年卒。

耶律善补,字瑶升,孟父楚国王之后。纯谨有才智。

景宗即位,授千牛卫大将军,迁大同军节度使。及伐宋,韩匡嗣与耶律沙将兵由东路进,善补以南京统军使由西路进。善补闻匡嗣失利,敛兵还。乾亨末,与宋军战于满城,为伏兵所围,斜轸救之获免。以失备,大杖决之。

统和初,为惕隐。会宋来侵,善补为都元帅逆之,不敢战,故岭西州郡多陷,罢惕隐。以其叔安端有匡辅世宗功,上慜之,徽善补为南府宰相,迁南院大王。会再举伐宋,欲攻魏府,召众集议。将士以魏城无备,皆言可攻。善补曰:"攻固易,然城大匣量,若克其城,士卒贪俘掠,热必不可遏。且傍多巨镇,各出援兵,内有重敌,何以当之?"上乃止。

善补性懦守静。凡征讨,惮功战,急还,以故战多不利。年七十四卒。

耶律海里,字留隐,令稳援里得之长子。察割之乱,其母的鲁与焉。遣人召海里,海里拒之。乱平,的鲁以子故获免。

海里俭素,不喜声利,以射猎自娱。虽居闲,人敬之若贵官然。保宁初,拜彰国军节度使,迁惕隐。秩满,称疾不仕。久之,复为南院大王。及曹彬、米信等来侵,海里有却敌功,赐资忠保义匡国功臣。

帝屡亲征,海里在南院十余年,镇以宽静,户口增给,时议重之。封漆水郡王,迁上京留守。薨。诏以家贫给葬具。

论曰:当高梁、朔州之捷,偏裨之将如沙与抹只,即因休哥、斜轸类见其功,所谓失之东隅,收之桑榆。若萧干、海里拒察割之招,讨古告海思之变,则不止有战功而已。其视善补畏懦,岂不优哉。

辽史卷八五
列传第一五

萧挞凛　萧观音奴
耶律题子　耶律谐理
耶律奴瓜　萧柳　高勋
奚和朔奴　萧塔列葛
耶律撒合

萧挞凛，字驼宁，思温之再从侄。父术鲁列，善相马，应历间为马群侍中。挞凛幼敦厚，有才略，通天文。保宁初，为宿直官，累任艰剧。

统和四年，宋杨继业率兵由代州来侵，攻陷城邑。挞凛以诸军副部署，从枢密使耶律斜轸败之，擒继业于朔州。六年秋，改南院都监，从驾南征，攻沙堆，力战被创，太后尝亲临视。明年，加右监门卫上将军、检校太师，遥授彰德军节度使。

十一年，与东京留守萧恒德伐高丽，破之。高丽称臣奉贡。十二年，夏人梗边，皇太妃受命总乌古及永兴宫分军讨之，挞凛为阻卜都详稳。凡军中号令，太妃并委挞凛。师还，以功加兼侍中，封兰陵郡王。十五年，敌烈部人杀详稳而叛，遁于西北荒，挞凛将轻骑逐之，因讨阻卜之未服者，诸蕃岁贡方物充于国，自后往来若一家焉。上赐诗嘉奖，仍命林牙耶律昭作赋，以述其功。挞凛以诸部叛服不常,上表乞建三城,以绝边患,从之。俄召为南京统军使。

二十年,复伐宋,擒其将王先知,破其军于遂城,下祁州,上手诏奖谕。进至澶渊,宋主军于城隍间,未接战,挞凛按视地形,取宋之羊观、盐堆、凫雁,中伏弩卒。明日,辇车至,太后哭之恸,辍朝五日。

子慴古,南京统军使。

萧观音奴,字耶宁,奚王搭纥之孙。统和十二年,为右祗候郎君班详稳,迁奚六部大王。先是,俸秩外,给獐鹿百数,皆取于民,观音奴奏罢之。及伐宋,与萧挞凛为先锋,降祁州,下德清军,上加优赏。同知南院事,卒。

耶律题子,字胜隐,北府宰相兀里之孙。善射,工画。保宁间,为御盏郎君。九年,奉使于汉,具言两国通好长久之计,其主继元深加礼重。

统和二年,将兵与西边详稳耶律速撒讨陀罗斤,大破之。四年,宋将杨继业陷山西城邑,题子从北院枢密使耶律斜轸击之,败贺令图于定安,授西南面招讨都监。宋兵守蔚州急,召外援。题子闻之,夜伏兵道傍。黎明,宋兵果来,过未半而击之。城中军出,斜轸复邀之。两军俱溃,奔飞狐,地隘不得进,杀伤甚众。贺令图复集败卒来袭蔚州,题子逆战,破之。应州守将自遁。进围寰州,冒矢石登城,宋军大溃。当斜轸擒继业于朔州,题子功居多。是年冬,复与萧挞凛由东路击宋,俘获甚众。后闻宋兵屯易州,率兵逆之,至易境而卒。

初,题子破令图,宋将有因伤而仆,题子绘其状以示宋人,咸嗟神妙。

耶律谐理,字乌古邻,突举部人。

统和五年,宋将杨继业来攻山西,谐理从耶律斜轸击之,常居先锋，侦候有功。是岁，伐宋，宋人拒于滹沱河，谐理率精骑便道先济，获其将康保威，以功诏世预节度使选。太平元年，稍迁本部节度使。六年，从萧惠攻甘州，不克。会阻卜攻围三克军，谐理与都监耶律涅鲁古往救，至可敦城西南，遇敌，不能阵。中流矢，卒。

耶律奴瓜，字延宁，太祖异母弟南府宰相苏之孙。有膂力，善调鹰隼。

统和四年，宋杨继业来侵，奴瓜为黄皮室糺都监，击败之，尽复所陷城邑。军还，加诸卫小将军。及伐宋，有功，迁黄皮室详稳。六年，再举，将先锋军，败宋游兵于定州，为东京统军使，加金紫崇禄大夫。从奚王和朔奴伐兀惹，以战失利，削金紫崇禄阶。十九年，拜南府宰相。二十一年，复伐宋，擒其将王继忠于望都，俘杀甚众，以功加同政事门下平章事。二十六年，为辽兴军节度使，寻复为南府宰相。开泰初加尚父，卒。

萧柳，字徒门，淳钦皇后弟阿古只五世孙。幼养于伯父排押之家，多知能文，膂力绝人。

统和中，叔父恒德临终，荐其才，诏入侍卫。十七年，南伐，宋将范庭召列方阵而待。时皇弟隆庆为先锋，问诸将佐谁敢尝者，柳曰：“若得俊马，则愿为之先。”隆庆授以甲骑。柳揽辔，谓诸将曰：“阵若动，诸君急攻。”遂驰而前，敌少却。隆庆席势攻之，南军遂乱。柳中流矢，□创而战，众皆披靡。时排押留守东京，奏柳为四军兵马都指挥使。明年，为北女直详稳，政济宽猛，部民畏爱。迁东路统军使。秩满，百姓愿留复任，许之。从伐高丽，遇大蛇当路，前驱者请避。柳曰：“壮士安惧此！”拔剑断蛇。师还，致仕。

柳好滑稽，虽君臣燕饮，诙谐无所忌，时人比之俳优。临终谓人曰：“吾少有致君志，不能直遂，故以谐进。冀万有一补，俳优名何避！”顷之，被寝衣而坐，呼曰：“吾去矣！”言讫而逝。耶律观音奴集柳所著诗千篇，目曰《岁寒集》。

　　高勋,字鼎臣,晋北平王信韬之子。性通敏。仕晋为阁门使。

　　会同九年,与杜重威来降。太宗入汴,授四方馆使。好结权贵,能服勤大臣,多推誉之。

　　天禄间,为枢密使,总汉军事。五年,刘崇遣使来求封册,诏勋册崇为大汉神武皇帝。应历初,封赵王,出为上京留守,寻移南京。会宋欲城益津,勋上书请假巡徼以扰之,帝然其奏,宋遂不果城。十七年,宋略地益津关,勋击败之,知南院枢密事。景宗即位,以定策功进王秦。

　　保宁中,以南京郊内多隙地,请疏畦种稻,帝欲之。林牙耶律昆宣言于朝曰:"高勋此奏,必有异志。果令种稻,引水为畦,设以京叛,官军何自而入?"帝疑之,不纳。寻迁南院枢密使。以毒药馈驸马都尉萧啜里,事觉,流铜州。寻又谋害尚书令萧思温,诏狱诛之,没其产,皆赐思温家。

　　奚和朔奴,字筹宁,奚可汗之裔。保宁中,为奚六部长。

　　统和初,皇太后称制,以耶律休哥领南边事,和朔奴为南面行军副部署。四年,宋曹彬、米信等来侵,和朔奴与休哥破宋兵于燕南,手诏褒美。军还,怙权挞无罪人李浩至死,上以其功释之。冬,南征,将本部军由别道进击敌军于狼山,俘获甚众。八年,上表曰:"臣窃见太宗之时,奚六部二宰相、二常衮,诰命大常衮班在酋长左右,副常衮总知酋长五房族属,二宰相匡辅酋长,建明善事。今宰相职如故,二常衮别无所掌,乞依旧制。"从之。

　　十三年秋,迁都部署。伐兀惹。驻于铁骊,秣马数月,进至兀惹城。利其俘掠,请降不许,令急攻之。城中大恐,皆殊死战。和朔奴知不能克,从副部署萧恒德议,掠地东南,循高丽北界而还。以地远粮绝,士马死伤,诏降封爵,卒。

　　子乌也,郎君班详稳。

　　萧塔列葛，字雄隐，五院部人。八世祖只鲁，遥辇氏时尝为虞人。唐安禄山来攻，只鲁战于黑山之阳，败之。以功为北府宰相，世预其选。

　　塔列葛仕开泰间，累迁西南面招讨使。重熙十一年，使西夏，谕伐宋事，约元昊出别道以会。十二年，改右夷离毕、同知南京留守，转左夷离毕，俄授东京留守，以世选为北府宰相，卒。

　　耶律撒合，字率懒，乙室部人。南府宰相欧礼斯子。天禄间始仕。应历中，拜乙室大王，兼知兵马事。

　　乾亨初，宋来侵，诏以本部兵守南京，与北院大王奚底、统军萧讨古等逆战，奚底等败走，独撒合全军还。上谕之曰："拒敌当如此。卿勉之，无忧不富贵。"加守太保。统和间卒。

　　论曰：辽在统和间数举兵代宋，诸将如耶律谐理、奴瓜、萧柳等俱有降城擒将之功，最后以萧挞凛为统军，直抵澶渊。将与宋战，挞凛中弩，我兵失倚，和议始定。或者天厌其乱，使南北之民休息者耶！

辽史卷八六
列传第一六

耶律合住　刘景　刘六符
耶律褭履　牛温舒　杜防
萧和尚 _{特末}　耶律合里只
耶律颇的

耶律合住,字粘衮,太祖弟迭剌之孙。幼不好弄,临事明敏,善谈论。初以近族入侍,每从征伐有功。保宁初,加右龙虎卫上将军。以宋师屡梗南边,拜涿州刺史,西南兵马都监、招安、巡检等使,赐推忠奉国功臣。

合住久任边防,虽有克获功,然务镇静,不妄生事以邀近功。邻壤敬畏,属部乂安。宋数遣人结欢,冀达和意,合住表闻其事,帝许议和。安边怀敌,多有力焉。拜左金吾卫上将军。秩满,遥摄镇国军节度使,卒。

合住智而有文,晓畅戎政。镇范阳时,尝领数骑径诣雄州北门,与郡将立马陈两国利害,及周师侵边本末。辞气慷慨,左右壮之。自是,边境数年无事。识者以谓合住一言,贤于数十万兵。

刘景,字可大,河间人。四世祖怦,即木滔之甥,唐右仆射、卢龙军节度使。父守敬,南京副留守。

景资端厚,好学能文。燕王赵延寿辟为幽都府文学。应历初,迁右拾遗、知制诰,为翰林学士。九年,周人侵燕,留守萧思温上急变,帝欲俟秋出师,景谏曰:"河北三关已陷于敌,今复侵燕,安可坐视!"上不听。会父忧去。未几,起复旧职。一日,召草赦,既成,留数月不出。景奏曰:"唐制,赦书日行五百里,今稽期弗发,非也。"上亦不报。

景宗即位,以景忠实,擢礼部侍郎,迁尚书、宣政殿学士。上方欲倚用,乃书其笏曰:"刘景可为宰相。"顷之,为南京副留守。时留守韩匡嗣因扈从北上,景与其子德让共理京事。俄召为户部使,历武定、开远一军节度使。统和六年,致仕加兼侍中。卒,年六十七。赠太子太师。

子慎行,孙一德、二玄、三嘏、四端、五常、六符,皆具《六符传》。

刘六府,父慎行,由膳部员外郎累迁至北府宰相、监修国史。时上多即宴饮行诛赏,慎行谏曰:"以喜怒加威福,恐未当。"帝悟,谕政府"自今宴饮有刑赏事,翌日禀行"。为都统,伐高丽,以失军期下吏,议贵乃免,出为彰武军节度使。赐保节功臣。

子六人:一德、二玄、三嘏、四端、五常、六符。德早世。玄终上京留守。常历三司使、武定军节度使。嘏、端、符皆第进士。嘏、端俱尚主,为驸马都尉。三嘏献圣宗《一矢毙双鹿赋》,上嘉其赡丽。与公主不谐,奔宋。归,杀之。四端以卫慰少卿使宋贺生辰,方宴,大张女乐,竟席不顾,人惮其严。还,拜枢密直学士。

六符有志操,能文。重熙初,迁政事舍人,擢翰林学士。十一年,与宣徽使萧特末使宋索十县地,还,为汉人行宫副部署。会宋遣使增岁币以易十县,复与耶律仁先使宋,定"进贡"名,宋难之。六符曰:"本朝兵强将勇,海内共知,人人愿从事于宋。若恣其俘获以饱所欲,与'进贡'字孰多?况大兵驻燕,万一南进,何以御之?顾小节,忘大患,悔将何及!"宋乃从之,岁币称"贡"。六符还,加同中书门下平章事。及宋币至,命六符为三司使以受之。

六符与参知政事杜防有隙，防以六符尝受宋赂，白其事，出为长宁军节度使，俄召为三司使。

道宗即位，将行大册礼，北院枢密使萧革曰："行大礼备仪物，必择广地，莫若黄川。"六符曰："不然。礼仪国之大体，帝王之乐不奏于野。今中京四方之极，朝觐各得其所，宜中京行之。"上从其议。寻以疾卒。

耶律褭履，字海邻，六院夷离堇蒲古只之后。风神爽秀，工于画。

重熙间，累迁同知点检司事。驸马都尉萧胡睹为夏人所执，奉诏索之，三返以归，转永与宫使、右祗候郎君班详稳。褭履将娶奏晋长公主孙，其母与公主婢有隙，谓褭履曰："能去婢，乃许尔婚。"褭履以计杀之，婚成，事觉，有司以大辟论。褭履善画，写圣宗真以献，得减，坐长流边戍。复以写真，召拜同知南院宣徽事。使宋贺正，写宋主容以归。清宁间，复使宋。宋主赐宴，瓶花隔面，未得其真。陛辞，仅一视，及境，以像示饯者，骇其神妙。

闻重元乱，不即勤王。贼平入贺，帝责让之。宴酣，顾褭履曰："重元事成，卿必得为上客。"褭履大惭。咸雍中，加太子太师，卒。

牛温舒，范阳人。刚正，尚节义，有远器。

咸雍中，擢进士第，滞小官。大安初，累迁户部使，转给事中、知三司使事。国民兼足，上以为能，加户部侍郎，改三司使。寿隆中，拜参知政事，兼同知枢密院事，摄中京留守。部民诣阙请真拜，从之。召为三司使。

乾统初，复参知政事，知南院枢密使事。五年，夏为宋所攻，来请和解。温舒与萧得里底使宋。方大燕，优人为道士装，索土泥药炉。优曰："土少不能和。"温舒遽起，以手藉土怀之。宋主问其故，温舒对曰："臣奉天子威命来和，若不从，则当卷土收去。"宋人大惊，遂许夏和。还，加中书令，卒。

　　杜防，涿州归义县人。开泰五年，擢进士甲科，累迁起居郎、知制诰，人以为有宰相器。太平中，迁政事舍人，拜枢密副使。

　　重熙九年，夏人侵宋。宋遣郭稹来告，请与夏和，上命防使夏解之。如约罢兵，各归侵地，拜参知政事。韩绍芳、刘六符忌之，防待以诚。十二年，绍芳等罢，愈见信任。十二年，拜南府宰相。防生子，帝幸其第，赐名王门奴。以进奏有误，出为武定军节度使。十四年，复召为南府宰相。二十一年秋，祭仁德皇后，诏儒臣赋诗，防为冠，赐金带。道宗谅阴，为大行皇帝山陵使。

　　清宁二年，上谕防曰："朕以卿年老嗜酒，不欲烦以剧务。朝廷之事，总纲而已。"顷之，拜右丞相，加尚父，卒。上叹悼不已，赗赠加等，官给葬具，赠中书令，谥曰元肃。

　　子公谓，终南府宰相。

　　萧和尚，字洪宁，国舅大父房之后。忠直，多智略。开泰初，补御盏郎君，寻为内史、太医等局都林牙。

　　使宋贺正，将宴，典仪者告，班节度使下。和尚曰："班次如此，是不以大国之使相礼。且以锦服为贱，如待蕃部。若果如是，吾不预宴。"宋臣不能对，易以紫服，位视执政，使礼始定。

　　八年秋，为唐古部节度使，卒。

　　弟特末。

　　特末，字何宁。为人机辨任气。

　　太平中，累迁安东军节度使，有能称。十一年，召为左祗候郎君班详稳。未几，迁左夷离毕。重熙十年，累迁北院宣徽使。刘六符使宋，索十县故地，宋请增银绢十万两匹以易之。归，称旨，加同政事门下平章事。诏城西南浑底甸。还，复为北院宣徽使，卒。

　　耶律合里只，字特满，六院夷离堇蒲古只之后。

重熙中，累迁西南面招讨都监。充宋国生辰使，馆于白沟驿。宋宴劳，优者嘲萧惠河西之败。合里只曰："胜负兵家常事。我嗣圣皇帝俘石重贵，至今兴中有石家寨。惠之一败，何足较战？"宋人惭服。帝闻之曰："优伶失辞，何可伤两国交好。"鞭二百，免官。

清宁初，起为怀化军节度使。七年，入为北院大王，封豳国公。历辽兴军节度使、东北路详稳，加兼侍中。致仕，卒。

合里只明达勤恪，怀柔有道。置诸宾馆及西边营田，皆自合里只发之。

耶律颓昱，字撒版，季父房奴瓜之孙。孤介寡合。

重熙初，补牌印郎君。清宁初，稍迁知易州。去官，部民请留，许之。

咸雍八年，改彰国军节度使。上猎大牢古山，颓昱谒于行宫。帝问边事，对曰："自应州南境至天池，皆我耕牧之地。清宁间，边将不谨，为宋所侵，烽堠内移，似非所宜。"道宗然之。拜北面林牙。后遣人使宋，得其侵地，命颓昱往定疆界。还，拜南院宣徽使。

大康四年，迁忠顺军节度使，寻为南院大王，改同知南京留守事，召拜南府宰相，赐贞良功臣，封吴国公，为北院枢密使。廉谨奉公，知无不为。大安中致仕，卒。

子霞抹，北院枢密副使。

论曰：耶律合住安边讲好，养兵息民，其虑深远矣。六符启衅邀功，岂国家之利哉！牛、杜、颓昱、合里只辈御命出使，幸不辱命。霭里杀人婢以求婚，身负罪衅，画其主容，以冀免死，亦可丑也。

辽史卷八七
列传第一七

萧孝穆 撒八 孝先 孝友　萧蒲奴
耶律蒲古　夏行美

　　萧孝穆，小字胡独堇，淳钦皇后弟阿古只五世孙。父陶瑰，为国
舅详稳。孝穆廉谨有礼法。

　　统和二十八年，累迁西北路招讨都监。开泰元年，遥授建雄军
节度使，加检校太保。是年术烈等变，孝穆击走之。冬，进军可敦城。
阻卜结五群牧长查剌、阿睹等，谋中外相应，孝穆悉诛之，乃严备御
以待，余党遂溃。以功迁九水诸部安抚使。寻拜北府宰相，赐忠穆
熙霸功臣，检校太师，同政事门下平章事。八年，还京师。

　　太平二年，知枢密院事，充汉人行宫都部署。三年，封燕王、南
京留守、兵马都总管。九年，大延琳以东京叛，孝穆为都统讨之，战
于蒲水。中军稍却，副部署萧匹敌、都监萧蒲奴以两翼夹击，贼溃，
追败之于手山北。延琳走入城，深沟自卫。孝穆围之，筑重城，起楼
橹，使内外不相通，城中撤屋以爨。其将杨详世等擒延琳以降，辽东
悉平。改东京留守，赐佐国功臣。为政务宽简，抚纳流徙，其民安之。

　　兴宗即位，徙王秦，寻复为南京留守。重熙六年，进封吴国王，
拜北院枢密使。八年，表请籍天下户口以均徭役，又陈诸部□舍利
军利害。从之。繇是政赋稍平，众悦。九年，徙王楚。时□□无事，
户口蕃息，上富于春秋，每言及周取十县，慨然有南伐之志。群臣多
顺旨。孝穆谏曰："昔太祖南伐，终以无功。嗣圣皇帝仆唐立晋，后

以重贵叛，长驱入汴，銮驭始旋，反来侵轶。自后连兵二十余年，仅得和好，蒸民乐业，南北相通。今国家比之曩日，虽曰富强，然勋臣、宿将往往物故。且宋人无罪，陛下不宜弃先帝盟约。"时上意已决，书奏不报。以年老乞骸骨，不许。十一年，复为北院枢密使，更王齐，薨。追赠大丞相、晋国王，谥曰贞。

孝穆虽椒房亲，位高益畏。太后有赐，辄辞不受。妻子无骄色。与人交，始终如一，所荐拔皆忠直士。尝语人曰："枢密选贤而用，何事不济？若自亲烦碎，则大事凝滞矣。"自萧合卓以吏才进，其后转效不，知大体。叹曰："不能移风易俗，偷安爵位，臣子之道若是乎！"时称为"国宝臣"，目所著文曰《宝老集》。

二子阿刺、撒八，弟孝先、孝忠、孝友，各有传。

撒八，字周隐。七岁，以戚属加左右千牛卫大将军。重熙初，补祗候郎君。性廉介，风姿爽朗，善球马、弛射。帝每燕饮，喜谐谑。撒八虽承宠顾，常以礼自持，时人称之。以柴册礼恩，加检校太傅、永兴宫使，总领左右护卫，同知点检司事。尚魏国公王，拜驸马都尉，为北院宣徽使，仍总知朝廷礼仪。

重熙末，出为西北路招讨使、武宁郡王。居官以治称。清宁初，薨，年三十九，追封齐王。

孝先，字延宁，小字海里。统和十八年，补祗候郎君。尚南阳公主，拜驸马都尉。

开泰五年，为国舅详稳，将兵城东鄙。还，为南京统军使。太平三年，为汉人行宫都部署，寻加太子太傅。五年，迁上京留守。以母老求侍，复为国舅详稳。改东京留守。会大延琳反，被围数月，穴地而出。延琳平，留守上京。十一年，帝不豫，钦哀召孝先总禁卫事。

兴宗谅阴，钦哀弑仁德皇后，孝先与萧浞卜、萧匹敌等谋居多。及钦哀摄政，遥授天平军节度使，加守司徒，兼政事令。重熙初，封楚王，为北院枢密使。孝先以椒房亲，为太后所重。在枢府，好恶自恣,权倾人主,朝多侧目。二年,太后与孝先谋废立事,帝知之,勒卫兵出宫,召孝先至,谕以废太后意,孝先震慑不能对。迁太后于庆州。孝先恒郁郁不乐。四年,徙王晋。后为南京留守,卒,谥忠肃。

孝友,字挞不衍,小字陈留。开泰初,以戚属为小将军。太平元年,以大册,加左武卫大将军、检校太保,赐名孝友。

重熙元年,累迁西北路招讨使,封兰陵郡王。八年,进王陈。先是,萧惠为招讨使,专以威制西羌,诸夷多叛。孝友下车,厚加绥抚,每入贡,辄增其赐物,羌人以妥。久之,寖成姑息,诸□桀骜之风遂炽,议者讥其过中。十年,加政事令,赐效节宣庸定远功臣,更王吴。后以葬兄孝穆、孝忠,还京师,拜南院枢密使,加赐翊圣协穆保义功臣,进王赵,拜中书令。丁母忧,起复北府宰相,出知东京留守。会伐夏,孝友与枢密使萧惠失利河南,帝欲诛之,太后救免。复为东京留守,徙王燕,改上京留守,更王秦。

清宁初,加尚父。顷之,复留守东京。明年,复为北府宰相,帝亲制诰词以褒宠之。以柴册恩,遥授洛京留守,益赐纯德功臣,致仕,进封丰国王。坐子胡睹首与重元乱,伏诛,年七十三。胡睹在《逆臣传》。

萧蒲奴,字留隐,奚王楚不宁之后。

幼孤贫,佣于医家牧牛。伤人稼,数遭笞辱。医者尝见蒲奴熟寐,有蛇绕身,异之。教以读书,聪敏嗜学。不数年,涉猎经史,习骑射。既冠,意气豪迈。开泰间,选充护卫,稍进用。俄坐罪黜流乌古部。久之,召还,累任剧,迁奚六部大王,治有声。

太平九年,大延琳据东京叛,蒲奴为都监,将右翼军,遇贼战蒲水。中军少却,蒲奴与左翼军夹攻之。先据高丽、女直要冲,使不得求援,又败贼于手山。延琳走入城。蒲奴不介马而驰,追杀余贼。已而大军围东京,蒲奴讨诸叛邑,平吼山贼,延琳坚守不敢出。既被擒,蒲奴以功加兼侍中。

重熙六年，改北阻卜副部署，再授奚六部大王。十五年，为西南面招讨使，西征夏国。蒲奴以兵二千据河桥，聚巨舰数十艘，仍作大钩，人莫测。战之日，布舟于河，绵亘三十余里。遣人伺上流，有浮物辄取之。大军既失利，蒲奴未知，适有大木顺流而下，势将坏浮梁，断归路，操舟者争钩致之，桥得不坏。

明年，复西征，悬兵深入，大掠而还，复为奚六部大王。致仕，卒。

耶律蒲古，字提隐，太祖弟苏之四世孙。以武勇称。

统和初，为涿州刺史，从伐高丽有功。开泰末，为上京内客省副使。太平二年，城鸭绿江，蒲古守之，在镇有治绩。五年，改广德军节度使，寻迁东京统军使。莅政严肃，诸部慑服。九年，大延琳叛，以书结保州。夏行美执其人送蒲古，蒲古入据保州，延琳气沮。以功拜惕隐。

十一年，为子铁骊所弑。

夏行美，渤海人。太平九年，大延琳叛，时行美总渤海军于保州。延琳使人说欲与俱叛，行美执送统军耶律蒲古，又诱贼党百人杀之。延林谋沮，乃婴城自守，数月而破。以功加同政事门下平章事，锡赉甚厚。明年，擢忠顺军节度使。重熙十七年，迁副部署。从点检耶律义先讨蒲奴里，获其酋陶得里以归。致仕，卒。上思其功，遣使祭于家。

论曰：不有君子，其能国乎？方其擒延琳，定辽东，一时诸将之功伟矣。宜其抚剑抵掌，贾余勇以威天下也。萧孝穆之谏南侵，其意防何其弘远欤，是岂瞋目语难者所能知哉！至论移风俗为治之本，亲烦碎为失大臣体，又何其深切著明也。为“国宝臣”，宜矣。孝先预弑仁德之谋，犹依城社以逃熏灌，为国臣蠹，虽功何议焉。

辽史卷八八
列传第一八

萧敌烈　拔剌　　耶律盆奴

萧排押　恒德　匹敌　　耶律资忠

耶律瑶质　　耶律弘古　　高正

耶律的琭　　大康乂

萧敌烈,字涅鲁衮,宰相挞烈四世孙。识度弘远,为乡里推重,始为牛群敞史。帝闻其贤,召入侍,迁国舅详稳。

统和二十八年,帝谓群臣曰:"高丽康肇弑其君诵,立诵族兄询而相之,大逆也。宜发兵问其罪。"群臣皆曰可。敌烈谏曰:"国家连年征讨,士卒抚敝。况陛下在谅阴,年谷不登,创痍未复。岛夷小国,城垒完固,胜不为武。万一失利,恐贻后悔。不如遣一介之使,往问其故。彼若伏罪而已;不然,俟服除岁丰,举兵未晚。"时令已下,言虽不行,识者趣之。明年,同知左夷离毕事,改右夷离毕。

开泰初,率兵巡西边。时夷离堇部下闻撒狨扑里、失室、勃葛率部民遁,敌烈追擒之,令复业,迁国舅详稳。从枢密使耶律世良伐高丽。还,加同政事门下平章事,拜上京留守。

敌烈为人宽厚,达政体,廷臣皆谓有王佐才。汉人行宫都部署王继忠荐其材可为枢密使,帝疑其党而止。为中京留守,卒。

族子忽古,有传。弟拔剌。

拔剌,字别勒隐。多智,善骑射。开泰间,以兄为右夷离毕,始补郎君,累迁奚六部秃里太尉。

太平末,大延琳叛,拔剌将北、南院兵往讨,遇于蒲水,南院兵少却。至手山,复与贼遇。拔剌乃易两院旗帜,鼓勇力战,破之。上闻,以手诏褒奖,赐内厩马。

重熙中,迁四捷军详稳,谢事归乡里。数岁,起为昭德军节度使,寻改国舅详稳。卒。

耶律盆奴,字胡独堇,惕隐涅便古之孙。

景宗时,为乌古部详稳,政尚严急,民苦之。有司以闻,诏曰:“盆奴任方面寄,以细故究问,恐损威望。”寻迁马群太保。

统和十六年,隐实燕军之不任事者,汰之。

二十八年,驾征高丽,盆奴为先锋。至铜州,高丽将康肇分兵为三以抗我军:一营于州西,据三水之会,肇居其中;一营近州之山;一附城而营。盆奴率耶律弘古击破三水营,擒肇,李玄蕴等军望风溃。会大军至,斩三万余级,追至开京,破敌于西岭。高丽王询闻边城不守,遁去。盆奴入开京,焚其王宫,乃抚慰其民人。上嘉其功,迁北院大王,薨。

萧排押,字韩隐,国舅少父房之后。多智略,能骑射。

统和初,为左皮室详稳,讨阻卜有功。四年,破宋将曹彬、米信兵于望都。凡军事有疑,每预参决。寻总永兴宫分糺及舍利、拽剌、二皮室等军,与枢密使耶律斜轸收复山西所陷城邑。是冬,攻宋,隶先锋,围满城,率所部先登,拔之,改南京统军使。尚卫国公主,拜驸马都尉,加同政事门下平章事。十三年,历北、南院宣徽使。条上时政得失,及赋役法,上嘉纳焉。十五年,加政事令,迁东京留守。二十二年,复攻宋,将渤海军,下德清军。后萧挞凛卒,专任南面事。宋和议成,为北府宰相。

圣宗征高丽,将兵由北道进,至开京西岭,破敌兵,斩数千级。

高丽王询惧，奔平州。排押入开京，大掠而还。帝嘉之，封兰陵郡王。开泰二年，以宰相知西南面招讨使。五年，进王东平。

排押为政宽裕而善断，诸部畏爱，民以殷富，时议多之。七年，再伐高丽，至开京，敌奔溃，纵兵俘掠而还。渡茶、陀二河，敌夹射，排押委甲仗走，坐是免官。

太平三年，复王豳，薨。弟恒德。

恒德，字逊宁。有胆略而善谋。统和元年，尚越国公主，拜驸马都尉，迁南面林牙。从宣徽使耶律阿没里征高丽还，改北面林牙。会宋将曹彬、米信侵燕，耶律休哥与恒德议军事，多见信用，为东京留守。

六年，上攻宋，围沙堆，恒德独当一面。城上矢石如雨，恒德意气自若，督将士夺其阵。城陷，中流矢，太后亲临视，赐药。攻长城口，复先登，太后益多其功。时高丽未附，恒德受诏，率兵拔其边城。王治惧，上表请降。

十二年八月，赐启圣竭力功臣。从都部署和朔奴讨兀惹，未战，兀惹请降。恒德利其俘获，不许。兀惹死战，城不能拔。和朔奴议欲引退，恒德曰：“以彼倔强，吾奉诏来讨，无功而还，诸部谓我何。若深入多获，犹胜徒返。”和朔奴不得已，进击东南诸部，至高丽北鄙。比还，道远粮绝，士马死伤者众，坐是削功臣号。

十四年，为行军都部署，伐蒲卢毛朵部。还，公主疾，太后遣宫人贤释侍之，恒德私焉。公主恚而薨，太后怒，赐死。后追封兰陵郡王。

子匹敌。

匹敌，字苏隐，一名昌裔。生未月，父母俱死，育于禁掖。既长，尚秦晋王公主，拜驸马都尉，为殿前副点检。

统和八年，改北面林牙。太平四年，迁殿前都点检，出为国舅详稳。九年，渤海大延琳叛，劫掠邻部，与南京留守萧孝穆往讨。孝穆欲全城降,乃筑重城围之,数月,城中人阴来纳款,遂擒延琳,东京平,以功封兰陵郡王。

十一年,圣宗不豫。先是,钦哀与仁德皇后有隙,以匹敌尝为后所爱,忌之。时护卫冯家奴上变,诬弟泻卜与匹敌谋逆,以皇后摄政,徐议当立者。公主窃闻某谋,谓匹敌曰:"尔将无罪被戮,与其死,何若奔女直国以全其生。"匹敌曰:"朝廷讵肯以飞语害忠良,宁死弗适他国。"及钦哀摄政,杀之。

耶律资忠,字沃衍,小字札剌,系出仲父房。兄国留,善属文,圣宗重之。

时妻弟之妻阿古与奴通,将奔女直国,国留追及奴,杀之,阿古自经。阿古母有宠于太后,事闻,太后怒,将杀之。帝度不能救,遣人诀别,问以后事。国留谢曰:"陛下悯臣无辜,恩漏九泉,死且不朽。"既死,人多冤之。在狱著《免赋》、《痦寐歌》,为世所称。

资忠博学,工辞章,年四十未仕。圣宗知其贤,召补宿卫。数问以古今治乱,资忠对无隐。开泰中,授中丞,眷遇日隆。

初,高丽内属,取女直六部地以赐。至是,贡献不时至。诏资忠往问故,高丽无归地意。由是权贵数短于上,出为上京副留守。四年,再使高丽,留弗遣。资忠每怀君亲,辄有著述,号《西亭集》。帝与群臣宴,时一记忆曰:"资忠亦有此乐乎?"九年,高丽上表谢罪,始送资忠还。帝郊迎,同载以归,命天臣宴劳,留禁中数日。谓曰:"朕将屈卿为枢密,何如?"资忠对曰:"臣不才,不敢奉诏。"乃以为林牙,知惕隐事。初,资忠在高丽也,弟昭为著帐郎君,坐罪没家产。至是,乃复横帐,且还旧产,诏以外戚女妻之。是时,枢密使萧合卓、少师萧把哥有宠,资忠不肯俯附,诋之。帝怒,夺官。数岁,出知来远城事,历保安、昭德二军节度使。

圣宗崩,表请会葬。既至,伏梓宫大恸曰:"臣幸遇圣明,横被构谮,不获尽犬马报。"气绝而苏,兴宗命医治疾。久之,言国舅侍中无忧国心,陛下不当复用唐景福旧号,于是用事者恶之,遣归镇,卒。

弟昭,有传。

耶律瑶质,字拔里堇,积庆宫人。父侯古,室韦部节度使。瑶质笃学廉介,有经世志。统和十年,累迁至积庆宫使。圣宗尝谕瑶质曰:"闻卿正直,是以进用。国有利害,尔言宜无所隐。"由是所陈多见嘉纳。

上征高丽,破康肇军于铜州,瑶质之力为多。王询乞降,群臣议皆谓宜纳。瑶质曰:"王询始一战而败,遽求纳款,此诈耳!纳之,恐堕其奸计。待其势穷力屈,纳之未晚。"已而询果遁,清野无所获。其众阻险而垒,攻之不下,瑶质以计降之。擢拜四蕃部详稳。

时招讨使耶律颇的为总管,瑶质耻居其下,上表曰:"臣先朝旧臣,今既垂老,乞还新命,觊得常侍左右。"帝曰:"朕不使汝久处是任。"且命无隶招讨,得专奏事到部。戢暴怀善,政绩显著。卒于官。

耶律弘古,字盆讷隐,遥辇鲜质可汗之后。

统和初,尝以军事任为拽剌详稳,寻徙南京统军使。十三年,徇地南鄙,克敌于四岳桥,斩首百余级。攻宋,以战功迁东京留守,封楚国公。后伐高丽,副先锋耶律盆奴,擒康肇于铜州。三十年,西北部叛,从南府宰相耶律奴瓜讨之。及典禁军,号令整肃,诸部多降。寻迁侍中,卒。

高正,不知何郡人。统和初,举进士第,累迁枢密直学士。上将伐高丽,遣正先往谕意。及还,迁右仆射。时高丽王询表请入觐,上许之,遣正率骑兵千人迓之。馆于路,为高丽将卓思正所围。正以势不可敌,与麾下壮士突围出,士卒死伤者众。上悔轻发,释其罪。明年,迁工部侍郎,为北院枢密副便。开泰五年,卒。

耶律的琭,字耶宁,仲父房之后。习兵事,为左皮室详稳。

统和二十八年,伐高丽,的琭率本部军与盆奴等擒康肇、李玄

蕴于铜州。帝壮之曰:"以卿英才,为国戮力,真吾家千里驹也!"乃
赐御马及细铠。明年,为北院大王,出为乌古敌烈部都详稳。年七
十二卒。

大康乂,渤海人。开泰间,累官南府宰相,出知黄龙府。善绥抚,
东部怀服。榆里底乃部长伯阴与榆烈比来附,送于朝。且言蒲卢毛
朵界多渤海人,乞取之。诏从其请。康乂领兵至大石河驼准城,掠
数百户以归。未几卒。

论曰:高句骊弑其君诵而立询,辽兴问罪之师,宜其箪食壶浆
以迎,除舍以待。而乃乘险旅拒,俾智者竭其谋,勇者穷其力。虽得
其要领,而颙颙独居一海之中自若也。岂服人者以德而不以力欤?
况乎残毁其宫室,系累其民人,所谓以燕伐燕也欤?呜呼!朱崖之
弃,捐之之力也,敌烈之谏有焉。

辽史卷八九
列传第一九

耶律庶成 庶箴 蒲鲁　杨晳
耶律韩留　杨佶

　　耶律庶成,字喜隐,小字陈六,季父房之后。父吴九,检校太师。庶成幼好学,书过目不忘。善辽、汉文字,于诗尤工。重熙初,补牌印郎君,累迁枢密直学士。与萧韩家奴各进《四时逸乐赋》,帝嗟赏。

　　初,契丹医人鲜知切脉审药,上命庶成译方脉书行之。自是,人皆通习,虽诸部族亦知医事。时入禁中,参决疑议。偕林牙萧韩家奴等撰《宝录》及《礼书》。与枢密副使耶律德修定法令,上诏庶成曰:"方今法令轻重不伦。法令者,为政所先,人命所系,不可不慎。卿其审度轻重,从宜修定。"庶成参酌古今,刊正讹谬,成书以进。帝览而善之。

　　庶成方进用,为妻胡笃所诬,以罪夺官,绌为"庶耶律"。使吐蕃凡十二年,清宁间始归。帝知其诬,诏复本族,仍迁所夺官,卒。

　　庶成尝谓林牙,梦善卜者胡吕古卜曰:"官止林牙,因妻得罪。"及置于理,法当离婚。胡笃适有娠,至期不产而死。剖视之,其子以手抱心,识者谓诬夫之报。有诗文行于世。

　　弟庶箴。

　　庶箴,字陈甫,善属文。重熙中,为本族将军。咸雍元年,同知东京留守事,俄徙乌衍突厥部节度使。九年,知蓟州事。明年,迁都林牙。上表乞广本国姓氏曰:"我朝创业以来,法制修明,惟姓氏止分为二,耶律与萧而已。始太祖制契丹大字,取诸部乡里之名,续作一篇,著于卷末。臣请推广之,使诸部各立姓氏,庶男女婚媾有合典礼。"帝以旧制不可遽厘,不听。

大康二年,出耶律乙辛为中京留守,庶箴与耶律孟简表贺。须之,乙辛复为枢密使,专权恣虐。庶箴私见乙辛泣曰:"前抗表,非庶箴之愿也。"乙辛信其言,乃得自安。闻者鄙之。八年,致仕,卒。

子蒲鲁。

蒲鲁,字乃展。幼聪悟好学,甫七岁,能诵契丹大字。习汉文,未十年,博通经籍。重熙中,举进士第。主文以国制无契丹试进士之条,闻于上。以庶箴擅令子就科目,鞭之二百。寻命蒲鲁为牌印郎君。应诏赋诗,立成以进。帝嘉赏,顾左右曰:"文才如此,必不能武事。"蒲鲁奏曰:"臣自蒙义方,兼习骑射,在流辈中亦可周旋。"帝未之信。会从猎,三矢中三兔,帝奇之,转通进。是时,父庶箴尝寄《戒谕诗》,蒲鲁答以赋,众称其兴雅。宠遇渐隆。清宁初卒。

杨皙,字昌时,安次人。幼通《五经》大义。圣宗闻其颖悟,诏试诗授秘书省校书郎。太平十一年,擢进士乙科,为著作佐郎。

重熙十二年,累迁枢密都承旨,权度支使。登对称旨,进枢密副使。历长宁军节度使,山西路转运使,知兴中府。清宁初,入知南院枢密使,与姚景行同总朝政。请行柴册礼。封赵国公。以足疾,复知兴中府。咸雍初,徙封齐。召赐同德功臣、尚书左仆射,兼中书令,拜枢密使,改封晋,给宰相、枢密使两厅兼从,封赵王。屡请归政,益赐保节功臣,致仕。大康五年,例改辽西郡王,薨。

耶律韩留,字速宁,仲父隋国王之后。有明识,笃行义,举止严重,工为诗。

统和间,召摄御院通进。开泰三年,稍迁乌古敌烈部都监,俄知详隐事。敌烈部叛,将宫分军从枢密使耶律世良讨平之,加千牛卫大将军。

重熙元年,累迁至同知上京留守,改奚六部秃里大尉。性不苟合,为枢密使萧解里所忌。上欲召用韩留,解里言目病不能视,议遂寝。四年,召为北面林牙。帝曰:"朕早欲用卿,闻有疾,故待之至今。"韩留对曰:"臣昔有目疾,才数月耳,然亦不至于昏。第臣驽拙,不能事权贵,是以不获早睹天颜。非陛下圣察,则愚臣岂有今日耶!"诏进《述怀诗》,上嘉叹。方将大用,卒。

杨佶,字正叔,南京人。幼颖悟异常,读书自能成句,识者奇之。弱冠,声名籍甚。

统和二十四年举进士第一,历校书郎、大理正。

开泰六年,转仪曹郎,典掌书命,加谏议大夫。出知易州,治尚清简,征发期会必信。入为大理少卿。累迁翰林学士,文章号得体。八年,燕地饥疫,民多流殍,以佶同知南京留守事,发仓廪,振乏绝,贫民鬻子者计佣而出之。宋遣梅询贺千龄节,诏佶迎送,多唱酬,询每见称赏。复为翰林学士。

重熙元年,升翰林学士承旨。丁母忧,起复工部尚书。历忠顺军节度使,朔、武等州观察、处置使,天德军节度使,加特进检校太师、同中书门下平章事,复拜参知政事,兼知南院枢密使。十五年,出为武定军节度使。境内亢旱,苗稼将槁。视事之夕,雨泽沾足。百姓歌曰:"何以苏我?上天降雨。谁其抚我?杨公为主。"溧阳水失故道,岁为民害,乃以己俸创长桥,人不病涉。及被召,郡民攀辕泣送。上御清凉殿宴劳之,即日除吏部尚书,兼门下侍郎、同中书门下平章事。上曰:"卿今日何减吕望之遇文王!"佶对曰:"吕望此臣遭际有十年之晚。"上悦。

其居相位,以进贤为己任,事总大纲,责成百司,人入乐为之用。三请致政,许之。月给钱粟兼隶,四时遣使存问。卒。有《登瀛集》行于世。

耶律和尚,字特抹,系出季父房。善滑稽。重熙初,补袛候郎君。

时帝笃于亲亲,凡三父之后,皆序父兄行第,于和尚尤狎爱。然每侍宴饮,虽诙谐,未尝有一言之过,由是上益重之。历积庆、永兴宫使,累迁至同知南院宣徽使事、南面林牙。十六年,出为怀化军节度使,俄召为御史大夫。二十三年,因大册,加天平军节度使、检校太师,徙中京路案问使,卒。

和尚雅有美行,数以财恤亲友,人皆爱重。然嗜酒不事事,以故不获柄用。或以为言,答曰:“吾非不知,顾人生如风灯石火,不饮将何为?”晚年沈湎尤甚,人称为“酒仙”云。

论曰:庶成定法令,治民者不容高下其手。庶箴虽尝表请广姓氏,以秩典礼。其随势俯仰,则有愧于其子蒲鲁矣。杨皙为上宠遇,迭封王爵,而功业不少概见。然得爱民治国之要,其杨佶哉!

辽史卷九○
列传第二○

萧阿剌　耶律义先 信先
萧陶隗　萧塔剌葛
耶律敌禄

萧阿剌，字阿里懒，北院枢密使孝穆之子也。幼养宫中，兴宗尤爱之。

重熙六年，为弘义宫使。累迁同知北院枢密使，加同中书门下平章事，出为东宫留守。二十一年，拜西北路招讨使，封西北郡王。寻尚秦晋国王公主，与驸马都尉。

清宁元年，遗诏拜北府宰相，兼南院枢密使，进王韩。明年，改北院枢密使，徙王陈，与萧革同掌国政。革谄谀不法，阿剌争之不得，告归。上由此恶之，除东京留守。会行瑟瑟礼，入朝陈时政得失。革以事中伤，帝怒，缢杀之。皇太后营救不及，大恸曰："阿剌何罪而遽见杀？"帝乃优加赗赠，葬乾陵之赤山。

阿剌性忠果，晓世务，有经济才。议者以谓阿剌若在，无重元、乙辛之乱。

耶律义先，于越仁先之弟也。美风姿，举止严重。

重熙初，补祗候郎君班详稳。十三年，车驾西征，为十二行纠都监，战功最，改南院宣徽使。时萧革同知枢密院事，席宠擅权，义先疾之。因侍宴，言于帝曰："革狡佞喜乱，一朝大用，必误国家！"言甚激切，不纳。它日侍宴，上命群臣博，负者罚一巨觥。义先当与革对，怃然曰："臣纵不能进贤退不肖，安能与国贼博哉！"帝止之曰："卿醉矣。"义先厉声诟不已。上大怒，赖皇后救，得解。翌日，上谓革曰："义先无礼，当黜之。"革对曰："义先天性忠直，今以酒失而出，谁敢言人之过？"上谓革忠直，益加信任。义先郁郁不自得，然议事未尝少沮。又于上前博，义先祝曰："向言人过，冒犯天威。今日一掷，可表愚款。"俄得堂印，上愕然。

十六年，为殿前都点检，讨蒲奴里，多所招降，获其酋长陶得里以归。手诏褒奖，以功改南京统军使，封武昌郡王。奏请统军司钱营息，以赡贫民。未期，军器完整，民得休息。二十一年，拜惕隐，进王富春，薨，年四十二。

义先常戒其族人曰："国中三父房，皆帝之昆第，不孝不义尤不可为。"其接下无贵贱贤否，皆与均礼。其妻晋国长公主之女，每遇中表亲，非礼服不见，故内外多化之。清宁间，追赠许王。

弟信先。

信先，兴宗以其父瑰引为刺血友，幼养于宫。善骑射。

重熙十四年，为左护卫太保，同知殿前点检司事。十八年，兼右祗候郎君班详稳。上问所欲，信先曰："先臣瑰引与陛下分如同气，然不及王封。傥使蒙思地下，臣愿毕矣。"上曰："此朕遗志之过。"追封燕王。是年，从萧惠伐夏，败于河南，例被责。清宁初，为南面林牙，卒。

萧陶隗，字乌古邻，宰相辖特六世孙。刚直，有威重。

咸雍初，任马群太保。素知群牧名存实亡，悉阅旧籍，除其羸病，录其实数，牧人畏服。陶隗上书曰："群牧以少为多，以无为有，上下相蒙，积弊成风。不若括见真数，著为定籍，公私两济。"从之。畜产岁以蕃息。

大康中,累迁契丹行宫都部署。上尝谓群臣曰:"北枢密院军国重任,久阙其人,耶律阿思、萧斡特剌二人孰愈?"群臣各誉所长,陶隗独默然。上问:"卿何不言?"陶隗曰:"讹特剌懦而败事,阿思有才而贪,将为祸基。不得已而用,败事犹胜基祸。"上曰:"陶隗虽魏征不能过,但恨吾不及太宗尔!"然竟以阿思为枢密使。由是阿思御之。九年,西圉不宁,阿思奏曰:"边隅事大,可择重臣镇抚。"上曰:"陶隗何如?"阿思曰:"诚如圣旨。"遂拜西南面招讨使。阿思阴与萧阿忽带诬奏贼掠漠南牧马及居民畜产,陶隗不急追捕,罪当死,诏免官。久之,起为塌母城节度使。未行,疽发背,卒。

陶隗负气,怒则须鬐辄张。每有大议,必毅然快之。虽上有难色,未尝遽已。见权贵无少屈,竟为阿思所陷,时人惜之。

二子,曰图木、辖式。阿思死,始获进用。

萧塔剌葛,字陶哂,六院部人。素刚直。太祖时,坐叔祖台哂谋杀于越释鲁,没入弘义宫。世宗即位,以舅氏故,出其籍,补国舅别部敞史。或言泰宁王察割有无君心。塔剌葛曰:"彼纵忍行不义,人孰肯从!"他日侍宴,酒酣,塔剌葛捉察割耳,强饮之曰:"上固知汝傲狠,然以国属,曲加矜悯,使汝在左右,且度汝才何能为。若长恶不悛,徒自取赤族之祸。"察割不能答,强笑曰:"何戏之虐也!"

天禄末,塔剌葛为北府宰相。及察割作乱,塔剌葛醉詈曰:"吾悔不杀此逆贼!"寻为察割所害。

耶律敌禄,字阳隐,孟父楚国王之后。性质直,多膂力。

察割作乱,敌禄闻之,入见寿安王,慷慨言曰:"愿得精兵数百,破贼党!"王嘉其忠。穆宗即位,为北院宣徽使。上以飞狐道狭,诏敌禄广之。

明年,将兵援河东,至太原,与汉王会于高平,击周军,败之,仍降其众。忻、代二州叛,将兵讨之。会耶律挞烈至,败周师于忻口。师还,卒。

　　论曰：忠臣惟知有国而不知有身，故恶恶不避其患。阿剌以谄谀不法折萧革，陶隗以用必基祸言阿思，塔剌葛以忍行不义徒自取赤族之罪责察割，其心可谓忠矣。言一出而祸辄随之。吁，邪正既不辨，国焉得无乱哉！

辽史卷九一
列传第二一

耶律韩八　耶律唐古
萧术哲 药师奴　耶律玦
耶律仆里笃

耶律韩八，字嘲隐，倜傥有大志，北院详稳古之五世孙。

太平中，游京师，寓行宫侧，惟橐衣匹马而已。帝微服出猎，见而问之曰："汝为何人？"韩八初不识，漫应曰："我北院部人韩八，来觅官耳。"帝与语，知有长才，阴识之。会北院奏南京疑狱久不决，帝召韩八驰驿审录，举朝皆惊。韩八量情处理，人无冤者。上嘉之。籍群牧马，阙其二，同事者考寻不已。韩八略不加诘，即先驰奏，帝益信任。

景福元年，为左夷离毕，徙北面林牙，眷遇优异。重熙六年，改北院大王，政务宽仁，复为左夷离毕。十二年，再为北院大王。入朝，帝从容谓曰："卿守边任重，当实府库、振贫乏以报朕。"既受诏，愈竭忠谨，知无不言，便益为多。卒，年五十五。上闻，悼惜。死之日，篋无旧蓄，篋无新衣，遣使弟吊祭，给葬具。

韩八平居不屑细务，喜愠不形。尝失所乘马，家僮以同色者代之，数月不觉。

耶律唐古，字敌隐，于越屋质之庶子。廉谨，善属文。

统和二十四年，述屋质安民治盗之法以进，补小将军，迁西南面巡检，历豪州刺史、唐古部详稳。严立科条，禁奸民鬻马于宋、夏界。因陈弭私贩，安边境之要，太后嘉之。诏边郡遵行，著为令。

朝议欲广西南封域，黑山之西，绵亘数千里，唐古言：“戍垒太远，卒有警急，赴援不及，非良策也。”从之。西番来侵，诏议守御计，命唐古劝督耕稼以给西军，田于胪朐河侧。是岁，大熟。明年，移屯镇州，凡十四稔，积粟数十万斛，斗米数钱。

重熙间，改陨衍党项部节度使。先是，筑可敦城以镇西域。诸部纵民畜牧，反招寇掠。重熙四年，上疏曰：“自建可敦城已来，西番数为边患，每烦远戍。岁月既久，国力耗竭。不若复守故疆，省罢戍役。”不报。是年，致仕。乞勒其父屋质功于石，帝命耶律庶成制文，勒石上京崇孝寺。卒年七十八。

萧术哲，字石鲁隐，孝穆弟高九之子。以戚属加监门卫上将军。

重熙十三年，将卫兵讨元昊有功，迁兴圣宫使。蒲奴里部长陶得里叛，术哲为统军都监，从都统耶律义先击之，擒陶得里。术哲与义先不协，诬义先罪，免官。稍迁西南面招讨都监，坐事下狱，以太后言，杖而释之。

清宁初，为国舅详稳，西北路招讨使。私取官粟三百斛，及代，留畜产，令主者鬻之以偿。后族弟胡睹到部发其事，帝怒，决以大杖，免官。寻起为昭德军节度使，征为北院宣徽使。九年，上以术哲先为招讨，威行诸部，复为西北路招讨使。训士卒，增器械，省追呼，严号令。人不敢犯，边境晏然。十年，入朝，封柳城郡王。

咸雍二年，拜北府宰相，为北院枢密使耶律乙辛所忌，诬术哲与护卫萧忽占等谋害乙辛。诏狱无状，罢相，出镇顺义军。卒，追王晋、宋、梁三国。

侄药师奴。

药师奴，幼颖悟，谨礼法，补祗候郎君。大康中，为兴胜宫使，累迁同知殿前点检司事。上嘉其宿卫严肃,迁右夷离毕。夏王李乾顺为宋所攻,求解。帝命药师奴持节使宋,请罢兵通好,宋从之。拜南面林牙,改汉人行宫副部署。乾统初,出为安东军节度使,卒。

耶律玦,字吾展,遥辇鲜质可汗之后。

重熙初,召修国史,补符宝郎,累迁知北院副部署事。入见太后,后顾左右曰:“先皇谓玦必为伟人,果然。”除枢密副使,出为西南面招讨都监,历同签南京留守事、南面林牙。皇弟秦国王为辽兴军节度使,以玦同知使事,多所匡正。十年,复为枢密副使。

咸雍初,兼北院副部署。及秦国王为西京留守,请玦为佐,从之。岁中狱空者三,召为孟父房敞隐。玦不喜货殖,帝知其贫,赐宫户十。尝谓宰相曰:“契丹忠正无如玦者,汉人则刘伸而已。然熟察之,玦优于伸。”先是,西北诸部久不能平,上遣玦问状,执弛慢者痛绳之。以酒疾卒。

耶律仆里笃,字燕隐,六院林牙突吕不也四世孙。

开泰间,为本班郎君。有捕盗功,枢密使萧朴荐之,迁率府率。太平中,同知南院宣徽事,累迁彰圣军节度使。十六年,知兴中府,以狱空闻。十八年,伐夏,摄西南面招讨使。十九年,夏人侵金肃军,败之,斩首万余级,加右武卫上将军。时近边群牧数被寇掠,迁倒塌岭都监以治之,桴鼓不鸣。二十年,知金肃军事。宰相赵惟节总领边城桥道刍粟,请贰,帝命仆里笃副之,以称职闻。

清宁初,历长宁、匡义二军节度使,致仕。咸雍间卒。

子阿固质,终倒塌岭都监。

论曰:韩八因帝微行,才始见售,及任以事,落落知大体,不负上之知矣。唐古、术哲经略西北边,劝农积粟,训练士卒,敌人不敢犯。玦以忠直见称于上,仆里笃以干敏为宰相佐,在镇俱以狱空闻。之数人者,岂特甲胄之士,抑亦李牧、程不识之亚欤!

辽史卷九二
列传第二二

萧夺剌　　萧普达　　耶律侯哂
耶律古昱　　耶律独攧
萧韩家　　萧乌野

萧夺剌,字揑懒,遥辇洼可汗宫人。祖涅鲁古,北院枢密副使。父撒抹,字胡独堇,重熙初补祇候郎君,累迁北面林牙。十九年,从耶律宜新、萧蒲奴伐夏,至萧惠败绩之地,获侦候者,知人烟聚落,多国人陷没而不能还者,尽俘以归,拜大父敝稳,知山北道边境事。清宁初,历西南面、西北路招讨使,加同中书门下平章事,卒。

夺剌体貌丰伟,骑射绝人。由祇候郎君升汉人行宫副部署。后为乌古敌烈统军使,克敌有功,加龙虎卫上将军,授西北路招讨使。因陈北边利害,请以本路诸部与倒塌岭统军司连兵屯戍。再表,不纳。改东北路统军使。

乾统元年,以久练边事,复为西北路招讨使。北阻卜耶睹刮率邻部来侵,夺剌逆击,追奔数十里。二年,乘耶睹刮无备,以轻骑袭之,获马万五千疋,牛羊称是。先是,有诏方面无事,招讨、副统军、都监内一员入觐。是时同僚皆阙,夺剌以军事付幕吏而朝,坐是免官。改西京留守,复为东北路统军使。卒于官。

萧普达,字弹隐。统和初,为南院承旨。开泰六年,出为乌古部节度使。七年,敌烈部叛,讨平之。徙乌古敌烈部都监。遣敌烈骑卒取北阻卜名马以献,赐诏褒奖。重熙初,改乌古敌烈部都详稳,讨诸蕃有功。

普达深练边事,能以悦使人。有所俘获,悉散麾下,由是大得众心。历西南面招讨使,党项叛入西夏,普达讨之,中流矢,殁于阵。帝闻,惜之,赙赠加厚。

耶律侯哂,字秃宁,北院夷离堇蒲古只之后。祖查只,北院大王。父忽古,黄皮室详稳。

侯哂初为西南巡边官,以廉洁称,累迁南京统军使,寻为北院大王。重熙十一年,党项部人多叛入西夏,侯哂受诏,巡西边沿河要地,多建城堡以镇之,徙东京留守。十三年,与知府萧欧里斯讨蒲卢毛朵部有功,加兼侍中。致仕,卒。

耶律古昱,字磨鲁堇,北院林牙突吕不四世孙。有膂力,工驰射。

开泰间,为乌古敌烈部都监。会部人叛,从枢密使耶律世良讨平之,以功诏镇抚西北部。教以种树、畜牧,不数年,民多富实。中京盗起,命古昱为巡逻使,悉擒之。上亲征渤海,将黄皮室军,有破敌功,累迁御史中丞,寻授开远军节度使,徙镇归德。二十一年,改天成军节度使,卒于官,年七十,赠同中书门下平章事。

二子:宜新,兀没。宜新,重熙间从萧惠讨西夏。惠败绩,宜新一军独全,拜北院大王。兀没,大康三年为汉人行宫副部署。乙辛诬害太子,词连兀没,帝释之。是秋,乙辛复奏与萧杨九私议宫壶事,被害。乾统间,赠同中书门下平章事。

耶律独攧,字胡独堇,太师古昱之子。

重熙初,为左护卫,将禁兵从伐夏有功,授十二行糺司徒。再举伐夏,独攧括山西诸郡马。还,迁拽剌详稳。西南未平,命独攧同知金肃军事,夏人来侵,击败之,进涅剌奥隈部节度使。

清宁元年,召为皇太后左护卫太保。四年,改宁远军节度使。东路饥,奏振之。历五国、乌古部、辽兴军三镇节度使,四捷军详稳。大康元年卒,追赠同中书门下平章事。

子阿思,有传。

萧韩家,国舅之族。性端简,谨愿,动循礼法。清宁中,为护卫太保。大康二年,迁知北院枢密副使。三年,经画西南边天池旧堑,立堡砦,正疆界,刻石而还,为汉人行宫都部署。是年秋猎,坠马卒。

萧乌野,字草隐,其先出兴圣宫分,观察使塔里直之孙也。性孝悌,尚礼法,雅为乡党所称。重熙中,补护卫,兴宗见其勤恪,迁护卫太保。佐耶律仁先平重元乱,以功加团练使。时敌烈部数为邻部侵扰,民多困弊,命乌野为敌烈部节度使,恤困穷,省徭役,不数月,部人以安。寻以母老,归养于家。母亡,尤极哀毁。服阕,历官兴圣、延庆二宫使,卒。

论曰:乌古敌烈,大部也。夺剌为统军,克敌有功;普达居详稳,悦以使人。西北,重镇也,侯哂巡边以廉称;古昱镇抚而民富;独攧驻金肃而夏人不敢东猎。噫!部人内附,方面以宁,虽朝廷处置得宜,而诸将之力抑亦何可少哉!

辽史卷九三
列传第二三

萧惠 慈氏奴　萧迂鲁 铎卢斡
萧图玉　耶律铎轸

　　萧惠，字伯仁，小字脱古思，淳钦皇后弟阿古只五世孙。

　　初以中宫亲，为国舅详稳。从伯父排押征高丽，至奴古达北岭，高丽阻险以拒，惠力战，破之。及攻开京，以军律整肃闻，授契丹行宫都部署。开泰二年，改南京统军使。未几，为右夷离毕，加同中书门下平章事。朝议以辽东重地，非勋戚不能镇抚，乃命惠知东京留守事。改西北路招讨使，封魏国公。

　　太平六年，讨回鹘阿萨兰部，微兵诸路，独阻卜酋长直剌后期，立斩以徇。进至甘州，攻围三日，不克而还。时直剌之子聚兵来袭，阻卜酋长乌八密以告，惠未之信。会西阻卜叛，袭三克军，都监涅鲁古、突举部节度使谐理、阿不吕等将兵三千来救，遇敌于可敦城西南。谐理、阿不吕战殁，士卒溃散。惠仓卒列阵，敌出不意攻我营，众请乘时奋击，惠以我军疲敝，未可用，弗听。乌八请以夜斫营；惠又不许。阻卜归，惠乃设伏兵击之。前锋始交，敌败走。惠为招讨累年，屡遭侵掠，士马疲困。七年，左迁南京侍卫亲军马步军都指挥使，寻迁南京统军使。

　　兴宗即位，知兴中府。历顺义军节度使、东京留守、西南面招讨使，加开府仪同三司、检校太师，兼侍中，封郑王，赠推诚协谋竭节功臣。重熙六年，复为契丹行宫都部署，加守太师，徙王赵。拜南院枢密使，更王齐。

是时，帝欲一天下，谋取三关，集群臣议。惠曰："两国强弱，圣虑所悉。宋人西征有年，师老民疲，陛下亲率六军临之，其胜必矣。"萧孝穆曰："我先朝与宋和好，无罪伐之，其曲在我；况胜败未可逆料。愿陛下熟察。"帝从惠言，乃遣使索宋十城，会诸军于燕。惠与太弟帅师压宋境，宋人重失十城，增岁币请和。惠以首事功，进王韩。十二年，兼北府宰相，同知元帅府事，又为北枢密使。

十三年，夏国李元昊诱山南党项诸部，帝亲征。元昊惧，请降。惠曰："元昊忘奕世恩，萌奸计，车驾亲临，不尽归所掠。天诱其衷，使彼来迎。天与不图，后悔何及？"帝从之。诘旦，进军。夏人列拒马于河西，蔽盾以立，惠击败之。元昊走，惠麾先锋及右翼邀之。夏人千余溃围出，我师逆击。大风忽起，飞沙眯目，军乱，夏人乘之，蹂践而死者不可胜计。诏班师。

十七年，尚弟姊秦晋国长公主，拜驸马都尉。明年，帝复征夏国。惠自河南进，战舰粮船绵亘数百里。既入敌境，侦候不远，铠甲载于车，军士不得乘马。诸将咸请备不虞，惠曰："谅祚必自迎车驾，何暇及我？无故设备，徒自弊耳。"数日，我军未营。候者报夏师至，惠方诘妄言罪，谅祚军从阪而下。惠与麾下不及甲而走。追者射惠，几不免，军士死伤尤众。师还，以惠子慈氏奴殁于阵，诏释其罪。

十九年，请老，诏赐肩舆入朝，策杖上殿。辞章再上，乃许之，封魏国王。诏冬夏赴行在，参决疑议。既归，遣赐汤药及佗锡赉不绝。每生日，辄赐诗以示尊宠。清宁二年薨，年七十四，遗命家人薄葬。讣闻，辍朝三日。

惠性宽厚，自奉俭薄。兴宗使惠恣取珍物，惠曰："臣以戚属据要地，禄足养廉，奴婢千余，不为阙乏。陛下犹有所赐，贫于臣者何以待之。"帝以为然，故为将，虽数败衄，不之罪也。

弟虚列，武定军节度使。二子：慈氏奴，兀古匿。兀古匿终北府宰相。

慈氏奴,字宁隐。太平初,以戚属补祗候郎君。上爱其勤慎,升闸撒狨,加右监门卫上将军。西边有警,授西北路招讨都监,领保大军节度使。政济恩威,诸部悦附。入为殿前副点检,历乌古敌烈部详稳。征李谅祚,为统军都监,与西北路招讨使敌鲁古率蕃部诸军由北路趋凉州,获谅祚亲属。夏人扼险以拒,慈氏奴中流矢卒,年五十一,赠中书门下平章事。

萧迁鲁,字胡突堇,五院部人。父约质,历官节度使。

迁鲁重熙间为牌印郎君。清宁九年,国家既平重元之乱,其党郭九等亡,诏迁鲁追捕,获之,迁护尉太保。咸雍元年,使宋议边事,称旨,知殿前副点检事。五年,阻卜叛,为行军都监,击败之,俘获甚众。初军出,止给五月粮,过期粮乏,士卒往往叛归。迁鲁坐失计,免官,降戍西北部。未行,会北部兵起,迁鲁将乌古敌烈兵击败之,每战以身先,由是释前罪,命总知乌古敌烈部。

九年,敌烈叛,都监耶律独迭以兵少不战,屯胪朐河。敌烈合边人掠居民,迁鲁率精骑四百力战,败之,尽获其辎重。继闻酋长合术三千余骑掠附近部落,纵兵蹑其后,连战二日,斩数千级,尽得被掠人畜而还。值敌烈党五百余骑劫捕鹰户,逆击走之,俘斩甚众,自是敌烈势沮。时敌烈方为边患,而阻卜相继寇掠,边人以故疲弊。朝廷以地远,不能时益援军,而使疆圉帖然者,皆迁鲁力也。帝嘉其功,拜左皮室详稳。会宋求天池之地,诏于鲁兼统两皮室军屯太牢古山以备之。

大康初,阻卜叛,迁西北招讨都监,从都统耶律赵三征讨有功,改南京统军都监、黄皮室详稳。未几,迁东北路统军都监,卒。

弟铎卢斡。

铎卢斡,字撒板。幼警悟,异常儿。三岁失母、哭尽哀,见者伤之。及长,魁伟沉毅,好学,善属文,有才干。年三十始仕,为朝野推重,给事北院知圣旨事。

太康二年,乙辛再入枢府,铎卢斡素与萧岩寿善,诬以罪,谪戍西北部。坐皇太子事,特恩减死,仍锢终身。在戍十余年,太子事稍直,始得归乡里,屏居谢人事。一日,临流闻雉鸣,三复孔子"时哉"语,作古诗三章见志。当时名士称其高情雅韵,不减古人。寿隆六年卒,年六十一。乾统初,赠彰义军节度使。

萧图玉,字兀衍,北府宰相海璃之子。

统和初,皇太后称制,以戚属入侍。寻为乌古部都监。讨速母缕等部有功,迁乌古部节度使。十九年,总领西路军事。后以本路兵伐甘州,降其酋长牙懒。既而牙懒复叛,命讨之,克肃州,尽迁其民于土隗口故城。师还,诏尚金乡公主,拜驸马都尉,加同政事令门下平章事。上言曰:"阻卜今已服化,宜各分部,治以节度使。"上从之。自后,节度使往往非材,部民怨而思叛。开泰元年七月,石烈太师阿里底杀其节度使,西奔窝鲁朵城,盖古所谓龙庭单于城也。已而,阻卜复叛,围图玉于可敦城,势甚张。图玉使诸军齐射却之,屯于窝鲁朵城。明年,北院枢密使耶律化哥引兵来救,图玉遣人诱诸部皆降。帝以图玉始虽失计,后得人心,释之,仍领诸部。请益军,诏让之曰:"叛者既服,兵安用益?且前日之役,死伤甚众,若从汝谋,边事何时而息。"遂止。

会公主坐杀家婢,降封郡主,图玉罢使相。寻起为乌古敌烈部详稳。以老代,还卒。

子双古,南京统军使。孙讹笃斡,尚三韩郡王合鲁之女骨浴公主,终乌古敌烈部统军使,以善战名于世。

耶律铎轸,字敌辇,积庆宫人。仕统和间。性疏简,不顾小节,人初以是短之。后侵宋,分总羸师以从。及战,取绯帛被介胄以自标显,驰突出入敌阵,格杀甚众。太后望见喜,召谓之曰:"卿戮力如此,何患不济!"厚赏之。由是多以军事属任。俄授东详稳。开泰二年,进讨阻卜,克之。

重熙间,历东路统军使、天德军节度使。十七年,城西边,命铎轸相地及造战舰,因成楼船百三十艘。上置兵,下立马,规制坚壮,称旨。及西征,召铎轸率兵由别道进,会于河滨。敌兵阻河而阵,帝御战舰绝河击之,大捷而归,亲赐卮酒。仍问所欲,铎轸对曰:“臣幸被圣恩,得效驽力,万死不能报国,又将何求?”帝愈重之,手书铎轸衣裙曰:“勤国忠君,举世无双。”卒于官,年七十。

子低烈,历观察节度使。

论曰:初,辽之谋复三关也,萧惠赞伐宋之举,而宋人增币请和。狃于一胜,移师西夏,而勇智俱废,败溃随之。岂非贪小利,迷远图而然。况所得不偿所亡,利果安在哉?同时诸将抚绥边圉,若迂鲁忠勤不伐,铎轸高情雅韵,铎鲁斡虽廉不逮萧惠,而无邀功启衅之罪,亦庶乎君子之风矣。

辽史卷九四
列传第二四

耶律化哥　耶律斡腊
耶律速撒　萧阿鲁带
耶律那也　耶律何鲁扫古
耶律世良

耶律化哥，字弘隐，孟父楚国王之后。善骑射。

乾亨初，为北院林牙。统和四年，南侵宋，化哥擒谍者，知敌由海路来袭，即先据平州要地。事平，拜上京留守，迁北院大王。十六年，复侵宋，为先锋，破敌于遂城，以功迁南院大王，寻改北院枢密使。

开泰元年，伐阻卜，阻卜弃辎重遁走，俘获甚多。帝嘉之，封豳王。后边吏奏，自化哥还阙，粮乏马弱，势不可守，上复遣化哥经略西境。化哥与边将深入。闻蕃部逆命居翼只水，化哥徐以兵进。敌望风奔溃，获羊马及辎重。路由白拔烈，遇阿萨兰回鹘，掠之。都监霰里继至，谓化哥曰："君误矣！此部实效顺者。"化哥悉还所俘。诸蕃由此不附。上使案之，削王爵。以侍中遥领大同军节度使，卒。

耶律斡腊，字斯宁，奚迭剌部人。趫捷有力，善骑射。

保宁初，补获卫。车驾猎颉山，适豪猪伏丛莽，帝射中，猪突出，御者托满舍辔而避,厥人鹤骨翼之,斡腊复射而毙。帝嘉赏。及猎赤山,适奔鹿奋角突前,路隘不容避,垂犯跸。斡腊以身当之,鹿触而颠。帝谓曰:"朕因猎,两濒于危,赖卿以免,始见尔心。"迁护卫太保。从枢密使耶律斜轸破宋将杨继业军于山西。

统和十三年秋,为行军都监,从都部署奚王和朔奴伐兀惹乌昭度,数月至其城。昭度请降。和朔奴利其俘掠,令四面急攻。昭度率众死守,随方捍御。依坤垠虚构战棚,诱我军登陴,俄撤枝柱,登者尽覆。和朔奴知不能下,欲退。萧恒德谓师久无功,何以藉口,若深入大掠,犹胜空返。斡腊曰:"深入恐所得不偿所损。"恒德不从,略地东南,循高丽北鄙还。道远粮绝,人马多死。诏夺诸将官,惟斡腊以前议得免。寻加同政事门下平章事,为东京留守。开泰中卒。

耶律速撒,字阿敏,性忠直简毅,练武事。

应历初,为侍从,累迁突吕不部节度使。历霸、济、祥、顺、圣五州都总管,俄为敦睦宫太师。保宁三年,改九部都详稳。四年,伐党项,屡立战功,手诏劳之。

统和初,皇太后称制,西边甫定,速撒务安集诸蕃,利害辄具以闻,太后益信任之。凡临戎,与士卒同甘苦,所获均赐将校。赏顺讨朔,威信大振。在边二十年卒。

萧阿鲁带,字乙辛隐,乌隗部人。父女古,仕至糺详稳。阿鲁带少习骑射,晓兵法。清宁间始仕,累迁本部司徒,改乌古敌烈统军都监。

大安七年,迁山北副部署。九年,达理得、拔思母二部来侵,率兵击却之。达理得复劫牛羊去,阿鲁带引兵追及,尽获所掠,斩渠帅数人。是冬,达理得等以三百余人梗边,复战却之,斩首二百余级,加金吾卫上将军,封兰陵县公。寿隆元年,第功,加同中书门下平章事,进爵郡公,改西北路招讨使。

乾统三年,坐留宋俘当遣还者为奴,免官。后被徵,以老疾致仕,卒。

耶律那也,字移斯辇,夷离堇蒲古只之后。父斡,尝为北克。从伐夏战殁。季父赵三,始为宿直官,累迁至北面林牙。咸雍四年,拜北院大王,改西南面招讨使。大康中,西北诸部扰边,议欲往讨,帝以为非赵三不可,遂拜西北路招讨使,兼行军都统,平之,以功复为北院大王。

那也敦厚才敏。上以其父斡死王事,九岁加诸卫小将军,为题里司,徒寻召为宿直官。大康三年,为遥辇克。大安九年,为倒挞岭节度使。明年冬,以北阻卜长磨古斯叛,与招讨都监耶律胡吕率精骑二千往讨,破之。那也荐胡吕为汉人行宫副部署。寿隆元年,复讨达里、拔思等有功,赐诏褒美,改乌古敌烈部统军使,边境以宁。部民乞留,诏许再任。乾统六年,拜中京留守,改北院大王,薨。

那也为人廉介,长于理民,每有斗讼,亲核曲直,不尚威严,常曰:"凡治人,本欲分别是非,何事迫协以立名。"故所至以惠化称。

耶律何鲁扫古,字乌古邻,孟父房之后。

重熙末,补祗候郎君。清宁初,加安州团练使。大康中,历怀建国节度使,奚六部秃里大尉。诏与枢密官措画东北边事,改左护卫太保。侍上,言多率易,察无他肠,以故上优贷之。

八年,知西北路招讨使事。时边部耶睹刮等来侵,何鲁扫古诱北阻卜酋豪磨古斯攻之,俘获甚众,以功加左仆射。复讨耶睹刮等,误击磨古斯,北阻卜由是叛命。遣都监张九讨之,不克,二室韦与六院部、特满群牧、宫分等军俱陷于敌。何鲁扫古不以实闻,坐是削官,决以大杖。

寿隆间,累迁惕隐,兼侍中,赐保节功臣。道宗崩,与宰相耶律俨总山陵事。乾统中,致仕,卒。

耶律世良,小字斡,六院部人。才敏给,练达国朝典故及世谱。

上书与族弟敌烈争嫡庶，帝始识之。时北院枢密使韩德让病，帝问：
"孰可代卿？"德让曰："世良可。"北院大王耶律室鲁复问北院之选，
德让曰："无出世良。"统和末，为北院大王。

开泰初，因大册礼，加检校大尉、同政事门下平章事。时边部拒
命，诏北院枢密使耶律化哥将兵，以世良为都监，往御之。明年，化
哥还，将罢兵。世良上书曰："化哥以为无事而还，不思师老粮乏，敌
人已去，焉能久守？若益兵，可克也。"帝即命化哥益兵，与世良追
之。至安真河，大破而还。自是，边境以宁。以功王岐，拜北院枢密
使。三年，命选马驼于乌古部。会敌烈部人夷剌杀其酋长稍瓦而叛，
邻部皆应，攻陷巨母古城。世良率兵压境，遣人招之，降数部，各复
故地。四年，伐高丽，为副部署。都统刘慎行逗留失期，执还京师，
世良独进兵。明年，至北都护府，破追兵于郭州。以暴疾卒。

论曰：大之怀小也以德，制之也以威。德不足怀，威不足制，而
欲服人也难矣。化哥利俘获，而诸蕃不附，何鲁扫古误击磨古斯，而
阻卜叛命，是皆喜于一旦之功，而不图后日之患，庸何议焉。若斡腊
之戒深入，速撒之务安集，亦铁中之铮铮者邪？

辽史卷九五
列传第二五

耶律弘古　耶律马六
萧滴冽　　耶律适禄
耶律陈家奴　耶律特麼
耶律仙童　萧素飒
耶律大悲奴

耶律弘古,字胡笃堇,枢密使化哥之弟。

统和间,累迁顺义军节度使,入为北面林牙。太平元年,加同政事门下平章事,出为彰国军节度使,兼山北道兵马都部署,徙武定军节度使。拜惕隐六年。讨阻卜有功。圣宗曾刺臂血与弘古盟为友,礼遇尤异,拜南府宰相,改上京留守。

重熙六年,迁南院大王,御制诰辞以宠之。十三年,加于越。帝闵其功,复授武定军节度使,卒。讣闻,上哭曰:"惜哉善人!"丧至,亲临奠焉。

耶律马六,字扬隐,孟父楚国王之后。性宽和,善谐谑,亲朋会遇,一坐尽倾。恬于荣利。与耶律弘古为刺血友,弘古为惕隐,荐补宿直官。

重熙初,迁旗鼓拽刺详稳。为人畏慎容物,或有面相陵折者,恬然若弗闻，不臧否世务。以故上益亲狎。三年，迁崇德宫使，为惕隐，御制诰辞以褒之。拜北院宣徽使，宠遇过宰辅，帝常以兄呼之。改辽兴军节度使，卒，年七十。

子奴古达，终南京宣徽使。

萧滴冽，字图宁，遥辇鲜质可汗宫人。

重熙初，遥摄镇国军节度使。六年，奉诏使宋，伤足而跛，不告遂行，帝怒。及还，决以大杖，降同签南京留守事。遥授静江军节度使，历群牧都林牙，累迁右夷离毕。以才干见任使。会车驾西征，元昊乞降，帝以前后反覆，遣滴冽往觇诚否。因为元昊陈述祸福，听命乃还。拜北院枢密副使，出为中京留守。十九年，改西京留守，卒。

耶律适禄，字撒懒。清宁初，为本班郎君，稍迁宿直官。

乾统中，从伐阻卜有功，加奉宸。历护卫太保，改弘义宫副使。时上京枭贼赵钟哥跋扈自肆，适禄擒之，加泰州观察使，为达鲁虢部节度使。天庆中，知兴中府，加金吾卫上将军。为盗所杀。

耶律陈家奴，字绵辛，懿祖弟葛剌之八世孙。

重熙中，补牌印郎君。坐直日不至，降本班。会帝猎，陈家奴逐鹿围内，鞭之二百。时耶律仁先荐陈家奴健捷比海东青鹘，授御盏郎君。历鹰坊、尚厩、四方馆副使，改徒鲁古皮室详稳。会太后生辰，进诗献驯鹿，太后嘉奖，赐珠二琲，杂彩二百段。兄撒钵卒，陈家奴闻讣，不告而去。帝怒，鞭之。清宁初，累迁右夷离毕。适帝与燕国王射鹿俱中，王时年九岁，帝悦，陈家奴应制进诗。帝喜，解衣以赐。后皇太子废，帝疑陈家奴党附，罢之。

时西北诸部寇边，以陈家奴为乌古部节度使行军都监，赐甲一属、马二疋，讨诸部，擒其酋送于朝。侦候者见马踪，意寇至，陈家奴遣报元帅，耶律爱奴视之曰："此野马也！"将出猎，贼至，爱奴战殁。有司诘按，陈家奴不伏，诏释之。由是感激，每事竭力。后诸部复来侵,陈家奴率兵三往,皆克,边境遂宁。以老告归,不从。

道宗崩,为山陵使,致仕。年八十卒。

耶律特麼,季父房之后。重熙间,为北克,累迁六部秃里太尉。大安四年,为倒挞岭节度使。顷之,为禁军都监。是冬,讨磨古斯,斩首二千余级。十年,复讨之。既捷,授南院宣徽使。寿隆元年,为北院大王。四年,知黄龙府事,薨。

耶律仙童,仲父房之后。重熙初,为宿直官,累迁惕隐、都监。以宽厚称。

蒲奴里叛,仙童为五国节度使,率师讨之,擒其帅陶得里。又击乌隗叛,降其众,改彰国军节度使,拜北院大王。清宁二年,知黄龙府事,迁侍卫亲军马步军都指挥,历忠顺、武定二军节度使。致仕,封蒋国公。咸雍初,徙封许国,卒。

萧素飒,字特免,五院部人。重熙间始仕,累迁北院承旨,彰愍宫使。清宁初,历左皮室详稳、右夷离毕。咸雍五年,剖阿里部叛,素飒讨降之,率其酋长来朝。帝嘉其功,徙北院林牙,改南院副部署,卒。

子谋鲁斡,字回琏,初补夷离毕郎君,迁文班太保。大康中,改南京统军使,为右夷离毕。与枢密使耶律阿思论事不合,见忌,出为马群太保。北部来侵,谋鲁斡破之,以功迁同知乌古敌烈统军,仍许便宜行事。后以谗毁,降领西北路戍军,复为马群太保,卒。

耶律大悲奴,字休坚,王子班聂里古之后。大康中,历永兴延昌宫使、右皮室详稳。会阻卜叛,奉诏招降之。寿隆二年,拜殿前都点检。乾统初,历上京留守、惕隐,复为都点检,改西南面招讨使。请老,不许。天庆中,留守上京,领北南枢密院点检中丞诸司等事。以彰国军节度使致仕,卒。

大悲奴举止驯雅,好礼仪,为时人所称。

论曰:辽自神册而降,席富强之势,内修法度,外事征伐,一时将帅震扬威灵,风行电扫,讨西夏,征党项,破阻卜,平敌烈。诸部震慑,闻鼙鼓而胆落股弁,斯可谓雄武之国矣。其战胜攻取,必有奇谋秘计神变莫测者,将前史所载,未足以发之邪?抑天之所授,众莫与争而能然邪? 虽然,兵者凶器,可载而不可玩;争者末节,可遏而不可召。此黄石公所谓柔能制刚,弱能制强也。又况乎仁者之无敌哉。辽之君臣智足守此,金人果能乘其敝而蹑其后乎?是以于耶律弘古辈诸将,不能无慨然也。

辽史卷九六
列传第二六

耶律仁先 <small>挞不也</small>　耶律良
萧韩家奴　萧德　萧惟信
萧乐音奴　耶律敌烈
姚景行　耶律阿思

　　耶律仁先,字糺邻,小字查剌,孟父房之后。父瑰引,南府宰相,封燕王。仁先魁伟爽秀,有智略。

　　重熙三年,补护卫。帝与论政,才之。仁先以不世遇,言无所隐。授宿直将军,累迁殿前副点检,改鹤剌唐古部节度使,俄召为北面林牙。

　　十一年,升北院枢密使。时宋请增岁币银绢以偿十县地产,仁先与刘六符使宋,仍议书“贡”。宋难之。仁先曰:“曩者石晋报德本朝,割地以献,周人攘而取之,是非利害,灼然可见。”宋无辞以对。乃定议增银、绢十万两、匹,仍称“贡”。既还,同知南京留守事。

　　十三年,伐夏,留仁先镇边。未几,召为契丹行宫都部署,奏复王子班郎君及诸宫杂役。十六年,迁北院大王,奏今两院户口殷庶,乞免他部助役,从之。十八年,再举伐夏,仁先与皇太弟重元为前锋。萧惠失利于河南,帝犹欲进兵,仁先力谏,乃止。后知北院枢密使,迁东京留守。女直恃险,侵掠不止,仁先乞开山通道以控制之,边民安业。封吴王。

清宁初，为南院枢密使。以耶律化哥谮，出为南京兵马副元帅，守太尉，更王隋。六年，复为北院大王，民欢迎数百里，如见父兄。时北、南院枢密官涅鲁古、萧胡睹等忌之，请以仁先为西北路招讨使。耶律乙辛奏曰："仁先旧臣，德冠一时，不宜补外。"复拜南院枢密使，更王许。

七月，上猎太子山。耶律良奏重元谋逆，帝召仁先语之。仁先曰："此曹凶狠，臣固疑之久矣。"帝趣仁先捕之。仁先出，且曰："陛下宜谨为之备！"未及介马，重元犯帷宫。帝欲幸北、南院，仁先曰："陛下若舍扈从而行，贼必蹑其后；且南、北大王心未可知。"仁先子挞不也曰："圣意岂可违乎？"仁先怒，击其首。帝悟，悉委仁先以讨贼事。乃环车为营，拆行马，作兵仗，率官属近侍三十余骑阵柢枑外。及交战，贼众多降。涅鲁古中矢坠马，擒之，重元被伤而退。仁先以五院部萧塔剌所居最近，亟召之，分遣人集诸军。黎明，重元率奚人二千犯行宫，萧塔剌兵适至。仁先料贼势不能久，俟其气沮攻之。乃背营而阵，乘便奋击，贼众奔溃，追杀二十余里，重元与数骑遁去。帝执仁先手曰："平乱皆卿之功也。"加尚父，进封宋王，为北院枢密使，亲制文以褒之，诏画《滦河战图》以旌其功。

咸雍元年，加于越，改封辽王，与耶律乙辛共知北院枢密事。乙辛恃宠不法，仁先抑之，由是见忌，出为南京留守，改王晋。恤孤惸，禁奸慝，宋闻风震服。议者以为自于越休哥之后，惟仁先一人而已。阻卜塔里干叛命，仁先为西北路招讨使，赐鹰纽印及剑。上谕曰："卿去朝廷远，每俟奏行，恐失机会，可便宜从事。"仁先严斥候，扼敌冲，怀柔服从，庶事整饬。塔里干复来寇，仁先逆击，追杀八十余里。大军继至，又败之。别部把里斯、秃没等来救，见其屡挫，不敢战而降。北边遂安。八年卒，年六十，遗命家人薄葬。

弟义先、信先，俱有传。子挞不也。

挞不也，字胡独堇。清宁二年，补祗候郎君，累迁永兴宫使。以平重元之乱，遥授忠正军节度使，赐定乱功臣，同知殿前点检司事。历高阳、临海二军节度使、左皮室详稳。

大康六年，授西北路招讨使，率诸部酋长入朝，加兼侍中。自萧敌禄为招讨之后，朝廷务姑息，多择柔愿者用之，诸部渐至跋扈。挞不也含容尤甚，边防益废，寻改西南面招讨使。阻卜酋长磨古斯来侵，西北路招讨使何鲁扫古战不利，诏挞不也代之。磨古斯之为酋长，由挞不也所荐，至是遣人诱致之。磨古斯绐降，挞不也逆于镇州西南沙碛间，禁士卒无得妄动。敌至，裨将耶律绾斯、徐烈见其势锐，不及战而走，遂被害，年五十八。赠兼侍中，谥曰贞悯。

挞不也少谨愿，后为族孽妇所惑，出其妻，终以无子。人以此讥之。

耶律良，字习撚，小字苏，著帐郎君之后。生于乾州，读书医巫闾山。学既博，将入南山肄业，友人止之曰：“尔无仆御，驱驰千里，纵闻见过人，年亦垂暮。今若即仕，已有余地。”良曰：“穷通，命也，非尔所知。”不听，留数年而归。

重熙中，补寝殿小底，寻为燕赵国王近侍。以家贫，诏乘厩马。迁修起居注。会猎秋山，良进《秋游赋》，上嘉之。清宁中，上幸鸭子河，作《捕鱼赋》。由是宠遇稍隆，迁知制诰，兼知部署司事。奏请编御制诗文，目曰《清宁集》；上命良诗为《庆会集》，亲制其序。顷之，为敦睦宫使，兼权知皇太后宫诸局事。

良闻重元与子涅鲁古谋乱，以帝笃于亲爱，不敢遽奏，密言于皇太后。太后托疾，召帝白其事。帝谓良曰：“汝欲间我骨肉耶？”良奏曰：“臣若妄言，甘伏斧锧。陛下不早备，恐堕贼计。如召涅鲁古不来，可卜其事。”帝从其言。使者及门，涅鲁古意欲害之，羁于帐下。使者以佩刀断帐而出，驰至行宫以状闻，帝始信。乱平，以功迁汉人行宫都部署。

咸雍初，同知南院枢密使事，为惕隐，出知中京留守事。未几卒，帝嗟悼，遣重臣赙祭，给葬具，追封辽西郡王，谥曰忠成。

萧韩家奴，字括宁，奚长渤鲁恩之后。性孝友。

太平中，补祗候郎君，累迁敦睦宫使。伐夏，为左翼都监，迁北面林牙。俄为南院副署，赐玉带，改奚六部大王，治有声。

清宁初，封韩国公，历南京统军使、北院宣徽使，封兰陵郡王。九年，上猎太子山，闻重元乱，驰诣行在。帝仓卒欲避于北、南大王院，与耶律仁先执辔固谏，乃止。明旦，重元复诱奚独夫来。韩家奴独出谕之曰："汝曹去顺效逆，徒取族灭。何若悔过，转祸为福！"猎夫投仗首服。以功迁殿前都点检，封荆王，赐资忠保义奉国竭贞平乱功臣。

咸雍二年，迁西南面招讨使。大康初，徙王吴，赐白海东青鹘。皇太子为乙辛诬构，幽于上京。韩家奴上书力言其冤，不报。四年，复为西南面招讨使。例削一字王爵，改王兰陵，薨。

子杨九，终右祗候郎君班详稳，赠同中书门下平章事。

萧德，字特末隐，楮特部人。性和易，笃学好礼法。

太平中，领牌印、直宿，累迁北院枢密副使，敷奏详明，多称上旨。诏与林牙耶律庶成修《律令》，改契丹行宫都部署，赐宫户十有五。

清宁元年，迁同知北院枢密使，封鲁国公。上以德为先朝眷遇，拜南府宰相。五年，转南京统军使。九年，复为南府宰相。重元之乱，推锋力战，斩涅鲁古首以献，论功封汉王。咸雍初，以告老归，优诏不许。久之，加尚父，致仕。卒，年七十二。

萧惟信，字耶宁，楮特部人。五世祖霞赖，南府宰相。曾祖乌古，中书令。祖阿古只，知平州。父高八，多智数，博览古今。开泰初，为北院承旨，稍迁右夷离毕，以干敏称，拜南府宰相。累迁倒塌岭节度使，知兴中府，复为右夷离毕。陵青诱众作乱，事觉，高八按之，止诛首恶，余并释之。归奏，称旨。

惟信资沉毅,笃志于学,能辨论。重熙初始仕,累迁左中丞。十五年,徙燕赵国王傅,帝谕之曰:"燕赵左右多面谀,不闻忠言,浸以成性。汝当以道规诲,使知君父之义。有不可处王邸者,以名闻。"惟信辅导以礼。十七年,迁北院枢密副使,坐事免官。寻复职,兼北面林牙。

清宁九年,重元作乱,犯滦河行宫,惟信从耶律仁先破之,赐竭忠定乱功臣。历南京留守、左右夷离毕,复为北院枢密副使。大康中,以老乞骸骨,不听。枢密使耶律乙辛谮废太子,中外知其冤,无敢言者,惟信数廷争,不得复。告老,加守司徒,卒。

萧乐音奴,字婆丹,奚六部敞稳突吕不六世孙。父拔剌,三岁居父母丧,毁瘠过甚,养于家奴奚列阿不。重熙初,兴宗猎奚山,过拔剌所居,奚列阿不言于近臣,拔剌得见上。年甫十岁,气象如成人。帝悦之,锡赉甚厚。既长,有远志,不乐仕进,隐于奚王岭之插合谷。上以其名家,又有时誉,就拜舍利军详稳。

乐音奴貌伟言辨,通辽、汉文字,善骑射击鞠,所交皆一时名士。年四十,始为护卫。平重元之乱,以功迁护卫太保,改本部南克,俄为旗鼓挞剌详稳。监障海东青鹘,获白花者十三,赐楉栵犀并玉吐鹘。拜五蕃部节度使,卒。

子阳阿,有传。

耶律敌烈,字撒懒,采访使吼五世孙。宽厚,好学,工文词。重熙末,补牌印郎君,兼知起居注。

清宁元年,稍迁同知永州事,禁盗有功,改北面林牙承旨。九年,重元作乱。敌烈赴援,力战平之,遥授临海军节度使。十年,徙武安州观察使。咸雍五年,累迁长宁功使。捡括户部司乾州钱帛逋负,立出纳经画法,公私便之。大康四年,为南院大王。秩满,部民请留,同知南京留守事。有疾,上命乘传赴阙,遣太医视之。迁上京留守。

大安中,改塌母城节度使。以疾致仕,加兼侍中,赐一品俸。八年卒。

姚景行,始名景禧。祖汉英,本周将,应历初来聘,用敌国礼,帝怒,留之,隶汉人宫分。及景行既贵,始出籍,贯兴中县。景行博学。重熙五年,擢进士乙科,为将作监,改燕赵国王教授。不数年,至翰林学士,枢密副使,参知政事。性敦厚廉直,人望归之。

道宗即位,多被顾问,为北府宰相。九年秋,告归,道闻重元乱,收集行旅得三百余骑勤王。比至,贼已平。帝嘉其忠,赐以逆人财产。咸雍元年,出为武定军节度使。明年,驿召拜南院枢密使。上从容问治道,引入内殿,出御书及太子书示之,赐什器车仗。帝有意伐宋,召景行问曰:"宋人好生边事,如何?"对曰:"自圣宗皇帝以威德怀远,宋修职贡,迨今几六十年。若以细故用兵,恐违先帝成约。"上然其言而止。致仕,不逾月复旧职。丁家艰,起复,兼中书令。上问古今儒士优劣,占对称旨,知兴中府,改朔方军节度使。

大康初,徙镇辽兴。以上京多滞狱,命为留守,不数月,以狱空闻。累乞致政,不从。复请,许之,加守太师。卒,遣使吊祭,追封柳城郡王,谥文宪。寿隆五年,诏为立祠。

耶律阿思,字撒班。清宁初,补祗候郎君。以善射,掌猎事,进渤海近侍详稳。重元之乱,与护卫苏射杀涅鲁古,赐号靖乱功臣,徙契丹行宫都部署。大安初,为北院大王,封漆水郡王。十一年,为北院枢密使,监修国史。

道宗崩,受顾命,加于越。录乙辛党人,罪重者当籍其家,阿思受赂,多所宽贷。萧合鲁曾言当修边备,阿思力沮其事,或讥其以金卖国。后以风疾失音,致仕,加尚父,封赵王。薨,年八十,追封齐国王。

论曰:滦河之变,重元拥兵行幄,微仁先等,道宗其危乎! 当其止幸北、南院,召塔剌兵以靖大难,功宜居首。良以反谋白太后,韩家奴以逆顺降奚人,德与阿思杀涅鲁古,皆有讨贼之力焉。仁先齐名休哥,勋德兼备,此其一节欤。

辽史卷九七
列传第二七

耶律斡特剌　孩里　窦景庸
耶律引吉　杨绩　赵徽
王观　耶律喜孙

耶律斡特剌,字乙辛隐,许国王寅底石六世孙。少不喜官禄,年四十一,始补本班郎君。时枢密使耶律乙辛擅权,谗害忠良,斡特剌恐祸及,深自抑畏。

大康中,为宿直官,历左、右护卫太保。大安元年,升燕王傅,徙左夷离毕。四年,改北院枢密副使。帝赐诗褒之,迁知北院枢密使事,赐翼圣佐义功臣。北阻卜酋长磨古斯叛,斡特剌率兵进讨。会天大雪,败磨古斯四别部,斩首千余级,拜西北路招讨使,封漆水郡王,加赐宣力守正功臣。寻拜南府宰相。复讨闸古胡里扒部,破之,召为契丹行宫都部署。

先是,北、南府有讼,各州府得就按之;比岁,非奉枢密檄,不得鞠问,以故讼者稽留。斡特剌奏请如旧,从之。五年,复为西北路招讨使,讨耶睹刮部,俘斩甚众,获马、驼、牛、羊各数万。明年,擒磨古斯,加守太保,赐奉国匡化功臣。

乾统初,乞致仕,不许,止罢招讨。南院枢密使,封混同郡王。迁北院枢密使,加守太师,赐推诚赞治功臣。致仕,薨。谥曰敬肃。

孩里,字胡辇,回鹘人。其先在太祖时来贡,愿留,因任用之。

孩里,重熙间历近侍长。清宁九年,讨重元之乱有功,加金吾卫上将军,赐平乱功臣。累迁殿前都点检,以宿卫严肃称。大康初,加守太子太保。二年,加同中书门下平章事。三年,改同知南院宣徽使事。会耶律乙辛出守中京,孩里入贺,及议复召,陈其不可。后乙辛再入枢府,出孩里为广利军节度使。及皇太子被诬,孩里当连坐,有诏勿问。大安初,历品达鲁虢部节度使。寿隆五年,有疾,自言吾数已尽,却医药,卒,年七十七。

孩里素信浮图。清宁初,从上猎,堕马,愦而复苏。言始见二人引至一城,宫室宏敞,有衣绛袍人坐殿上,左右列侍,导孩里升阶。持牍者示之曰:"本取大腹骨欲,误执汝。"牍上书"官至使相,寿七十七"。须臾还,挤之大壑而寤。道宗闻之,命书其事。后皆验。

窦景庸,中京人,中书令振之子。聪敏好学。清宁中第进士,授秘书省校书郎,累迁少府少监。

咸雍六年,授枢密直学士,寻知汉人行宫副部署事。大安初,迁南院枢密副使,监修国史,知枢密院事,赐同德功臣,封陈国公。有疾,表请致仕,不从,加太子太保,授武定军节度使。审决冤滞,轻重得宜,以狱空闻。七年,拜中京留守。九年,薨,谥曰萧宪。

子瑜,三司副使。

耶律引吉,字阿括,品部人。父双古,镇西边二十余年,治尚严肃,不殖货利,时多称之。

引吉寅畏好义。以荫补官,累迁东京副留守、北枢密院侍御。时萧革、萧图古辞等以佞见任,鬻爵纳赂。引吉以直道处其间,无所阿唯。改客省使。时朝廷遣使括三京隐户不得,以引吉代之,得数千余户。

时昭怀太子知北南院事,选引吉为辅导。枢密使乙辛将倾太子,恶引吉在侧,奏出之,为群牧林牙。大康元年,乙辛请赐牧地,引吉奏曰:"今牧地褊陿,畜不蕃息,岂可分赐臣下。"帝乃止。乙辛由是益嫉之,除怀德军节度使,徙漠北滑水马群太保,卒。

杨绩,良乡人。太平十一年进士及第,累迁南院枢密副使。与杜防、韩知白等擅给进士堂帖,降长宁军节度使,徙知涿州。

清宁初,拜参知政事,兼同知枢密院事,为南府宰相。九年,闻重元乱,与姚景行勤王,上嘉之。十年知兴中府。咸雍初,入知枢密院事。二年,乞致仕,不许。拜南院枢密使。帝以绩旧臣,特诏燕见,论古今治乱,人臣邪正。帝曰"方今群臣忠直,耶律玦,刘伸而已。然伸不及玦之刚介。"绩拜贺曰:"何代无贤,世乱则独善其身,主圣则兼济天下。陛下铢分邪正,升黜分明,天下幸甚。"累表告归,不许,封赵王。

大康中,以例改王辽西。致仕,加守太保,薨。子贵忠,知兴中府。

赵徽,南京人。重熙五年,擢甲科,累迁大理正。

清宁二年,铜州人妄毁三教,徽按鞫之,以状闻,称旨。历烦剧,有能名。累迁翰林学士承旨。

咸雍初,为度支使。三年,拜参知政事。出为武定军节度使,及代,军民请留。后同知枢密院事,兼南府宰相、门下侍郎、平章事。致仕,卒。追赠中书令,谥文宪。

王观,南京人。博学有才辩。重熙七年,中进士乙科。

兴宗崩,充夏国报哀使;还,除给事中。咸雍初,迁翰林学士。五年,兼乾文阁学士。七年,改南院枢密副使,赐国姓,参知政事,兼知南院枢密事。坐矫制修私第,削爵为民,卒。

耶律喜孙,字盈隐,永兴宫分人。兴宗在青宫,曾居左右辅导。圣宗大渐,喜孙与冯家奴告仁德皇后同宰相萧浞卜等谋逆事。及钦哀为皇太后称制,喜孙尤见宠任。

　　重熙中,其子涅哥为近侍,坐事伏诛。帝以喜孙有翼戴功,且悼其子罪死,欲世其官,喜孙无所出之部,因见马印文有品部号,使隶其部,拜南府宰相。寻出为东北路详稳,卒。

　　论曰:孩里、引吉之为臣也,当乙辛擅权、萧革贪黩之日,虽与同官,而能以正自处,不少阿唯,其过人远矣!传曰:“岁寒知松柏之后凋。”二子有焉。若斡特剌之战功,窦景庸之谳狱,杨绩之忠告,亦贤矣夫。

辽史卷九八
列传第二八

萧兀纳　　耶律俨　　刘伸
耶律胡吕

　　萧兀纳，一名挞不也，字特免，六院部人。其先曾为西南面拽刺。兀纳魁伟简重，善骑射。

　　清宁初，兄图独以事入见，帝问族人可用者，图独以兀纳对，补祗候郎君。迁近侍敞史，护卫太保。

　　大康初，为北院宣徽使。时乙辛己害太子，因言宋魏国王和鲁斡之子淳可为储嗣。群臣莫敢言，唯兀纳及夷离毕萧陶隗谏曰："舍嫡不立，是以国与人也。"帝犹豫不决。五年，帝出猎，乙辛请留皇孙，帝欲从之。兀纳奏曰："窃闻车驾出游，将留皇孙，苟保护非人，恐有他变。果留，臣请侍左右。"帝乃悟，命皇孙从行。由此，始疑乙辛。顷之，同知南院枢密使事，出乙辛、淳等。帝嘉其忠，封兰陵郡王，人谓近于古社稷臣，授殿前都点检。上谓王师儒、耶律固等曰："兀纳忠纯，虽狄仁杰辅唐，屋质立穆宗，无以过也。卿等宜达燕王知之。"自是，令兀纳辅导燕王，益见优宠。大安初，诏尚越国公主，兀纳固辞。改南院枢密使，奏请掾史宜以岁月迁叙，从之。寿隆元年，拜北府宰相。

　　初，天祚在潜邸，兀纳数以直言忤旨。及嗣位，出为辽兴军节度使，守太傅。以佛殿小底王华诬兀纳借内府犀角，诏鞫之。兀纳奏曰："臣在先朝，诏许日取币钱十万为私费，臣未曾妄取一钱，肯借犀角乎！"天祚愈怒，夺太傅官，降宁边州刺史，寻改临海军节度使。

兀纳上书曰："自萧海里亡入女直，彼有轻朝廷心，宜益兵以备不虞。"不报。天庆元年，知黄龙府事，改东北路统军使，复上书曰："臣治与女直接境，观其所为，其志非小。宜先其未发，举兵图之。"章数上，皆不听。及金兵来侵，战于宁江州，其孙移敌蹇死之，兀纳退走入城。留官属守御，自以三百骑渡混同江而西，城遂陷。后与萧敌里拒金兵于长泺，以军败免官。五年，天祚亲征，兀纳殿，复败绩。后数日乃与百官入见，授上京留守。六年，耶律章奴叛，来攻京城，兀纳发府库以赉士卒，谕以逆顺，完城池，以死拒战。章奴无所得而去。以功授副元帅，寻为契丹都宫使。

天祚以兀纳先朝重臣，有定策勋，每延问以政，兀纳对甚切。上虽优容，终不能用。以疾卒，年七十。

耶律俨，字若思，析津人。本姓李氏。父仲禧，重熙中始仕。清宁初，同知南院宣徽使事。四年，城鸭子、混同二水间，拜北院宣徽使。咸雍初，坐误奏事，出为榆州刺史。俄诏复旧职，迁汉人行宫都部署。六年，赐国姓，封韩国公，改南院枢密使。时枢臣乙辛等诬陷皇太子，诏仲禧偕乙辛鞫之，蔓引无辜，未曾雪正。乙辛荐仲禧可任，拜广德军节度使，复为南院枢密使，卒，谥钦惠。

俨仪观秀整，好学，有诗名，登咸雍进士第。守著作佐郎，补中书省令史，以勤敏称。大康初，历都部署判官、将作少监。后两府奏事，论群臣优劣，唯称俨才俊。改少府少监，知大理正，赐紫。六年，迁大理少卿，奏谳详平。明年，升大理卿。丁父忧，夺服，同签部署司事。

大安初，为景州刺史。绳胥徒，禁豪猾，抚老恤贫，未数月，善政流播，郡人刻石颂德。二年，改御史中丞，诏按上京滞狱，多所平反。同知宣徽院事，提点大理寺。六年冬，改山西路都转运使，刮剔垢弊，奏定课额，益州县俸给，事皆施行。寿隆初，授枢密直学士。以母忧去官，寻召复旧职。宋攻夏，李乾顺遣使求和解，帝命俨如宋平之,拜参知政事。六年,驾幸鸳鸯泺,召至内殿,访以政事。

帝晚年倦勤,用人不能自择,令各掷骰子,以采胜者官之。俨曾得胜采,上曰:"上相之徵也!"迁知枢密院事,赐经邦佐运功臣,封越国公。修《皇朝实录》七十卷。帝大渐,俨与北院枢密使阿思同受顾命。乾统三年,徙封秦国。六年,封漆水郡王。

天庆中,以疾,命乘小车入朝。疾甚,遣太医视之。薨,赠尚父,谥曰忠懿。

俨素廉洁,一芥不取于人。经籍一览成诵。又善伺人主意。妻邢氏有美色,常出入禁中,俨教之曰:"慎勿失上意!"由是权宠益固。

三子:处贞,太常少卿;处廉,同知中京留守事;处能,少府少监。

刘伸,字济时,宛平人。少颖悟,长以辞翰闻。

重熙五年,登进士第,历彰武军节度使掌书记、大理正。因奏狱,上适与近臣语,不顾,伸进曰:"臣闻自古帝王必重民命,愿陛下省臣之奏。"上大惊异,擢枢密都承旨,权中京副留守。

诏徙富民以实春、泰二州,伸以为不可,奏罢之。迁大理少卿,人以不冤。升大理卿,改西京副留守。以父忧,终制,为三司副使,加谏议大夫,提点大理寺。以伸明法而恕,案冤狱全活者众,徙南京副留守。俄改崇义军节度使,正务简静,民用不扰,致乌、鹊同巢之异,优诏褒之。改户部使,岁入羡余钱三十万缗,拜南院枢密副使。

道宗曾谓大臣曰:"今之忠直,耶律玦、刘伸而已!"宰相杨绩贺其得人,拜参知政事。上谕之曰:"卿勿惮宰相!"时北院枢密使乙辛势焰方炽,伸奏曰:"臣于乙辛尚不畏,何宰相之畏!"乙辛衔之,相与排诋,出为保静军节度使。上终欲大用,加守太子太保,迁上京留守。乙辛以事徙镇雄武,复以崇义军节度使致仕。适燕、蓟民饥,伸与致政赵徽、韩造日济以糜粥,所活不胜算。大安二年卒,上震悼,赙赠加等。

　　耶律胡吕，字苏撒，弘义宫分人。其先欲稳，佐太祖有功，为迭烈部夷离堇。父杨五，左监门卫大将军。

　　胡吕性谦谨，于人无适莫。重熙末，补寝殿小底。以善职，屡更华要，迁千牛卫大将军。大安中，北阻卜酋磨鲁斯叛，为招讨都监，与耶律那也率精骑二千讨平之，以功为汉人行宫副部署，兼知太和宫事。致仕，加同中书门下平章事，卒。

　　论曰：兀纳当道宗昏惑之会，拥佑皇孙，使乙辛奸计不获复逞，而辽祚以续。比之屋质立穆宗，非溢美也。俨以俊才莅政，所至有能誉；纂述辽史，具一代治乱，亦云勤矣。但其固宠，不能以礼正家，惜哉。刘伸三为大理，民无冤抑；一登户部，上下兼裕，至与耶律玦并称忠直，不亦宜乎。

辽史卷九九
列传第二九

萧岩寿　耶律撒剌　萧速撒
耶律挞不也　萧挞不也
萧忽古　耶律石柳

萧岩寿，乙室部人。性刚直，尚气。仕重熙末。

道宗即位，皇太后屡称其贤，由是进用。上出猎较，岩寿典其事，未曾高下于心，帝益重之。历文班太保、同知枢密院事。咸雍四年，从耶律仁先伐阻卜，破之，有诏留屯，亡归者众，由是镂两官。十年，讨敌烈部有功，为其部节度使。

大康元年，同知南院宣徽使事，迁北面林牙。密奏乙辛以皇太子知国政，心不自安，与张孝杰数相过从，恐有阴谋，动摇太子。上悟，出乙辛为中京留守。会乙辛生日，上遣近臣耶律白斯本赐物为寿，乙辛因私属白上：“臣见奸人在朝，陛下孤危。身虽在外，窃用寒心。”白斯本还，以闻。上遣人赐乙辛车，谕曰：“无虑弗用，行将召矣。”由是反疑岩寿，出为顺义军节度使。乙辛复入为枢密使，流岩寿于乌隈路，终身拘作。岩寿虽窜逐，恒以社稷为忧。时人为之语曰：“以狼牧羊，何能久长！”三年，乙辛诬岩寿与谋废立事，执还杀之，年四十九。

乾统间，赠同中书门下平章事，绘像宜福殿。岩寿廉直，面折廷诤，多与乙辛忤，故及于难。

耶律撒剌,字董隐,南院大王磨鲁古之孙。性忠直沉厚。

清宁初,累迁西南面招讨使,以治称。咸雍九年,改北院大王。未几,为契丹行宫都部署。

大康二年,耶律乙辛为中京留守,诏百官廷议,欲复召之,群臣无敢正言。撒剌独奏曰:"萧岩寿言乙辛有罪,不可为枢臣,故陛下出之;今复召,恐天下生疑。"进谏者三,不纳,左右为之震悚。乙辛复为枢密使,见撒剌让曰:"与君无憾,何独异议?"撒剌曰:"此社稷计,何憾之有!"乙辛诬撒剌与速撒同谋废立,诏按无迹,出为始平军节度使。及萧讹都斡诬首,竟遣使杀之。

乾统间,追封漆水郡王,绘像宜福殿,仍追赠三子官爵。

萧速撒,字秃鲁董,突吕不部人。性沉毅。

重熙间,累迁右护卫太保。蒲奴里叛,从耶律义先往讨,执首乱陶得里以归。清宁中,历北面林牙、彰国军节度使,入为北院枢密副使。咸雍十年,经略西南边,撒宋堡障,戍以皮室军,上嘉之。

大康二年,知北院枢密使。耶律乙辛权宠方盛,附丽者多至通显;速撒未曾造门。乙辛衔之,诬构速撒首谋废立;按之无验,出为上京留守。乙辛复令萧讹都斡以前事诬告,上怒,不复加讯,遣使杀之。时方盛署,尸诸原野,容色不变,乌鹊不敢近。

乾统间,追封兰陵郡王,绘像宜福殿。

耶律挞不也,字撒班,系出季文房。父高家,仕至林牙,重熙间破夏人于金肃军有功,优加赏赉。

挞不也,清宁中补牌印郎君,累迁永兴宫使。九年,平重元之乱,以功知点检司事,赐平乱功臣,为怀德军节度使。咸雍五年,迁遥辇克。大康三年,授北院宣徽使。耶律乙辛谋害太子,挞不也知其奸,欲杀乙辛及萧特里得、萧十三等。乙辛知之,令其党诬构挞不也与废立事,杀之。

乾统间,追封漆水郡王,绘像宜福殿。

萧挞不也,字斡里端,国舅郡王高九之孙。性刚直。

咸雍中,补祗候郎君。大康元年,为彰愍宫使,尚赵国公主,拜驸马都尉。三年,改同知汉人行宫都部署。与北院宣徽使耶律挞不也善,乙辛嫉之,令人诬告谋废立事。不胜旁掠,诬伏。上引问,昏聩不能自陈,遂见杀。

乾统间,追封兰陵郡王,绘像宜福殿。

萧忽古,字阿斯怜,性忠直,趫捷有力。甫冠,补禁军。

咸雍初,从招讨使耶律赵三讨番部之违命者。及请降,来介有能跃驼峰而上者,以儇捷相诧。赵三问左右谁能此,忽古被重铠而出,手不及峰,一跃而上。使者大骇。赵三以女妻之。帝闻,召为护卫。时北院枢密使耶律乙辛以狡佞得幸,肆行凶暴。忽古伏于桥下,伺其过,欲杀之。俄以暴雨坏桥,不果。后又欲杀于猎所,为亲友所沮。大康三年,复欲杀乙辛及萧得里特等,乙辛知而械击之,考劾不服,流于边。及太子废徙于上京,召忽古至,杀之。

乾统初,追赠龙虎卫上将军。

耶律石柳,字酬宛,六院部人。祖独撅,南院大王。父安十,统军副使。石柳性刚直,有经世志。始为牌印郎君。

大康初,为夷离毕郎君。时枢密使耶律乙辛诬杀皇后,谋废太子,斥忠贤,进奸党,石柳恶其所为,乙辛党之。太子即废,以石柳附太子,流镇州。

天祚即位,召为御中中丞。时方治乙辛党,有司不以为意。石柳上书曰:

臣前为奸臣所陷,斥窜边郡。幸蒙召用,不敢隐默。恩赏明,则贤者劝,刑罚当则奸人消。二者既举,天下不劳而治。臣见耶律乙辛身出寒微,位居枢要,窃权肆恶,不胜名状。蔽先帝之明,诬陷顺圣,构害忠说,败国罔上,自古所无。赖庙社之休,陛下获纂成业,积年之冤,一日洗雪。政陛下英断,克成孝道之秋。如萧得里特实乙辛之党,耶律合鲁亦不为早辨,赖陛下之明,遂正其事。

　　臣见陛下多疑,故有司顾望,不切推问。乙辛在先帝朝,权宠无比。先帝若以顺考为实,则乙辛为功臣,陛下岂得立耶?先帝黜逐嬖后,诏陛下在左右,是亦悔前非也。陛下讵可忘父雠不报,宽逆党不诛。今灵骨未获,而求之不切。传曰,圣人之德,无加于孝。昔唐德宗因乱失母,思慕悲伤,孝道益著。周公诛飞廉、恶来,天下大悦。今逆党未除,大冤不报,上无以慰顺考之灵,下无以释天下之愤。怨气上结,水旱为沴。臣愿陛下下明诏,求顺考之瘗所,尽收逆党以正邦宪,快四方忠义之心,昭国家赏罚之用,然后致治之道可得而举矣。谨别录顺圣升遐及乙辛等事,昧死以闻。

书奏不报,闻者莫不叹惋。

　　乾统中,遥授静江军节度使,卒。

　　子马哥,同中书门下平章事。

　　论曰:《易》言"履霜,坚冰至",谨始也。使道宗能从岩寿、撒剌之谏,后何得而诬,太子何得而废哉?速撒、挞不也以忠言见杀,国欲无乱,得乎?石柳之书,亦幸出于乙辛既败之后,获行其说。有国家者,可不知人哉!

辽史卷一〇〇
列传第三〇

耶律棠古　萧得里底
萧酬斡　　耶律章奴
耶律术者

耶律棠古,字蒲速苑,六院郎君葛剌之后。大康中,补本班郎君,累迁至大将军。性坦率,好别白黑,人有不善,必尽言无隐,时号"强棠古"。在朝数论宰相得失,由是久不得调,后出为西北戍长。

乾统三年,萧得里底为西北路招讨使,以后族慢侮僚史。棠古不屈,乃罢之。棠古讼之朝,不省。

天庆初,乌古敌烈叛,召拜乌古部节度使。至部,谕降之。遂出私财及发富民积,以振其困乏,部民大悦,加镇国上将军。会萧得里底以都统率兵与金人战败绩,棠古请以军法论。且曰:"臣虽老,愿为国破敌。"不纳。

保大元年,乞致仕。明年,天祚出奔,棠古谒于倒塌岭,为上流涕,上慰止之,复拜乌古部节度使。及至部,敌烈以五千人来攻,棠古率家奴击破之,加太子太傅。年七十二卒。

萧得里底,字纠邻,晋王孝先之孙。父撒钵,历官使相。

得里底短而偻,外谨内倨。大康中,补祗候郎君,稍迁兴圣宫副使,兼同知中丞司事。大安中,燕王妃生子,得里底以妃叔故,历宁远军节度使、长宁宫使。寿隆二年,监讨达里得、拨思母二部,多俘而还,改同知南京留守事。

乾统元年,为北面林牙、同知北院枢密事,受诏与北院枢密使耶律阿思治乙辛余党。阿思纳贿,多出其罪;得里底不能制,亦附会之。四年,知北院枢密事。夏王李乾顺为宋所攻,遣使请和解,诏得里底与南院枢密使牛温舒使宋平之。宋既许,得里底受书之日,乃曰:"始奉命取要约归,不见书辞,岂敢徒还。"遂对宋主发函而读。既还,朝议为是。天庆三年,加守司徒,封兰陵郡王。

女直初起,廷臣多欲乘其未备,举兵往讨;得里底独沮之,以至败衄。天祚以得里底不合人望,出为西南面招讨使。八年,召为北院枢密使,宠任弥笃。是时,诸路大乱,飞章告急者络绎而至,得里底不即上闻,有功者亦无甄别。由是将校怨怒,人无斗志。

保大二年,金兵至岭东。会耶律撒八、习骑撒跋等谋立晋王敖卢斡事泄,上召得里底议曰:"反者必以此儿为名,若不除去,何以获安。"得里底唯唯,竟无一言申理。王既死,人心益离。金兵逾岭,天祚率卫兵西遁。元妃萧氏,得里底之侄,谓得里底曰:"尔任国政,致君至此,何以生为!"得里底但谢罪,不能对。明日,天祚怒,逐得里底与其子麼撒。得里底既去,为耶律高山奴执送金兵。得里底伺守者怠,脱身亡归,复为耶律九斤所得,送之耶律淳。时淳已僭号,得里底自知不免,诡曰:"吾不能事僭窃之君!"不食数日,卒。

子麼撒,为金兵所杀。

萧酬斡,字讹里本,国舅少父房之后。祖阿剌,终采访使。父别里剌,以后父封赵王。

酬斡貌雄伟,性和易。年十四,尚越国公主,拜驸马都尉,为祗候郎君班详稳。年十八,封兰陵郡王。

时帝欲立皇孙为嗣,恐无以解天下疑,出酬斡为国舅详稳,降皇后为惠妃,迁于乾州。初酬斡母入朝,擅取驿马,至是觉,夺其封号;复与妹鲁姐为巫蛊,伏诛。诏酬斡与公主离婚,籍兴圣宫,流乌古敌烈部。

天庆中，以妹复尊为太皇太妃，召酬斡为南女直详稳，迁征东副统军。时广州渤海作乱，乃与驸马都慰萧韩家奴袭其不备，平之，复败敌将侯概于川州。是岁，东京叛，遇敌来击，师溃；独酬斡率麾下数人力战，殁于阵，追赠龙虎卫上将军。

耶律章奴，字特末衍，季父房之后。父查剌，养高不仕。

章奴明敏善谈论。大安中，补牌印郎君。乾统元年，累迁右中丞，兼领牌印宿直事。六年，以直宿不谨，降知内客省事。天庆四年，授东北路统军副使。五年，改同知咸州路兵马事。

及天祚亲征女直，萧胡笃为先锋都统，章奴为都监。大军渡鸭子河，章奴与魏国王淳妻兄萧敌里及其甥萧延留等谋立淳，诱将卒三百余人亡归。既而天祚为女直所败，章奴乃遣敌里、延留以废立事驰报淳。淳犹豫未决。会行宫使者乙信特天祚御札至，备言章奴叛命，淳对使者号哭，即斩敌里、延留首以献天祚。

章奴见淳不从，诱草寇数百攻掠上京，取府库财物。至祖州，率僚属告太祖庙云："我大辽基业，由太祖百战而成。今天下士崩，窃见兴宗皇帝孙魏国王淳道德隆厚，能理世安民，臣等欲立以主社稷。会淳适好草甸，大事未遂。迩来天祚惟耽乐是从，不恤万机；强敌肆侮，师徒败绩。加以盗贼蜂起，邦国危于累卵。臣等忝预族属，世蒙恩渥，上欲安九庙之灵，下欲救万民之命，乃有此举。实出至诚，冀累圣垂佑。"西至庆州，复祀诸庙，仍述所以举兵之意，移檄州县、诸陵官僚，士卒稍稍属心。

时饶州渤海及侯概等相继来应，众至数万，趋广平淀。其党耶律女古等暴横不法，劫掠妇女财畜。章奴度不能制，内怀悔恨。又攻上京不克，北走降虏。上顺国女直阿鹘产率兵追败之，杀其将耶律弥里直，擒贵族二百余人，其妻子配役绣院，或散诸近侍为婢；余得脱者皆遁去。章奴诈为使者，欲奔女直，为逻者所获，缚送行在，伏诛。

耶律术者,字能典,于越蒲古只之后,魁伟雄辨。

乾统初,补祗候郎君。六年,因柴册,加观察使。天庆五年,受诏监都统耶律斡里朵战。及败,左迁银州刺史,徙咸州纠将。

尝与耶律章奴谋立魏国王淳。及闻章奴自鸭子河亡去,即引麾下数人往会之。道为游兵所执,送行在所。上问曰:"予何负卿而反?"术者对曰:"臣诚无憾。但以天下大乱,已非辽有,小人满朝,贤臣窜斥,诚不忍见天皇帝艰难之业一旦土崩。臣所以痛入骨髓而有此举,非为身计。"后数日,复问,术者历声数上过恶,陈社稷危亡之本,遂杀之。

论曰:辽末同事之臣,其善恶何相远也。棠古骨鲠不屈权要,两镇乌古,恩威并著。酬斡平乱渤海,又以讨叛力战而死,忠可尚矣。得里底纵女直而不讨,寝变告而不闻。其蔽主聪明,为国阶乱,莫斯之甚也。章奴、术者乘时多艰,潜谋废立,将求宠幸,以犯大逆,其得免于天下之戮哉!

辽史卷一〇一
列传第三一

萧陶苏斡　耶律阿息保
萧乙薛　萧胡笃

　　萧陶苏斡,字乙辛隐,突吕不部人。四世祖因吉,发长五尺,时呼为"长发因吉"。祖里拨,奥隗部节度使。

　　陶苏斡谨愿,不妄交。伯父留哥坐事免官,闻重元乱,挈家赴行在。时陶苏斡虽幼,已如成人,补笔砚小底。累迁祗候郎君,转枢密院侍御。咸雍五年,迁崇德宫使。会有诉北南院听讼不直者,事下,陶苏斡悉改正之,为耶律阿思所忌。帝欲召用,辄为所沮。八年,历漠北滑水马群太保,数年不调,曾曰:"用才未尽,不若闲。"乾统中,迁漠南马群太保,以大风伤草,马多死,鞭之三百,免官。九年,徙天齐殿宿卫。明年,谷价翔踊,宿卫士多不给,陶苏斡出私廪赒之,召同知南院枢密使事。

　　天庆四年,为汉人行宫副部署。时金兵初起,攻陷宁江州。天祚召群臣议,陶苏斡曰:"女直国虽小,其人勇而善射。自执我叛人萧海里,势益张。我兵久不练,若遇强敌,稍有不利,诸部离心,不可制矣。为今之计,莫若大发诸道兵,以威压之,庶可服也。"北院枢密使萧得里底曰:"如陶苏斡之谋,徒示弱耳。但发滑水以北兵,足以拒之。"遂不用其计。数月间,边兵屡北,人益不安。饶州渤海结构头下城以叛,有步骑三万余,招之不下。陶苏斡帅兵往讨,擒其渠魁,斩首数千级,得所掠物,悉还其主。及耶律章奴叛,陶苏斡与留守耶律大悲奴为守御。章奴既平，陶苏斡请曰：“今边兵懈弛，若清暑岭西，则汉人啸聚，民心益摇。臣愚以为宜罢此行。”不纳。乃命陶苏斡控扼东路，招集散卒。后以太子太傅致仕，卒。

耶律阿息保，字特里典，五院部人。祖胡劣，太子时徙居西北部，世为招讨司吏。

阿息保慷慨有大志，年十六，以才干补内史。天庆初，转枢密院侍御。金人起兵城境上，遣阿息保问之，金人曰：“若归阿疏，敢不听命。”阿息保具以闻。金兵陷宁江州，边兵屡败，遣阿息保与耶律章奴等齐书而东，冀以胁降。阿息保曰：“臣前使，依诏开谕，略无所屈。将还，谓臣曰：‘若所请不遂，无相见。’今臣请独往。”不听。将行，别萧得里底曰：“不肖适异国，必无生还，愿公善辅国家。”既至，阿息保见执，久乃遁归。

及天祚败绩，迁都巡捕使。六年，从阿疏讨耶律章奴，加领军卫大将军。阿疏将兵而东，阿息保送至军，乃还。天祚怒其专，鞭之三百。寻为奚六部秃里太尉。后阿疏反，阿息保以偏师进击，临阵坠马，被擒，因阿疏有旧得免。时阿疏颇好杀，阿息保谓曰：“欲举大事，何以杀为。”由是全活者众。会阿疏败，乃还。以战失利，囚中京数岁。

保大二年，金兵至中京，始出狱。寻为敌烈皮室详稳。是时，魏王淳僭号，屡遣人以书来招。阿息保封书以献，因谏曰：“东兵甚锐，未可轻敌。”及石辇铎之败，天祚奔窜，召阿息保，不时至，疑有贰心，并怒为淳所招，杀之。

初，阿息保知国将亡，前后谏甚切。及死以非罪，人尤惜之。

萧乙薛，字特免，国舅少父房之后。性谨愿。

寿隆间，累任剧官。天庆初，知国舅详稳事，迁殿前副点检。金兵起，为行军副都统。以战失利，罢职。六年，出为武定军节度使，迁西京留守。明年，讨剧贼董庞儿，战易水西，大破之。以功为北府宰相,加左仆射,兼东北路都统。十年,金兵陷上京,诏兼上京留守、东北路统军使。为政宽猛得宜,民之穷困者,辄加振恤,众咸爱之。

保大二年,金兵大至,乙薛军溃,左迁西南面招讨使。以部民流散,不赴。及天祚播迁,给侍从不阙,拜殿前都点检。凡金兵所过,诸营败卒复聚上京,遣乙薛为上京留守以安抚之。明年,卢彦伦以城叛,乙薛被执数月,以居官无过,得释。后为耶律大石所杀。

萧胡笃,字合术隐。其先撒葛只,太祖时愿隶宫分,遂为太和宫分人。曾祖敌鲁,明医。人有疾,观其形色即知病所在。统和中,宰相韩德让贵宠,敌鲁希旨,言德让宜赐国姓,籍横帐,由是世预太医选。子孙因之入官者众。

胡笃为人便佞,与物无忤。清宁初,补近侍。大安元年,为彰愍宫太师。寿隆二年,转永兴宫太师。天庆初,累迁至殿前副点检。五年,从天祚东征,为先锋都统,临事犹豫,凡队伍皆以围场名号之。进至剌离水,与金兵战,败,大军亦却。及讨耶律章奴,以籍私奴为军,迁知北院枢密使事,卒。

胡笃长于骑射,见天祚好游畋,每言从禽之乐,以逢其意。天祚悦而从之。国政隳废,自此始云。

论曰:甚矣,承平日久,上下狃于故常之可畏也!天庆之间,女直方炽,惟陶苏斡明于料敌,善于忠谏;惜乎天祚痼蔽,不见信用。阿息保不死阿疏之难,乙薛甘忍卢彦伦之执;大节已失矣,他有所长,亦奚足取。胡笃以游畋逢迎天祚而隳国政,可胜罪哉!

辽史卷一〇二
列传第三二

萧奉先　李处温　张琳
耶律余睹

　　萧奉先,天祚元妃之兄也。外宽内忌。因元妃为上眷倚,累官枢密使,封兰陵郡王。

　　天庆二年,上幸混同江钩鱼。故事,生女直酋长在千里内者皆朝行在。适头鱼宴,上使诸酋次第歌舞为乐,至阿骨打,但端立直视,辞以不能。再三旨谕,不从。上密谓奉先曰:“阿骨打跋扈若此!可托以边事诛之。”奉先曰:“彼粗人不知礼义,且无大过,杀之伤向化心。设有异志,蕞尔小国,亦何能为!”上乃止。

　　四年,阿骨打起兵犯宁江州,东北路统军使萧挞不也战失利。上命奉先弟嗣先为都统,将番、汉兵往讨,屯出河店。女上乃潜渡混同江,乘我师未备击之。嗣先败绩,军将往往遁去。奉先惧弟被诛,乃奏“东征溃军逃罪,所至劫掠,若不肆赦,将啸聚为患。”从之。嗣先诣阙待罪,止免官而已。由是士无斗志,遇敌辄溃,郡县所失日多。

　　初,奉先诬耶律余睹结驸马萧昱谋立其甥晋王,事觉,杀昱。余睹在军中闻之惧,奔女直。保大二年,余睹为女直监军,引兵奄至,上忧甚。奉先曰:“余睹乃王子班之苗裔,此来实无亡辽心,欲立晋王耳。若以社稷计,不惜一子,诛之,可不战而退。”遂赐晋王死。中外莫不流涕,人心益解体。

当女直之兵未至也，奉先逢迎天祚，言："女直虽能攻我上京，终不能远离巢穴。而一旦越三千里，直捣云中，计无所出，惟请播迁夹山。"天祚方悟，顾谓奉先曰："汝父子误我至此，杀之何益！汝去，毋从我行。恐军心忿怒，祸必及我。"奉先父子恸哭而去，为左右执送女直兵。女直兵斩其长子昂，送奉先及次子昱于其国主。道遇我兵，夺归，天祚并赐死。

李处温，析津人。伯父俨，大康初为将作少监，累官参知政事，封漆水郡王，雅兴北枢密使萧奉先友旧。执政十余年，善逢迎取媚，天祚又宠任之。俨卒，奉先荐处温为相，处温因奉先有援己力，倾心阿附，以固权位，而贪污尤甚，凡所接引，类多小人。

保大初，金人陷中京，诸将莫能支。天祚惧，奔夹山，兵势日迫。处温与族弟处能、子奭，外假怨军声援，结都统萧干谋立魏国王淳，召番、汉官属诣魏王府劝进。魏国王将出，奭乃持赭袍衣之，令百官拜舞称贺。魏王固辞不得，遂称天锡皇帝。以处温守太尉，处能直枢密院，奭为少府少监，左企弓以下及亲旧与其事者，赐官有差。

会魏国王病，自知不起，密授处温番汉马步军都元帅，意将属以后事。及病亟，萧干等矫诏南面宰执入议，独处温称疾不至，阴聚勇士为备，绐云奉密旨防他变。魏国王卒，萧干拥契丹兵，宣言当立王妃萧氏为太后，权主军国事，众无敢异者。干以后命召处温至，时方多难，未欲即诛，但追毁元帅札子。处能惧及祸，落发为僧。

寻有求清人傅遵说随郭药师入燕，被擒，具言处温曾遗易州富民赵履仁书达宋将童贯，欲挟萧后纳土归宋。后执处温问之，处温曰："臣父子于宣宗有定策功，宜世蒙宥容，可使因谗获罪？"后曰："向使魏国公如周公，则终享亲贤之名于后世。误王者皆汝父子，何功之有。"并数其前罪恶。处温无以对，乃赐死，奭亦伏诛。

张琳，沈州人。幼有大志。寿隆末，为秘书中允。天祚即位，累迁户部使。顷之，擢南府宰相。

初，天祚之败于女直也，意谓萧奉先不知兵，乃召琳付以东征事。琳以旧制，凡军国大计，汉人不与，辞之。上不允，琳奏曰："前日之败，失于轻举。若用汉兵二十万分道进讨，无不克者。"上许其半，仍诏中京、上京、长春、辽西四路计户产出军。时有起至二百军者，生业荡散，民甚苦之。四路军甫集，寻复遁去。

及中京陷，天祚幸云中，留琳与李处温佐魏国王淳守南京。处温父子召琳，欲立淳为帝，琳曰："王虽帝胄，初无上命；摄政则可，即真则不可。"处温曰："今日之事，天人所与，岂可易也！"琳虽有难色，亦勉从之。

淳既称帝，诸将咸居权要，琳独守太师，十日一朝，平章军国大事。阳以元老尊之，实则不使与政。琳由是郁悒而卒。

耶律余睹，一名余都姑，国族之近者也。慷慨尚气义。保大初，历官副都统。

睹妻天祚文妃之妹。文妃生晋王，最贤，国人皆属望。时萧奉先之妹亦为天祚元妃，生秦王。奉先恐秦王不得立，深忌余睹，将潜图之。适耶律挞葛里之妻会余睹之妻于军中，奉先讽人诬余睹结驸马萧昱、挞葛里，谋立晋王，尊天祚为太上皇。事觉，杀昱及挞葛里妻，赐文妃死。余睹在军中闻之，惧不能自明被诛，即引兵千余，并骨肉军帐叛归女直。会大霖雨，道途留阻。天祚遣知奚王府萧遐买、北宰相萧德恭、大常衮耶律谛里姑、归州观察使萧和尚奴、四军太师萧干追捕甚急。至闾山，及之。诸将议曰："萧奉先时宠，蔑害官兵。余睹乃宗室雄才，素不肯为其下。若擒之，则他日吾辈皆余睹矣。不如纵之。"还，绐云追袭不及。

余睹既入女直，为其国前锋，引娄室字革兵攻陷州郡，不测而至。天祚闻之大惊，知不能敌，率卫兵入夹山。

余睹在女直为监军，久不调，意不自安，乃假游猎遁西夏。夏人问："汝来有兵几何？"余睹以二三百对，夏人不纳，卒。

论曰：辽之亡也，虽孽降自天，亦柄国之臣有以误之也。当天庆而后，政归后族。奉先沮天祚防微之计，陷晋王非罪之诛，夹山之祸已见于此矣。处温逼魏王以僭号，结宋将以卖国，迹其奸佞，如出一轨。呜呼！天祚之所倚毗者若此，国欲不亡，得乎？张琳娙娙守位，余睹反覆自困，则又何足议哉！

辽史卷一○三
列传第三三

文学上

萧韩家奴　　李澣

辽起松漠，太祖以兵经略方内，礼文之事固所未遑。及太宗入汴，取晋图书、礼器而北，然后制度渐以修举。至景、圣间，则科目聿兴，士有由下僚擢升侍从，骎骎崇儒之美。但其风气刚劲，三面邻敌，岁时以蒐狝为务，而典章文物视古犹阙。然二百年之业，非数君子为之综理，则后世恶所考述哉。作《文学传》。

萧韩家奴，字休坚，涅剌部人，中书令安搏之孙。少好学，弱冠入南山读书，博览经史，通辽、汉文字。统和十四年始仕。家有一牛，不任驱策，其奴得善价鬻之。韩家奴曰："利己误人，非吾所欲。"乃归直取牛。二十八年，为右通进，典南京栗园。

重熙初，同知三司使事。四年，迁天成军节度使，徙彰愍宫使。帝与语，才之，命为诗友。曾从容问曰："卿居外有异闻乎？"韩家奴对曰："臣惟知炒栗：小者熟，则大者必生；大者熟，则小者必焦。使大小均熟，始为尽美。不知其他。"盖曾掌栗图，故托栗以讽谏。帝大笑。诏作《四时逸乐赋》，帝称善。

时诏天下言治道之要，制问："徭役不加于旧，征伐亦不常有，年谷既登，帑廪既实，而民重困，岂为吏者慢、为民者惰欤？今之徭役何者最重？何者尤苦？何所蠲省则为便益？补役之法何可以复？盗贼之害何可以止？"韩家奴对曰：

臣伏见比年以来，高丽未实，阻卜犹强，战守之备，诚不容已。乃者，选富民防边，自备粮糗。道路修阻，动淹岁月；比至屯所，费已过半；只牛单毂，鲜有还者。其无丁之家，倍直佣僦，人惮其劳，半途亡窜，故戍卒之食多不能给。求假于人，则十倍其息，至有鬻子割田，不能偿者。或逾役不归，在军物故，则复补以少壮。其鸭渌江之东，戍役大率如此。况渤海、女直、高丽合从连衡，不时征讨。富者从军，贫者侦候。加之水旱，菽粟不登，民以日困。盖势使之然也。

方今最重之役，无过西戍。如无西戍，虽遇凶年，困弊不至于此。若能徙西戍稍近，则往来不劳，民无深患。议者谓徙之非便：一则损威名，二则召侵侮，三则弃耕牧之地。臣谓不然。阻卜诸部，自来有之。曩时北至胪朐河，南至边境，人多散居，无所统壹，惟往来抄掠。及太祖西征，至于流沙，阻卜望风悉降，西域诸国皆愿入贡。因迁种落内置三部，以益吾国，不营城邑，不置戍兵，阻卜累世不敢为寇。统和间，皇太妃出师西域，拓土既远，降附亦众。自后一部或叛，邻部讨之，使同力相制，正得驭远人之道。及城可敦，开境数千里，西北之民，徭役日增，生业日殚。警急既不能救，叛眼亦复不恒。空有广地之名，而无得地之实。若贪土不已，渐至虚耗，其患有不胜言者。况边情不可深信，亦不可顿绝。得不为益，舍不为损。国家大敌，惟在南方。今虽连和，难保他日。若南方有变，屯戍辽邈，卒难赴援。我进则敌退，我还则敌来，不可不虑也。

方今太平已久，正可恩结诸部，释罪而归地，内徙戍兵以增堡障，外明约束以正疆界。每部各置酋长，岁修职贡。叛则讨之，服则抚之。诸部既安，必不生衅。如是，则臣虽不能保其久而无变，知其必不深入侵掠也。或云，弃地则损威。殊不知殚费竭财，以贪无用之地，使彼小部抗衡大国，万一有败，损威岂浅？或又云，沃壤不可遽弃。臣以为土虽沃，民不能久居，一旦敌来，则不免内徙，岂可指为吾土而惜之？

夫帑廪虽随部而有，此特周急部民一篇之惠，不能均济天下。如欲均济天下，则当知民困之由，而窒其隙。节盘游，简驿传，薄赋敛，戒奢侈。期以数年，则困者可苏，贫者可富矣。盖民者国之本，兵者国之卫。兵不调则旷军役，调之则损国本。且诸部比有补役之法。昔补役始行，居者、行者类皆富实，故累世从戍，易为更代。近岁边虞数起，民多匮乏，既不任役事，随补随缺。苟无上户，则中户当之。旷日弥年，其穷益甚，所以取代为艰也。非惟补役如此，在边戍兵亦然。譬如一抔之土，岂能填寻丈之壑！欲为长久之便，莫若使远戍疲兵还于故乡，薄其徭役，使人人给足，则补役之道可以复故也。

臣又闻，自昔有国家者，不能无盗。比年以来，群黎凋弊，利于剽窜，良民往往化为凶暴。甚者杀人无忌，至有亡命山泽，基乱首祸。所谓民以困穷，皆为盗贼者，诚如圣虑。今欲芟夷本根，愿陛下轻徭省役，使民务农。衣食既足，安习教化，而重犯法，则民趋礼义，刑罚罕用矣。臣闻唐太宗问群臣治盗之方，皆曰："严刑峻法。"太宗笑曰："寇盗所以滋者，由赋敛无度，民不聊生。今朕内省嗜欲，外罢游幸，使海内安静，则寇盗自止。"由此观之，寇盗多寡，皆由衣食丰俭，徭役重轻耳。

今宜徙可敦城于近地，与西南副都部署乌古敌烈、隗乌古等部声援相接。罢黑岭二军，并开、保州，皆隶东京；益东北戍军及南京总管兵。增修壁垒，候尉相望，缮完楼橹，浚治城隍，以为边防。此方今之急务也，愿陛下裁之。

擢翰林都林牙，兼修国史。仍诏谕之曰："文章之职，国之光华，非才不用。以卿文学，为时大儒，是用授卿以翰林之职。朕之起居，悉以实录。"自是日见亲信，每入侍，赐坐。遇胜日，帝与饮酒赋诗，以相酬酢，君臣相得无比。韩家奴知无不言，虽谐谑不忘规讽。

十三年春，上疏曰："臣闻先世遥辇可汗洼之后，国祚中绝；自夷离堇雅里立阻午，大位始定。然上世俗朴，未有尊称。臣以为三皇礼文未备，正与遥辇氏同。后世之君以礼乐治天下，而崇本追远之义兴焉。近者唐高祖创立先庙，尊四世为帝。昔我太祖代遥辇即位，乃制文字，修礼法，建天皇帝名号，制宫室以示威服，兴利除害，混一海内。厥后累圣相承，自夷离堇湖烈以下，大号未加，天皇帝之考夷离堇的鲁犹以名呼。臣以为宜依唐典，追崇四祖为皇帝，则陛下弘业有光，坠典复举矣。"疏奏，帝纳之，始行追册玄、德二祖之礼。

韩家奴每见帝猎，未曾不谏。会有司奏猎秋山，熊虎伤死数十人，韩家奴书于册。帝见，命去之。韩家奴既出，复书。他日，帝见之曰："史笔当如是。"帝问韩家奴："我国家创业以来，孰为贤主？"韩家奴以穆宗对。帝怪之曰："穆宗嗜酒，喜怒不常，视人犹草介，卿何谓贤？"韩家奴对曰："穆宗虽暴虐，省徭轻赋，人乐其生。终穆之世，无罪被戮，未有过今日秋山伤死者。臣故以穆宗为贤。"帝默然。

诏与耶律庶成录遥辇可汗至重熙以来事迹，集为二十卷，进之。十五年，复诏曰："古之治天下者，明礼义，正法度。我朝之兴，世有明德，虽中外向化，然礼书未作，无以示后世。卿可与庶成酌古准今，制为礼典。事或有疑，与北、南院同议。"韩家奴既被诏，博考经籍，自天子达于庶人，情文制度可行于世，不缪于古者，撰成三卷，进之。又诏译诸书，韩家奴欲帝知古今成败，译《通历》、《贞观政要》、《五代史》。

时帝以其老，不任朝谒，拜归德军节度使。以善治闻。帝遣使问劳，韩家奴表谢。召修国史，卒，年七十二。有《六义集》十二卷行于世。

李澣，初仕晋，为中书舍人。晋亡归辽，当太宗崩、世宗立，恟恟不定，澣与高勋等十余人羁留南京。久之，从归上京，授翰林学士。

穆宗即位，累迁工部侍郎。时澣兄涛在汴为翰林学士，密遣人召澣。澣得书，托求医南京，易服夜出，欲遁归汴。至涿，为徼巡者所得,送之南京,下吏。瀚伺狱吏熟寝,以衣带自经。不死,防之愈严。械赴上京,自投潢河中流,为铁索牵制,又不死。及抵上京,帝欲杀之。时高勋已为枢密使,救止之。屡言于上曰:"瀚本非负恩,以母年八十,急于省觐致罪。且瀚富于文学,方今少有伦比,若留掌词命,可以增光国体。"帝怒稍解,仍令禁锢于奉国寺,凡六年,艰苦万状。会上欲建《太宗功德碑》,高勋奏曰:"非李瀚无可秉笔者。"诏从之文成以进,上悦,释囚。寻加礼部尚书,宣政殿学士,卒。

论曰:统和、重熙之间,务修文治,而韩家奴对策,落落累数百言,概可施诸行事,亦辽之晁、贾哉。李瀚虽以词章见称,而其进退不足论矣。

辽史卷一〇四

列传第三四

文学下

王鼎　耶律昭　刘辉　耶律孟简
耶律谷欲

王鼎,字虚中,涿州人。幼好学,居太宁山数年,博通经史。时马唐俊有文名燕、蓟间,适上巳,与同志被禊水滨,酌酒赋诗。鼎偶造席,唐俊见鼎朴野,置下坐。欲以诗困之,先出所作索赋,鼎援笔立成。唐俊惊其敏妙,因与定交。

清宁五年,擢进士第。调易州观察判官,改涞水县令,累迁翰林学士。当代典章多出其手。上书言治道十事,帝以鼎达政体,事多咨访。鼎正直不阿,人有过,必面诋之。

寿隆初,升观书殿学士。一日宴主第,醉与客忤,怨上不知己,坐是下吏。状闻,上大怒,杖黥夺官,流镇州。居数岁,有赦,鼎独不免。会守臣召鼎为贺表,因以诗贻使者,有"谁知天雨露,独不到孤寒"之句。上闻而怜之,即召还,复其职。

乾统六年,鼎宰县时,憩于庭,俄有暴风举卧榻空中。鼎无惧色,但觉枕榻俱高,乃曰:"吾中朝端士,邪无干正,可徐置之。"须臾,榻复故处,风遂止。

耶律昭,字述宁,博学,善属文。

统和中,坐兄国留事,流西北部。会萧挞凛为西北路招讨使,爱之,奏免其役,礼致门下。欲召用,以疾辞。挞凛问曰:"今军旅甫罢,三边宴然,惟阻卜伺隙而动。讨之,则路远难至;纵之,则边民被掠;增戍兵,则馈饷不给;欲苟一时之安,不能终保无变。计将安出?"昭以书答曰:

窃闻治得其要,则仇敌为一家;失其术,则部曲为行路。夫西北诸部,每当农时,一夫为侦候,一夫治公田,二夫给糺官之役,大率四丁无一室处。刍牧之事,仰给妻孥。一遭寇掠,贫穷立至。春夏赈恤,吏多杂以糠粃,重以掊克,不过数月,又复告困。且畜牧者,富国之本。有司防其隐没,聚之一所,不得各就水草便地。兼以逋亡戍卒,随时补调,不习风土,故日瘠月损,驯至耗竭。

为今之计,莫若振穷薄赋,给以牛种,使遂耕获。置游兵以防盗掠,颁俘获以助伏腊,散畜牧以就便地。期以数年,富强可望。然后练简精兵,以备行伍,何守之不固,何动而不克哉?然必去其难制者,则余种自畏。若舍大而谋小,避强而攻弱,非徒虚费财力,亦不足以威服其心。此二者,利害之机,不可不察。

昭闻古之名将,安边立功,在德不在众。故谢玄以八千破苻坚百万,休哥以五队败曹彬十万。良由恩结士心,得其死力也。阁下膺非常之遇,专方面之寄,宜远师古人,以就勋业。上观乾象,下尽人谋;察地形之险易,料敌势之虚实。庶无遗策,利施后世矣。

挞凛然之。

开泰中,猎于拨里堵山,为羯羊所触,卒。

刘辉,好学善属文,疏简有远略。大康五年,第进士。

大安末,为太子洗马,上书言:"西边诸番为患,士卒远戍,中国之民疲于飞挽,非长久之策。为今之务,莫若城于盐泺,实以汉户,使耕田聚粮,以为西北之费。"言虽不行,识者韪之。

寿隆二年,复上书曰:"宋欧阳修编《五代史》,附我朝于四夷,妄加贬訾。且宋人赖我朝宽大,许通和好,得尽兄弟之礼。今反令臣下妄意作史,恬不经意。臣请以赵氏初起事迹详附国史。"上嘉其言,迁礼部郎中。诏以贤良对策,辉言多中时病。擢史馆修撰,卒。

耶律孟简,字复易,于越屋质之五世孙。父刘家奴,官至节度使。

孟简性颖悟。六岁,父晨出猎,俾赋《晓天星月诗》,孟简应声而成,父大奇之。既长,善属文。

大康初,枢密使耶律乙辛以奸险窃柄,出为中京留守,孟简与耶律庶箴表贺。未几,乙辛复旧职,衔之,谪巡磁窑关。时虽以谗见逐,不形辞色。遇林泉胜地,终日忘归。明年,流保州。及闻皇太子被害,不胜哀痛,以诗伤之,作《放怀诗》二十首。自序云:"禽兽有哀乐之声,蝼蚁有动静之形。在物犹然,况于人乎?然贤达哀乐,不在穷通、祸福之间。《易》曰:'乐天知命,故不忧。'是以颜渊箪瓢自得,此知命而乐者也。予虽流放,以道自安,又何疑耶?"

大康中,始得归乡里。诣阙上表曰:"本朝之兴,几二百年,宜有国史以垂后世。"乃编耶律曷鲁、屋质、休哥三人行事以进。上命置局编修。孟简谓余官曰:"史笔天下之大信,一言当否,百世从之。苟无明识,好恶徇情,则祸不测。故左氏、司马迁、班固、范晔俱罹殃祸,可不慎欤!"

乾统中,迁六院部太保。处事不拘文法,时多笑其迂。孟简闻之曰:"上古之时,无簿书法令,而天下治。盖簿书法令,适足以滋奸幸,非圣人致治之本。"改高州观察使,修学校,招生徒。迁昭德军节度使。以中京饥,诏与学士刘嗣昌减价粜粟。事未毕,卒。

耶律谷欲,字休坚,六院部人。父阿古只,官至节度使。

谷欲冲澹有礼法,工文章。统和中,为本部太保。开泰中,稍迁塌母城节度使。鞫霸州疑狱,称旨,授启圣军节度使。太平中,复为本部太保。谢病归，俄擢南院大王。欢风俗日颓，请老，不许。兴宗命为诗友，数问治要，多所匡建。奉诏与林牙耶律庶成、萧韩家奴编辽国上世事迹及诸帝《实录》，未成而卒，年九十。

论曰：孔子言："诵《诗》三百，授之以政，不达。虽多，亦奚以为？"王鼎忠直达政，刘辉侍青宫，建言国计，昭陈边防利害，皆洞达闳敏；孟简疾乙辛奸邪，黜而不怨。孰谓文学之士，无益于治哉。

辽史卷一○五
列传第三五

能 吏

大公鼎　萧文　马人望
耶律铎鲁斡　杨遵勖　王棠

　　汉以玺书赐二千石,唐疏刺史、县令于屏,以示奖率,故二史有《循吏》、《良吏》之传。辽自太祖创业,太宗抚有燕、蓟,任贤使能之道亦略备矣。然惟朝廷参置国官,吏州县者多遵唐制。历世既久,选举益严。时又分遣重臣巡行境内,察贤否而进退之。是以治民、理财、决狱、弭盗,各有其人。考其德政,虽未足以与诸循、良之列,抑亦可谓能吏矣。作《能吏传》。

　　大公鼎,渤海人,先世籍辽阳率宾县。统和间,徙辽东豪右以实中京,因家于大定。曾祖忠,礼宾使。父信,兴中主簿。
　　公鼎幼庄愿,长而好学。咸雍十年,登进士第,调沈州观察判官。时辽东雨水伤稼,北枢密院大发濒河丁壮以完堤防。有司承令峻急,公鼎独曰:“边障甫宁,大兴役事,非利国便农之道?”乃疏奏其事。朝廷从之,罢役,水亦不为灾。濒河千里,人莫不悦。改良乡令,省徭役,务农桑,建孔子庙学,部民服化。累迁兴国军节度副使。
　　时有隶鹰坊者,以罗毕为名,扰害田里。岁久,民不堪。公鼎言于上,即命禁戢。会公鼎造朝,大臣谕上嘉纳之意,公鼎曰:“一郡获安,诚为大幸;他郡如此者众,愿均其赐于天下。"从之。徙长春州钱帛都提点。车驾如春水,贵主例为假贷,公鼎曰:"岂可辍官用,徇人情?"拒之。颇闻怨詈语,曰:"此吾职,不敢废也。"俄拜大理卿,多所平反。

天祚即位,历长宁军节度使、南京副留守,改东京户部使。时盗杀留守萧保先,始利其财,因而倡乱。民亦互生猜忌,家自为斗。公鼎单骑行郡,陈以祸福,众者投兵而拜曰:"是不欺我,敢弗听命。"安辑如故。拜中京留守,赐贞亮功臣,乘传赴官。时盗贼充斥,有遇公鼎于路者,即叩马乞自新。公鼎给以符约,俾还业,闻者接踵而至。不旬日,境内清肃。天祚闻之,加赐保节功臣。时人心反侧,公鼎虑生变,请布恩惠以安之,为之肆赦。

公鼎累表乞归,不许。会奴贼张撒八率无赖啸聚,公鼎欲击而势有不能。叹曰:"吾欲谢事久矣。为世故所牵,不幸至此,岂命也夫!"因忧愤成疾。保大元年卒,年七十九。

子昌龄,左承制;昌嗣,洺州刺史;昌朝,镇宁军节度。

萧文,字国华,外戚之贤者也。父直善,安州防御使。

文笃志力学,喜愠不形。大康初,掌秦越国王中丞司事,以才干称。寻知北面贴黄。王邦彦子争荫,数岁不能定,有司以闻。上命文诘之,立决。车驾将还宫,承诏阅习仪卫,虽执事林林,指顾如一。迁同知奉国军节度使,历国舅都监。

寿隆末,知易州,兼西南面安抚使。高阳土沃民富,吏其邑者,每黩于货,民甚苦之。文始至,悉去旧弊,务农桑,崇礼教,民皆化之。时大旱,百姓忧甚,文祷之辄雨。属县又蝗,议捕除之,文曰:"蝗,天灾,捕之何益!"但反躬自责,蝗尽飞去;遗者亦不食苗,散在草莽,为鸟鹊所食。会淫雨不止,文复随祷而霁。是岁,大熟。朝廷以文可大用,迁唐古部节度使,高阳勒石颂之。后不知所终。

马人望,字俨叔,高祖胤卿,为石晋青州刺史,太宗兵至,坚守不降。城破被执，太祖义而释之，徙其族于医巫闾山，因家焉。曾祖廷煦，南京留守。祖渊，中京副留守。父诠，中京文思使。

人望颖悟。幼孤，长以才学称。咸雍中，第进士，为松山县令。岁运泽州官炭，独役松山，人望请于中京留守萧吐浑均役他邑。吐浑怒，下吏，系几百日。复引诘之，人望不屈。萧喜曰："君为民如此，后必大用。"以事闻于朝，悉从所请。

徙知涿州新城县。县与宋接境，驿道所从出。人望治不扰，吏民畏爱。近臣有聘宋还者，帝问以外事，多荐之，擢中京度支司盐铁判官。转南京三司度支判官，公私兼裕。迁警巡使。京城狱讼填委，人望处决，无一冤者。会检括户口，未两旬而毕。同知留守萧保先怪而问之，人望曰："民产若括之无遗，他日必长厚敛之弊，大率十得六七足矣。"保先谢曰："公虑远，吾不及也。"

先是，枢密使乙辛窃弄威柄，卒害太子。及天祚嗣位，将报父仇，选人望与萧报恩究其事。人望平心以处，所活甚众。改上京副留守。会剧贼赵钟哥犯阙，劫宫女、御物，人望率众捕之。右臂中矢，炷以艾，力疾驰逐，贼弃所掠而遁。人望令关津讥察行旅，悉获其盗。寻擢枢密都承旨。

宰相耶律俨恶人望与己异，迁南京诸宫提辖制置。岁中，为保静军节度使。有二吏凶暴，民畏如虎。人望假以辞色，阴令发其事，黥配之。是岁诸处饥乏，惟人望所治粒食不阙，路不鸣桴。遥授彰义军节度使。迁中京度支使，始至，府廪皆空；视事半岁，积粟十五万斛，钱二十万斛。徙左散骑常侍，累迁枢密直学士。

未几，拜参知政事，判南京三司使事。时钱粟出纳之弊，惟燕为甚。人望以缣帛为通历，凡库物出入，皆使别籍，名曰"临库"。奸人黠吏莫得轩轾，乃以年老扬言道路。朝论不察，改南院宣徽使，以示优老。逾年，天祚手书"宣马宣徽"四字诏之。既至，谕曰："以卿为老，误听也。"遂拜南院枢密使。人不敢干以私，用人必公议所当与者。如曹勇义、虞仲文曾为奸人所挤，人 望推荐，皆为名臣。当时民所甚患者，驿递、马牛、旗鼓、乡正、厅隶、仓司之役，至破产不能给。

人望使民出钱,官自募役,时以为便。久之请老,以守司徒、兼侍中致仕。卒,谥曰文献。

人望有操守,喜怒不形,未曾附丽求进。初除执政,家人贺之。人望愀然曰:"得勿喜,失勿忧。抗之甚高,挤之必酷。"其畏慎如此。

耶律铎鲁斡,字乙辛稳,季父房之后。廉约重义。

重熙末,给事诰院。咸雍中,累迁同知南京留守事。被召,以部民恳留,乃赐诏褒奖。大康初,改西南面招讨使,为北面林牙,迁左夷离毕。大安五年,拜南府宰相。寿隆初,致仕,卒。

铎鲁斡所至有声,吏民畏爱。及退居乡里,子普古为乌古部节度使,遣人来迎。既至,见积委甚富。谓普古曰:"辞亲入仕,当以裕国安民为事。枉道欺君,以苟货利,非吾志也。"命驾而归。普古后为盗所杀。

杨遵勖,字益诚,涿州范阳人。重熙十九年登进士第,调儒州军判官,累迁枢密院副承旨。

咸雍三年,为宋国贺正使;还,迁都承旨。天下之事,业于枢府,簿书填委。遵勖一目五行俱下,剖决如流,敷奏详敏。上嘉之。奉诏徵户部逋钱,得四十余万缗,拜枢密直学士,改枢密副使。大康初,参知政事,徙知枢密院事,兼门下侍郎、平章事,拜南府宰相。耶律乙辛诬皇太子,诏遵勖与燕哥按其事,遵勖不敢正言,时议短之。寻拜北府宰相。大安中暴卒,年五十六。赠守司空,谥康懿。

子晦,终昭文馆直学士。

王棠,涿州新城人。博古,善属文。重熙十五年擢进士。乡贡、礼部、廷试对皆第一。累迁上京盐铁使。或诬以贿,无状,释之。迁东京户部使。大康二年,辽东饥,民多死,请赈恤,从之。三年,入为枢密副使,拜南府宰相。大安末,卒。

棠练达朝政,临事不怠,在政府修明法度,有声。

　　论曰：孟子谓"民为贵，社稷次之"，司牧者当如何以尽心。公鼎奏罢完堤役以息民，拒公主假贷以守法，单骑行郡，化盗为良，庶几召、杜之美。文知易州，雨旸应祷，蝗不为灾。人望为民不避囚系，判度支，公私兼裕，亦卓乎未易及已。铎鲁斡吏畏民爱，杨遵勖决事如流，真能吏哉。

辽史卷一〇六
列传第三六

卓　行

萧札剌　耶律官奴　萧蒲离不

辽之共国任事,耶律、萧二族而已。二族之中,有退然自足,不淫于富贵,不诎于声利,可以振颓风,激薄俗,亦足嘉尚者,得三人焉。作《卓行传》。

萧札剌,字虚辇,北府宰相排押之第。性介特,不事生业。
保宁间,以戚属进,累迁官远军节度使。秩满里居,澹泊自适。统和末,召为南京马步军都指挥使。以疾求退,不听,迁夷离毕。又以疾辞,许之。遂入颉山,杜门不出。上嘉其志,不复徵,札剌自是家于颉山。亲友或过之,终日言不及世务。凡宴游相邀,亦不拒。一岁山居过半,与世俗不偶。耶律资忠重之,目曰颉山老人。卒。

耶律官奴,字奚隐,林牙斡鲁之孙。沉厚多学,详于本朝世系。嗜酒好佚。
初,徵为宿直将军。重熙九年,以疾去官。上以官奴属尊,欲成其志,乃许自择一路节度使。官奴辞曰:“臣愚钝,不任官使。”加归义军节度使,辄请致政。
官奴与欧里部人萧哇友善,哇谓官奴曰:“仕不能致主泽民,成大功烈,何屑屑为也!吾与若居林下,以枕簟自随,觞咏自乐,虽不官,无慊焉。"官奴然之。时称"二逸"。乾统间,官奴卒。

萧蒲离不,字楼懒,魏国王惠之四世孙。父母蚤丧,鞠于祖父兀古匮。性孝悌。年十三,兀古匮卒,自以早失怙恃,复遭祖丧,哀毁逾礼,族里嘉叹。曾谓人曰:"我于亲不得终养,今谁为训者?苟不自勉,何以报鞠育恩!"自是力学,于文艺无不精。

乾统间,以兀古匮之故召之,不应。常与亲识游猎山水,奉养无长物仆隶,欣欣如也。或曰:"公胡不念以嗣先世功名?"答曰:"自度不足以继先业,年逾强仕,安能益主庇民!"累徵,皆以疾辞。晚年,谢绝人事,卜居抹古山,屏远荤茹,潜心佛书,延有道者谈论弥日。人问所得何如,但曰:"有深乐!惟觉六凿不相攘,余无知者。"一日,易服,无疾而逝。

论曰:隐,固未易为也,而亦未可轻以与人。若札刺谢职不谈时务,官奴两辞节镇,蒲离不召而不赴,虽未足谓之隐;然在当时能知内外之分,甘于肥遁,不犹愈于求富贵利达而为妻妾羞者哉?故称卓行可也。

辽史卷一〇七
列传第三七

列　女

邢简妻陈氏　　耶律氏常哥
耶律奴妻萧氏　　耶律术者妻萧氏
耶律中妻萧氏

　　男女居室，人之大伦。与其得烈女，不若得贤女。天下而有烈女之名，非幸也。《诗》赞卫共姜，《春秋》褒宋伯姬，盖不得已，所以重人伦之变也。辽据北方，风化视中土为疏。终辽之世，得贤女二，烈女三，以见人心之天理，有不与世道存亡者。

　　邢简妻陈氏，营州人。父陉，五代时累官司徒。
　　陈氏甫笄，涉通经义，凡览诗赋，辄能诵，尤好吟咏，时以女秀才名之。年二十，归于简。孝舅姑，闺门和睦，亲党推重。有六子，陈氏亲教以经。后二子抱朴、抱质皆以贤，位宰相。统和十二年卒。睿智皇后闻之，嗟悼，赠鲁国夫人，刻石以表其行。及迁祔，遣使以祭。论者谓贞静柔顺，妇道母仪始终无慊云。

　　耶律氏，太师适鲁之妹，小字常哥。幼爽秀，有成人风。及长，操行修洁，自誓不嫁。能诗文，不苟作。读《通历》，见前人得失，历能品藻。

咸雍间，作文以述时政。其略曰："君以民为体，民以君为心。人主当任忠贤，人臣当去比周；则政化平，阴阳顺。欲怀远，则崇恩尚德；欲强国，则轻徭薄赋。四端五典为治教之本，六府三事定生民之命。淫侈可以为戒，勤俭可以为师。错枉则人不敢诈，显忠则人不敢欺。勿泥空门，崇饰土木；勿事边鄙，妄费金帛。满当思溢，安必虑危。刑罚当罪，则民劝善。不宝远物，则贤者至。建万世磐石之业，制诸部强横之心。欲率下，则先正身；欲治远，则始朝廷。"上称善。

时枢密使耶律乙辛爱其才，屡求诗，常哥遗以回文。乙辛知其讽己，衔之。大康三年，皇太子坐事，乙辛诬以罪，按无迹，获免。会兄适鲁谪镇州，常哥与俱，常布衣疏食。人问曰："何自苦如此？"对曰："皇储无罪遭废，我辈岂可美食安寝。"及太子被害，不胜哀痛。年七十，卒于家。

耶律奴妻萧氏，小字意辛，国舅驸马都尉陶苏斡之女。母胡独公主。

意辛美姿容，年二十始适奴。事亲睦族，以孝谨闻。尝与娣姒会，争言厌魅以取夫宠。意辛曰："厌魅不若礼法。"众问其故，意辛曰："修己以洁，奉长以敬，事夫以柔，抚下以宽，毋使君子见其轻易，此之为礼法，自然取重于夫。以厌魅获宠，独不愧于心乎！"闻者大惭。

初，奴与枢密使乙辛有隙。及皇太子废，被诬夺爵，没入兴圣宫，流乌古部。上以意辛公主之女，欲使绝婚。意辛辞曰："陛下以妾葭莩之亲，使免流窜，实天地之恩。然夫妇之义，生死以之。妾笄年从奴，一旦临难，顿尔乖离，背纲常之道，于禽兽何异？幸陛下哀怜，与奴俱行，妾即死无恨！"帝感其言，从之。意辛久在贬所，亲执役事，虽劳无难色。事夫礼敬，有加于旧。寿隆中，上书乞子孙为著帐郎君。帝喜其节，召举家还。

子国隐,乾统间始仕。保大中,意辛在临潢,谓诸子曰:"吾度卢彦伦必叛,汝辈速避,我当死之。"贼至,遇害。

耶律术者妻萧氏,小字讹里本,国舅孛董之女。性端谷,有容色,自幼与他女异。年十八,归术者。谨裕贞婉,娣姒推尊之。及居术者丧,极哀毁。既葬,谓所亲曰:"夫妇之道,如阴阳表裏。无阳则阴不能立,无表则裏无所附。妾今不幸失所天,且生必有死,理之自然。术者早岁登朝,有才不寿。天祸妾身,罹此酷罚,复何依恃。傥死者可见,则从;不可见,则当与俱。"侍婢慰勉,竟无回意,自刃而卒。

耶律中妻萧氏,小字樱兰,韩国王惠之四世孙。聪慧谨愿。年二十归于中,事夫敬顺,亲戚咸誉其德。中常谓曰:"汝可粗知书,以前贞淑为鉴。"遂发心诵习,多涉古今。

天庆中,为贼所执,潜置刃于履,誓曰:"人欲污我者,即死之。"至夜,贼遁而免。久之,帝召中为五院都监,中谓妻曰:"吾本无宦情,今不能免。我当以死报国,汝能从我乎?"樱兰对曰:"谨奉教。"及金兵徇地岭西,尽徙其民,中守节死。樱兰悲戚不形于外,人怪之。俄跃马突出,至中死所自杀。

论曰:陈氏以经教二子,并为贤相,耶律氏自洁不嫁,居闺阃之内而不忘忠其君,非贤而能之乎。三萧氏之节,虽烈丈夫有不能者矣。

辽史卷一〇八
列传第三八

方　技

直鲁古　王白　魏璘　耶律敌鲁　耶律乙不哥

孔子称"小道必有可观",医卜是已。医以济夭札,卜以决犹豫,皆有补于国,有惠于民。前史录而不遗,故传。

直鲁古,吐谷浑人。初,太祖破吐谷浑,一骑士弃橐,反射不中而去。及追兵开橐视之,中得一婴儿,即直鲁古也。因所俘者问其故,乃知射橐者,婴之父也。世善医,虽马上视疾,亦知标本。意不欲子为人所得,欲杀之耳。由是进于太祖,淳钦皇后收养之。长亦能医,专事针灸。

太宗时,以太医给侍。尝撰《脉诀》、《针灸书》,行于世。年九十卒。

王白,冀州人,明天文,善卜筮,晋司天少监。太宗入汴得之。

应历十九年,王子只没以事下狱,其母求卜,白曰:"此人当王,未能杀也,毋过忧!"景宗即位,释其罪,封宁王,竟如其言。凡决祸福多此类。保宁中,历彰武、兴国二军节度使。撰《百中歌》行于世。

魏璘，不知何郡人，以卜名世，太宗得于汴。

天禄元年，上命驰马较迟疾，以为胜负。问王白及璘孰胜，白奏曰：“赤者胜。”璘曰：“臣所见，骢马当胜。”既驰，竟如璘言。上异而问之，白曰：“今日火王，故知赤者胜。”璘曰：“不然，火虽王，而上有烟。以烟察之，青者必胜。”上嘉之。五年，察割谋逆，私卜于璘。璘始卜，谓曰：“大王之数，得一日矣，宜慎之！”及乱，果败。应历中，周兵犯燕，上以胜败问璘。璘曰：“周姓柴也，燕分火也。柴入火，必焚。”其言果验。

璘尝为太平王罨撒葛卜僭立事，上闻之，免死，流乌古部。一日，节度使召璘，适有献双鲤者，戏曰：“君卜此鱼何时得食？”璘良久答曰：“公与仆不出今日，有不测祸，奚暇食鱼？”亟命烹之。未及食，寇至，俱遇害。

耶律敌鲁，字撒不椀。其先本五院之族，始置宫分，隶焉。

敌鲁精于医，察形色即知病原。虽不诊候，有十全功。统和初，为大丞相韩德让所荐，官至节度使。

初，枢密使耶律斜轸妻有沉疴，易数医不能治。敌鲁视之曰：“心有畜热，非药石所及，当以意疗。因其聪，聒之使狂，用泄其毒则可。”于是令大击钲鼓于前。翌日，果狂，叫呼怒骂，力极而止，遂愈。治法多此类，人莫能测。年八十卒。

耶律乙不哥，字习撚，六院郎君壳古直之后。幼好学，尤长于卜筮，不乐仕进。曾为人择葬地曰：“后三日，有牛乘人逐牛过者，既启土。”至期，果一人负乳犊，引牸牛而过。其人曰：“所谓‘牛乘人’者，此也。”遂启土。既葬，吉凶尽如其言。又为失鹰者占曰：“鹰在汝家东北三十里泺西榆上。”往求之，果得。当时占候无不验。

论曰：方技，术者也。苟精其业而不畔于道，君子必取焉。直鲁古、王白、耶律敌鲁无大得失，录之宜矣。魏璘为察割卜谋逆，为罨撤葛卜僭立,罪在不贳;虽有寸长,亦奚足取哉。存而弗削,为来者戒。

辽史卷一○九
列传第三九

伶　宦

罗衣轻　王继恩　赵安仁

伶，官之微者也。《五代史》列镜新磨于《传》，是必有所取矣。辽之伶官当时固多，然能因诙谐示谏，以消未形之乱，惟罗衣轻耳。孔子曰："君子不以人废言。"是宜传。

罗衣轻，不知其乡里。滑稽通变，一时谐谑，多所规讽。

兴宗败于李元昊也，单骑突出，几不得脱。先是，元昊获辽人，辄劓其鼻，有奔北者，惟恐追及。故罗衣轻止之曰："且观鼻在否？"上怒，以毳索击帐后，将杀之。太子笑曰："打诨底不是黄幡绰！"罗衣轻应声曰："行兵底亦不是唐太宗！"上闻而释之。

上尝与太弟重元狎昵，宴酣，许以千秋万岁后传位。重元喜甚，骄纵不法。又因双陆，赌以居民城邑。帝屡不竞，前后已偿数城。重元既恃梁孝王之宠，又多郑叔段之过，朝臣无敢言者，道路以目。一日复博，罗衣轻指其局曰："双陆休痴，和你都输去也！"帝始悟，不复戏。清宁间，以疾卒。

《周礼》，寺人掌中门之禁。至巷伯诗列于《雅》，勃貂功著于晋，虽忠于所事，而非其职矣。汉、唐中世，窃权蠹政，有不忍言者，是皆宠遇之过。辽宦者二人,其贤不肖皆可为后世鉴,故传焉。

　　王继恩,棣州人。睿智皇后南征,继恩被俘。初,皇后以公私所获十岁已下儿容貌可观者近百人,载赴凉陉,并使阉为竖,继恩在焉。聪慧,通书及辽语。擢内谒者、内侍左厢押班。圣宗亲政,累迁尚衣库使、左承宣、监门卫大将军、灵州观察使、内库都提点。

　　继恩好清谈,不喜权利,每得赐赍,市书至万卷,载以自随,诵读不倦。每宋使来聘,继恩多充宣赐使。后不知所终。

　　赵安仁,字小喜,深州乐寿人,自幼被俘。

　　统和中,为黄门令、秦晋国王府祗候。王薨,授内侍省押班、御院通进。开泰八年,与李胜哥谋奔南土,为游兵所擒。

　　初,仁皇后与钦哀有隙,钦哀密令安仁伺皇后动静,无不知者。仁德皇后威权既重,安仁惧祸,复谋亡归。仁德欲诛之,钦哀以言营救。圣宗曰:"小喜言父母兄弟俱在南朝,每一念,神魂陨越。今为思亲,冒死而亡,亦孝子用心,实可怜悯。"赦之。

　　重熙初,钦哀摄政,欲废帝,立少子重元。帝与安仁谋迁太后庆州守陵,授安仁左承宣、监门卫大将军,充契丹汉人渤海内侍都知,兼都提点。会上思太后,亲驭奉迎,太后责曰:"汝负万死,我曾营救。不望汝报,何为离间我母子耶!"安仁无答。后不知所终。

　　论曰:名器所以砺天下,非贤而有功则不可授,况宦者乎。继恩为内谒者,安仁为黄门令,似矣;何至溺于私爱,而授以观察使、大将军耶?《易》曰:"负且乘,致寇至。"此安仁所以不克有终,继恩幸而免欤?

辽史卷一一〇
列传第四〇

奸臣上

耶律乙辛　　张孝杰　　耶律燕哥
萧十三

《春秋》褒贬，善恶并书，示劝惩也。故迁、固传佞幸、酷吏，欧阳
修则并奸臣录之，将俾为君者知所鉴，为臣者知所戒。此天地圣贤
之心，国家安危之机，治乱之原也。辽自耶律乙辛而下，奸臣十人，
其败国皆足以为戒，故列于《传》。

耶律乙辛，字胡睹衮，五院部人。父迭剌，家贫，服用不给，部人
号"穷迭剌"。

初，乙辛母方娠，夜梦手搏羖羊，拔其角尾。既寤占之，术者曰：
"此吉兆也。羊去角尾为王字，汝后有子当王。"及乙辛生，适在路，
无水以浴，回车破辙，忽见涌泉。迭敕自以得子，欲酒以庆，闻酒香，
于草棘间得二榼，因祭车焉。

乙辛幼慧黠。曾牧羊至日昃，迭剌视之，乙辛熟寝。迭剌触之
觉，乙辛怒曰："何遽惊我！适梦人手执日月以食我，我已食月，啗日
方半而觉，惜不尽食之。"迭剌自是不令牧羊。及长，美风仪，外和内
狡。重熙中，为文班吏，掌太保印，陪从入宫。皇后见乙辛详雅如素
宦，令补笔砚史；帝亦爱之，累迁护卫太保。

　　道宗即位，以乙辛先朝任使，赐汉人户四十，同知点检司事，常召决疑议，升北院同知，历枢密副使。清宁五年，为南院枢密使，改知北院，封赵王。

　　九年，耶律仁先为南院枢密使，时驸马都尉萧胡睹与重元党，恶仁先在朝，奏曰："仁先可任西北路招讨使。"帝将从之。乙辛奏曰："臣新参国政，未知治体。仁先乃先帝旧臣，不可遽离朝廷。"帝然之。重元乱平，拜北院枢密使，进王魏，赐匡时翊圣竭忠平乱功臣。咸雍五年，加守太师。诏四方有军旅，许以便宜从事，势震中外，门下馈赂不绝。凡阿顺者蒙荐擢，忠直者被斥窜。

　　大康元年，皇太子预朝政，法度修明。乙辛不得逞，谋以事诬皇后。后既死，乙辛不自安，又欲害太子。乘间入奏曰："帝与后如天地并位，中宫岂可旷？"盛称其党驸马都尉萧霞抹之妹美而贤。上信之，纳于宫，寻册为皇后。时护卫萧忽古知乙辛奸状，伏桥下，欲杀之。俄暴雨坏桥，谋不遂。林牙萧岩寿密奏曰："乙辛自皇太子预政，内怀疑惧，又与宰相张孝杰相附会，恐有异图，不可使居要地。"出为中京留守。乙辛泣谓人曰："乙辛无过，因谗见出。"其党萧霞抹辈以其言闻于上，上悔之。无何，出萧岩寿为顺义军节度使，诏近臣议召乙辛事。北面官属无敢言者，耶律撒剌曰："初以萧岩寿奏，出乙辛。若所言不当，宜坐以罪；若当，则不可复召。"累谏不从。乃复召为北院枢密使。

　　时皇太子以母后之故，忧见颜色。乙辛党欣跃相庆，谗谤沸腾，忠良之士斥逐殆尽。乙辛因萧十三之言，夜召萧得里特谋构太子，令护卫太保耶律查剌诬告耶律撒剌等同谋立皇太子。诏按无迹而罢。又令牌印郎君萧讹都斡诣上诬首："耶律查剌前告耶律撒剌等事皆实，臣亦与其谋。本欲杀乙辛等而立太子。臣等若不言，恐事白连坐。"诏使鞫劾，乙辛迫令具伏。上怒，命诛撒剌及速撒等。乙辛恐帝疑，引数人庭诘，各令荷重校，绳系其颈，不能出气，人人不堪其酷，惟求速死。反奏曰："别无异辞。"时方暑，尸不得瘗，以至地臭。乃囚皇太子于上京，监卫者皆其党。寻遣萧达鲁古、撒把害太子。乙辛党大喜,聚饮数日。上京留守萧达得以卒闻。上哀悼,欲召其妻,乙辛阴遣人杀之,以灭其口。

五年正月,上将出猎,乙辛奏留皇孙,上欲从之。同知点检萧兀纳谏曰:"陛下若从乙辛留皇孙,皇孙尚幼,左右无人,愿留臣保护,以防不测。"遂与皇孙俱行。由是上始疑乙辛,颇知其奸。会北幸,将次黑山之平淀,上适见扈从官属多随乙辛后,恶之。出乙辛知南院大王事。及例削一字王爵,改王混同,意稍自安。及赴阙入谢,帝即日遣还,改知兴中府事。七年冬,坐以禁物鬻入外国,下有司议,法当死。乙辛党耶律燕哥独奏当入八议,得减死论,击以铁骨朵,幽于来州。后谋奔宋及私藏兵甲事觉,缢杀之。乾统二年,发冢,戮其尸。

张孝杰,建州永霸县人。家贫,好学。重熙二十四年,擢进士第一。

清宁间,累迁枢密直学士。咸雍初,坐误奏事,出为惠州刺史。俄召复旧职,兼知户部司事。三年,参知政事,同知枢密院事,加工部侍郎。八年,封陈国公。上以孝杰勤干,数问以事,为北府宰相。汉人贵幸无比。

大康元年,赐国姓。明年秋猎,帝一日射鹿三十,燕从官。酒酣,命赋《云上于天诗》,诏孝杰坐御榻旁。上诵《黍离》诗:"知我者谓我心忧,不知我者谓我何求。"孝杰奏曰:"今天下太平,陛下何忧?当有四海,陛下何求?"帝大悦。三年,群臣侍燕,上曰:"先帝用仁先、化葛,以贤智也。朕有孝杰、乙辛,不在仁先、化葛下,诚为得人。"欢饮至夜乃罢。是年夏,乙辛潜皇太子,孝杰同力相济。及乙辛受诏按皇太子党人,诬害忠良,孝杰之谋居多。乙辛荐孝杰忠于社稷,帝谓孝杰可比狄仁杰,赐名仁杰,乃许放海东青鹘。六年,既出乙辛,上亦悟孝杰奸佞,寻出为武定军节度使。坐私贩广济湖盐及擅改诏旨,削爵,贬安肃州,数年乃归。大安中,死于乡。乾统初,剖棺戮尸,以族产分赐臣下。

孝杰久在相位，□货无厌，时与亲戚会饮，尝曰：“无百万两黄金，不足为宰相家。”初，孝杰及第，诣佛寺，忽迅风吹孝杰幞头，与浮图齐，坠地而碎。有老僧曰：“此人必骤贵，然亦不得其死。”竟如其言。

耶律燕哥，字善宁，季父房之后。四世祖铎稳，太祖异母弟。父曰豁里斯，官至太师。

燕哥狡佞而敏。清宁间，为左护卫太保。大康初，转北面林牙。初耶律乙辛自中京留守复为枢密使，以燕哥为耳目，凡闻见必以告。乙辛爱而荐之，帝亦以为贤，拜左夷离毕。及皇太子被诬，帝遣燕哥往讯之，太子谓燕哥曰：“帝惟我一子，今为储嗣，复何求，敢为此事！公与我为昆第行，当念无辜，达意于帝。”祷之甚恳。萧十三闻之，谓燕哥曰：“宜以太子言，易为伏状。”燕哥领之，尽如所教以奏。及太子被逐，乙辛杀害忠良，多燕哥之谋，为契丹行宫都部署。五年夏，拜南府宰相，迁惕隐。

大安三年，为西京留守，致仕。寿隆初，以疾卒。

萧十三，蔑古乃部人。父铎鲁斡，历官节度使。

十三辨黠，善揣摩人意。清宁间，以年劳迁护卫太保。大康初，耶律乙辛复入枢府，益横恣。时十三出入乙辛家，以朝臣不附者辄使出之，十三由宿卫迁殿前副都点检。

三年夏护卫萧忽古等谋杀乙辛，事觉下狱。十三谓乙辛曰：“今太子犹在，臣民属心。大王素无根柢之助，复有诬皇后之怨。若太子立，王置身何地？宜熟计之。”乙辛曰：“吾忧此久矣！”是夜，召萧得里特谋所以构太子事。十三计既行，寻迁殿前都点检，兼同知枢密院事。复令萧讹都斡等诬首耶律查剌前告耶律撒剌等事皆实，诏究其事，太子不服。别遣夷离毕耶律燕哥问太子，太子具陈所以见诬之状。十三闻之，谓燕哥曰：“如此奏，则大事去矣！当易其辞为伏款。”燕哥入，如十三言奏之。上大怒，废太子。太子将出，曰：“我何罪至是！”十三叱令登车，遣卫卒阖车门。是年，迁北院枢密副使，复陈阴害太子计，乙辛从之。

　　及乙辛出知南院大王事，亦出十三为保州统军使，卒。乾统间，剖棺戮尸。二子：的里得、念经，皆伏诛。

辽史卷一一一
列传第四一

奸臣下

萧余里也　耶律合鲁　萧得里特
萧讹都斡　萧达鲁古　耶律塔不也
萧图古辞

萧余里也，字讹都椀，国舅阿剌次子。便佞滑稽，善女工。重熙间，以外戚进。

清宁初，补祗候郎君，尚郑国公主，拜驸马都尉，累迁南面林牙。以父阿剌为萧革所谮，出余里也为奉先军节度使。十年冬，召为北面林牙。

咸雍中，会有告余里也与族人术哲谋害耶律乙辛，按无状，出为宁远军节度使。自后余里也揣乙辛意，倾心事之，荐为国舅详稳。大康初，封辽西郡王。时乙辛擅恣，凡不附己者出之，乃引余里也为北府宰相，兼知契丹行宫都部署事。及乙辛谋构皇太子，余里也多助成之，遂知北院枢密事，赐推诚协赞功臣。以女侄妻乙辛子绥也，怙势横肆，至有无君之语，朝野侧目。

帝出乙辛知南院大王事，坐与乙辛党，以天平军节度使归第。寻拜西北路招讨使。以母忧去官，卒。

耶律合鲁,字胡都堇,六院舍利衮古直之后。柔佞,喜苟合。仕清宁初。时乙辛引用群小,合鲁附之,遂见委任,俄擢南面林牙。乙辛谮皇太子,杀忠直,合鲁多预其谋。弟吾也亦党乙辛,时号"二贼"。乙辛荐为北院大王,卒。吾也亦至南院大王。

萧得里特,遥辇洼可汗宫分人。善阿意顺色。

清宁初,乙辛用事,甚见引用,累迁北面林牙、同知北院宣徽使事。及皇太子废,遣得里特监送上京。得里特促其行,不令下车,起居饮食数加陵侮,至则筑园堵囚之。大康中,迁西南招讨使,历顺义军节度使,转国舅详稳。寿隆五年,坐怨望,以老免死,阖门籍兴圣宫,贬西北统军司,卒。

二子:得末、讹里,乾统间以父与乙辛谋,伏诛。

萧讹都斡,国舅少父房之后。

咸雍中,补牌印郎君。大康三年,枢密使乙辛阴怀逆谋,乃令护卫太保耶律查剌诬告耶律撒剌等废立事。诏按无状,皆补外。顷之,讹都斡希乙辛意,欲实其事,与耶律塔不也等入阙,诬首:"耶律撒剌等谋害乙辛,欲立皇太子事,臣亦预谋。今不自言,恐事泄连坐。"帝果怒,徙皇太子于上京。

讹都斡尚皇女赵国公主,为驸马都尉。后与乙辛议不合,御之,复以车服僭拟人主,被诛。讹都斡临刑,语人曰:"前告耶律撒剌事,皆乙辛教我。恐事彰,杀我以灭口耳!"

萧达鲁古,遥辇嘲古可汗宫分人。性奸险。

清宁间,乙辛为枢密使,窃权用事,阴怀逆谋。达鲁古北附之,遂见奖拔,稍迁至旗鼓拽剌详稳。乙辛欲害太子,以达鲁占凶果可使,遣与近侍直长撒把诣上京,同留守萧挞得夜引力士至囚室,给以有赦,召太子出,杀之,函其首以归,诈云疾薨。以达鲁古为国舅详稳。达鲁古恐杀太子事白,出入常佩刀,有急召,即欲自杀。

乾统间，诏枢密使耶律阿思大索乙辛党人，达鲁古以赂获免。后以疾卒。

耶律塔不也，仲父房之后。以善击鞠，幸于上，凡驰聘，鞠不离杖。

咸雍初，补祗候郎君。与耶律乙辛善，故内外畏之。及太子被谮，按无迹，塔不也附乙辛，欲实其诬，与讹都斡等密奏："太子谋乱事本实，臣不首，恐事觉连坐。"帝信之，废太子。改延庆宫副使。寿隆元年，为行宫都部署。

天祚嗣位，以塔不也党乙辛，出为特免部节度使。及枢密使耶律阿思大索乙辛旧党，塔不也以赂获免。徙敌烈部节度使，复为敦睦宫使。天庆元年，出为西北路招讨使。以疾卒。

萧图古辞，字何宁，楮特部人。

仕重熙中，以能称，累迁左中丞。清宁初，历北面林牙，改北院枢密副使。辨敏，善伺颜色，应对合上意。皇太后曾曰："有大事，非耶律化哥、萧图古辞不能决。"眷遇日隆。知北院枢密使事。六年，出知黄龙府。八年，拜南府宰相。顷之，为北院枢密使，诏许便宜从事。

为人奸佞有余，好聚敛，专愎，变更法度。为枢密数月，所荐引多为重元党与，由是免为庶人。后没入兴圣宫，卒。

论曰：舜流共工，孔子诛少正卯，治奸之法严矣。后世不是之察，反以为忠而信任之，不至于流毒宗社而未已。道宗之于乙辛是也。当其留仁先，讨重元，若真为国计者；不知包藏祸心，待时而发耳。一旦专权，又得孝杰、燕哥、十三为之腹心，故肆恶而无忌惮。始诬皇后，又杀太子及其妃，其祸之酷，良可悲哉。呜呼！君之所亲，莫皇后、太子若也。奸臣杀之而不知，群臣言之而不悟。一时忠谠，废戮几尽。虽黑山亲见官属之盛，仅削一字王号。至私藏甲兵，然后诛之。吁！乙辛之罪，固非一死可谢天下，抑亦道宗不明无断，有以养成之也。如萧余里也辈，忘君党恶，以饕富贵，虽幸而死诸牖下，其得免于遗臭之辱哉！

辽史卷一一二
列传第四二

逆臣上

**耶律辖底　　迭里特　　耶律察割
耶律娄国　　耶律重元　　涅鲁古
耶律滑哥**

《易》曰："天尊地卑，乾坤定矣；卑高以陈，贵贱位矣。"贵贱位而后君臣之分定，君臣之分定而后天地和，天地和而后万化成。五帝三王之治，用此道也。三代而降，臣弑其君者有之，子弑其父者有之。孔子作《春秋》以寓王法，诛死者于前，惧生者于后，其虑深远矣。欧阳修作《唐书》，创《逆臣传》，盖亦《春秋》之意也。辽叛逆之臣二十有二，迹其事则又有甚焉者，然岂一朝一夕之故哉。列于《传》，所以公天下之贬，以示夫戒云。

辖底，字涅烈衮，肃祖孙夷离堇怗剌之子。幼黠而辩，时险佞者多附之。遥辇痕德堇可汗时，异母兄鼋古只为迭剌部夷离堇。故事，为夷离堇者，得行再生礼。鼋古只方就帐易服，辖底遂取红袍、貂蝉冠，乘白马而出。乃令党人大呼曰："夷离堇出矣！"众皆罗拜，因行柴册礼，自立为夷离堇。与于越耶律释鲁同知国政。及释鲁遇害，辖底惧人图己，挈其二子迭里特、朔刮奔渤海，伪为失明。后因球马之会,与二子夺良马奔归国。益为奸恶,常以巧辞获免。

太祖将即位,让辖底,辖底曰:"皇帝圣人,由天所命,臣岂敢当!"太祖命为于越。及自将伐西南诸部,辖底诱刺葛等乱,不从者杀之。车驾还至赤水城,辖底惧,与刺葛俱北走,至榆河为追兵所获。太祖问曰:"朕初即位,曾以国让,叔父辞之;今反欲立吾弟,何也?"辖底对曰:"始臣不知天子之贵,及陛下即位,卫从甚严,与凡庶不同。臣曾奏事心动,始有窥觎之意。度陛下英武,必不可取;诸弟懦弱,得则易图也。事若成,岂容诸弟乎。"太祖谓诸弟曰:"汝辈乃从斯人之言耶!"迭刺曰:"谋大事者,须用如此人;事成,亦必去之。"辖底不复对。囚数月,缢杀之。将刑,太祖谓曰:"叔父罪当死,朕不敢赦。事有便国者,宜悉言之。"辖底曰:"迭刺部人众势强,故多为乱,宜分为二,以弱其势。"

子迭里特。

迭里特,字海邻。有膂力,善驰射,马踶不仆。尤神于医,视人疾,若隔纱睹物,莫不悉见。

太祖在潜,已加眷遇,及即位,拜迭刺部夷离堇。太祖曾思鹿醢解酲,以山林所有,问能取者。迭里特曰:"臣能得之。"乘内厩马逐鹿,射其一。欲复射,马跌而毙。迭里特跃而前,弓犹不弛,复获其一。帝欢甚曰:"吾弟万人敌!"会帝患心痛,召迭里特视之。迭里特曰:"膏肓有瘀血如弹丸,然药不能及,必针而后愈。"帝从之。呕出瘀血,痛止。帝以其亲,每加赐赉。然知其为人,未曾任以职。后从刺葛乱,与其父辖底俱缢杀之。

察割,字欧辛,明王安端之子。善骑射。貌恭而心狡,人以为懦。太祖曰:"此凶顽,非懦也。"其父安端曾使奏事,太祖谓近侍曰:"此子目若风驼,面有反相。朕若独居,无令入门。"

世宗即位于镇阳,安端闻之,欲持两端。察割曰:"太弟忌刻,若果立,岂容我辈!永康王宽厚,且与刘哥相善,宜往与计。"安端即与刘哥谋归世宗。及和议成，以功封泰宁王。会安端为西南面大详稳，察割佯为父恶，阴遣人白于帝，即召之。既至上前，泣诉不胜哀，帝悯之，使领女石烈军。出入禁中，数被恩遇。帝每出猎，察割托手疾，不操弓矢，但执链锤驰走。屡以家之细事闻于上，上以为诚。

　　察割以诸族属杂处，不克以逞，渐徙庐帐迫于行宫。右皮室详稳耶律屋质察其奸邪，表列其状。帝不信，以表示察割。察割称屋质疾已，哽咽流涕。帝曰："朕固知无此，何至泣耶！"察割时出怨言，屋质曰："汝虽无是心，因我过疑汝，勿为非义可也。"他日屋质又请于帝，帝曰："察割舍父事我，可保无他。"屋质曰："察割于父既不孝，于君安能忠！"帝不纳。

　　天禄五年七月，帝幸太液谷，留饮三日，察割谋乱不果。帝伐周，至详古山。太后与帝祭文献皇帝于行宫，群臣皆醉。察割归见寿安王，邀与语，王弗从。察割以谋告耶律盆都，盆都从之。是夕，同率兵入弑太后及帝，因僭位号。百官不从者，执其家属。至夜，阅内府物，见码碯碗，曰："此希世宝，今为我有！"诧于其妻。妻曰："寿安王、屋质在，吾属无噍类，此物何益！"察割曰："寿安年幼，屋质不过引数奴，诘旦来朝，因不足忧。"其党矧斯报寿安、屋质以兵围于外，察割寻遣人弑皇后于枢前，仓惶出阵。寿安遣人谕曰："汝等既行弑逆，复将若何？"有夷离堇划者委兵归寿安王，余众望之，徐徐而往。察割知其不济，乃系群官家属，执弓矢胁曰："无过杀此曹尔！"叱令速出。时林牙耶律敌猎亦在系中，进曰："不有所废，寿安王何以兴。籍此为辞，犹可以免。"察割曰："诚如公言，谁当使者？"敌猎请与喑撒葛同往说之，察割从其计。寿安王复令敌猎诱察割，脔杀之。诸子皆伏诛。

　　娄国，字勉辛，文献皇帝之子。

　　天禄五年，遥授武定军节度使。及察割作乱，穆宗与屋质从林牙敌猎计，诱而出之，娄国手刃察割。改南京留守。

　　穆宗沉湎，不恤政事，娄国有凯觎之心，诱敌猎及群不逞谋逆。

事觉,按问不服。帝曰:"朕为寿安王时,卿数以此事说我,今日岂有虚乎?"娄国不能对。及余党尽服,遂缢于可汗州西谷,诏有司择绝后之地以葬。

重元,小字孛吉只,圣宗次子。材勇绝人,眉目秀朗,寡言笑,人望而畏。

太平三年,封秦国王。圣宗崩,钦哀皇后称制,密谋立重元。重元以所谋白于上,上益重之,封为皇太弟。历北院枢密使、南京留守、知元帅府事。重元处戎职,未曾离辇下。先是契丹人犯法,例须汉人禁勘,受枉者多。重元奏请五京各置契丹警巡使,诏从之,赐以金券誓书。

道宗即位,册为皇太叔,免拜不名,为天下兵马大元帅,复赐金券、四顶帽、二色袍,尊宠所未有。清宁九年,车驾猎滦水,以其子涅鲁古素谋,与同党陈国王陈六、知北院枢密事萧胡睹等凡四百余人,诱胁弩手军阵于帷宫外。将战,其党多悔过效顺,各自奔溃。重元即知失计,北走大漠,欷曰:"涅鲁古使我至此!"遂自杀。先是,重元将举兵,帐前雨赤如血,识者谓败亡之兆。

子涅鲁古。

涅鲁古,小字耶鲁绾。性阴狠。兴宗一见,谓曰:"此子目有反相。"

重熙十一年,封安定郡王。十七年,进王楚,为惕隐。清宁三年,出为武定军节度使。七年,知南院枢密使事,说其父重元诈病,俟车驾临问,因行弑逆。

九年秋猎,帝用耶律良之计,遣人急召涅鲁古。涅鲁古以事泄,遽拥兵犯行宫。南院枢密使许王仁先等率宿卫士讨之。涅鲁古跃马突出,为近侍详稳渤海阿厮、护卫苏射杀之。

滑哥,字斯懒,隋国王释鲁之子。性阴险。初烝其父妾,惧事彰,与克萧台哂等共害其父,归咎台哂,滑哥获免。

太祖即位,务广恩施,虽知滑哥凶逆,姑示含忍,授以惕隐。六年,滑哥预诸弟之乱。事平,群臣议其罪,皆谓滑哥不可释,于是与其子痕只俱陵迟而死,敕军士恣取其产。帝曰:"滑哥不畏上天,反君弑父,其恶不可言。诸弟作乱,皆此人教之也。"

辽史卷一一三
列传第四三

逆臣中

萧翰　　耶律牒蜡　　耶律朗
耶律刘哥　　盆都　　耶律海思
耶律敌猎　　萧革

萧翰，一名敌烈，字寒真，宰相敌鲁之子。

天赞初，唐兵围镇州，节度使张文礼遣使告急。翰受诏与康末怛往救，克之，杀其将李嗣昭，拔石城。会同初，领汉军侍卫。八年，伐晋，败晋将杜重威，追至望都。翰奏曰："可令军下马而射。"帝从其言，军士步进。敌人持短兵猝至，我军失利。帝悔之曰："此吾用言之过至此！"及从驾入汴，为宣武军节度使。

会帝崩栾城，世宗即位。翰闻之，委事于李从敏，径趋行在。是年秋，世宗与皇太后相拒于潢河横渡，和议未定。太后问翰曰："汝何怨而叛？"对曰："臣母无罪，太后杀之，以此不能无憾。"初耶律屋质以附太后被囚，翰闻而快之，即囚，所谓曰："汝曾言我辈不及，今在犴狴，何也？"对曰："第愿公不至如此！"翰默然。

天禄二年，尚帝妹阿不里。后与天德谋反，下狱。复结惕隐刘哥及其弟盆都乱，耶律石剌告屋质，屋质遽入奏之，翰等不伏。帝不欲发其事，屋质固诤以为不可，乃诏屋质鞫按。翰伏辜，帝竟释之。

复与公主以书结明王安端反,屋质得其书以奏,**翰伏诛**。

　　牒蜡,字述兰,六院夷离堇蒲古只之后。

　　天显中,为中台省右相。会同二年,与赵思温持节册晋帝。及我师伐晋,至滹沱河,降晋将杜重威,牒蜡功居多。大同元年,平相州之叛,斩首数万级。世宗即位,遣使驰报,仍命牒蜡执偏将术者以来。其使误入术者营,术者得诏,反诱牒蜡,执送太后。牒蜡亡归世宗。和约既成,封燕王,为南京留守。

　　天禄五年,察割弑逆,牒蜡方醉,其妻扶入察割之幕,因从之。明旦,寿安王讨乱,凡胁从者皆弃兵降。牒蜡不降,陵迟而死。妻子皆诛。

　　朗,字欧新,季父房罨古只之孙。性轻佻,多力,人呼为"虎斯"。天显间以材勇进,每战辄克,由是得名。

　　会同九年,太宗入汴,命知澶渊,控扼河渡。天禄元年,燕、赵已南皆应刘知远,朗与汴守萧翰弃城归阙。先是,朗祖罨谷只为其弟辖底诈取夷离堇,自是族中无任六院职事者;世宗不悉其事,以朗为六院大王。及察割作乱,遣人报朗曰:"事成矣!"朗遣详稳萧胡里以所部军往,命曰:"当持两端,助其胜者。"穆宗即位,伏诛,籍其家属。

　　刘哥,字明隐,太祖兄寅底石之子。幼骄狠,好陵侮人,长益凶狡。太宗恶之,使守边徼,累迁西南边大详稳。

　　会同十年,叔父安端从帝伐晋,以病先归,与刘哥邻居。世宗立于军中,安端议所往,刘哥首建附世宗之策,以本部兵助之。时太后命皇太弟李胡率兵而南,刘哥、安端遇于泰德泉。既接战,安端坠马。王子天德驰至,欲以枪刺之。刘哥以身卫安端,射天德,贯甲不及肤。安端得马复战,太弟兵败。刘哥与安端朝于行在。及和议成,太后问刘哥曰:"汝何怨而叛?"对曰:"臣父无罪,太后杀之,以此怨耳。"事平,以功为惕隐。

天禄中,与其弟盆都、王子天德、侍卫萧翰谋反,耶律石剌发其事,刘哥以饰辞免。后请帝博,欲因进酒弑逆,帝觉之,不果,被囚。一日,召刘哥,锁项以博。帝问:"汝实反耶?"刘哥誓曰:"臣若有反心,必生千顶疽死!"遂贳之。耶律屋质固诤,以为罪在不赦。上命屋质按之,具服。诏免死,流乌古部,果以千顶疽死。

弟盆都。

盆都,残忍多力,肤若蛇皮。天禄初,以族属为皮室详稳。二年,与兄刘哥谋反,免死,使于辖忧斯国。既还,复预察割之乱,陵迟而死。

异母弟二人:化葛里、奚塞。应历初,无职任,以族子,甚见优礼。三年,或告化葛里、奚塞与卫王宛谋逆,下狱,饰辞获免。四年春,复谋反,伏诛。

海思,字铎衮,隋国王释鲁之庶子。机警口辩。

会同五年,诏求直言。时海思年十八,衣羊裘,乘牛诣阙。有司问曰:"汝何故来?"对曰:"应诏言事。苟不以贫稚见遗,亦可备直言之选。"有司以闻。会帝将出猎,使谓曰:"俟吾还则见之。"海思曰:"臣以陛下急于求贤,是以来耳;今反缓于猎,请从此归。"帝闻,即召见赐坐,问以治道。命明王安端与耶律颇德试之,数日,安端等奏曰:"海思之材,臣等所不及。"帝召海思问曰:"与汝言者何如人也?"对曰:"安端言无收检,若空车走峻坂;颇德如着靴行旷野射鸨。"帝大笑,擢宣徽使,屡任以事。帝知其贫,以金器赐之,海思即散于亲友。后从帝伐晋有功。

世宗即位于军中,皇太后以兵逆于潢河横渡。太后遣耶律屋质责世宗自立。屋质至帝前,谕旨不屈。世宗遣海思对,亦不逊,且命之曰:"汝见屋质勿惧!"海思见太后还,不称旨。既和,领太后诸局事。

穆宗即位，与冀王敌烈谋反，死狱中。

敌猎，字乌辇，六院夷离堇术不鲁之子。少多诈。

世宗即位，为群牧都林牙。察割谋乱，官僚多被囚击。及寿安王与耶律屋质率兵来讨，诸党以次引去。察割度事不成，即诣囚所，持弓矢胁曰："悉杀此曹！"敌猎进曰："杀何益于事？窃料屋质将立寿安王，故为此举，且寿安未必知。若遣人藉此为辞，庶可免。"察割曰："如公言。谁可使者？"敌猎曰："大王若不疑，敌猎请与鼋撒葛同往说之。"察割遣之。寿安王用敌猎计，诱杀察割，凡被胁之人无一被害者，皆敌猎之力。乱既平，帝嘉赏，然未显用。敌猎失望，居常怏怏，结群不逞，阴怀不轨。应历二年，与其党谋立娄国，事觉，陵迟死。

萧革，小字滑哥，字胡突堇，国舅房林牙和尚之子。警悟多定数。

太平初，累迁官职。游近习间，以谀悦相比昵，为流辈所称，由是名达于上。

重熙初，拜北面林牙。十二年，为北院枢密副使。帝曾与近臣宴，谓革曰："朕知卿才，故自拔擢，卿宜勉力！"革曰："臣不才，误蒙圣知，无以报万一；惟竭愚忠，安敢怠？"明年，拜北府宰相。十五年，改同知北院枢密事。革怙宠专权，同僚具位而已。

时夷离毕耶律义先知革奸佞，因侍燕，言革所短，用之将败事。帝不听。一日，上令义先对革巡掷，义先酒酣曰："臣备位大臣，纵不能进忠去佞，安能与贼博乎！"革衔之，佯言曰："公相谴，不既甚乎！"义先诟詈不已。帝怒，皇后解之曰："义先酒狂，醒可治也。"翌日，上诏革，谓曰："义先无礼，可痛绳之。"革曰："义先之才，岂逃圣监。然天下皆知忠直。今以酒过为罪，恐咈人望。"帝以革犯而不校，眷遇益厚。其矫情媚上多此类。拜南院枢密使，诏班诸王上，封吴王。改知北院，进王郑，兼中书令。帝大惭，诏革曰："大位不可一日旷，朕若弗瘳，宜即令燕赵国王嗣位。”

　　清宁元年，复为南院枢密使，更王楚。复徙北院，与国舅萧阿剌同掌朝政。革多私挠，阿剌每裁正之，由是有隙，出阿剌为东京留守。会南郊，阿剌以例赴阙，帝访群臣以时务，阿剌陈利病，言甚激切。革同帝意不悦，因谮曰：“阿剌恃宠，有慢上心，非臣子礼。”帝大怒，缢阿剌于殿下。

　　后上知革奸计，宠遇渐衰。八年，致仕，封郑国王。九年秋，革以其子为重元婿，革预其谋，陵迟杀之。

辽史卷一一四
列传第四四

逆臣下

萧胡睹　萧迭里得　古迭
耶律撒剌竹　奚回离保　萧特烈

　　萧胡睹，字乙辛。口吃，视斜，发卷。伯父孝穆见之曰："是儿状貌，族中未曾有。"及壮，魁梧桀傲，好扬人恶。

　　重熙中，为祗候郎君。俄迁兴圣宫使，尚秦国长公主，授驸马都尉。以不谐离婚，复尚齐国公主，为北面林牙。

　　清宁中，历北、南院枢密副使，代族兄术哲为西北路招讨使。时萧革与萧阿剌俱为区密使，不协，革以术哲为阿剌所爱，嫉之。术哲受代赴阙，先曾借官粟，留直而去。胡睹希革意，发其事，术哲因得罪。胡睹又欲要权，岁时献遗珍玩畜产于革，二人相爱过于兄弟。胡睹族弟敌烈为北克，荐国舅详稳萧胡笃于胡睹，胡睹见其辩给壮勇，倾心交结。每遇休沐，言论终日，人皆怪之。会胡睹同知北院枢密事，奏胡笃及敌烈可用。帝以敌烈为旗鼓拽剌详稳，胡笃为宿直官。及革构陷其兄阿剌，胡笃阴为之助，时人丑之。

　　耶律乙辛知北院枢密事，胡睹位在乙辛下，意怏怏不平。初，胡睹与重元子涅鲁古谋逆，欲其速发。会车驾猎太子山，遂与涅鲁古弩手军犯行宫。既战，涅鲁古中流矢而毙，众皆逃散。时同党耶律撒剌竹适在围场，闻乱，率猎夫来援。其党谓胡睹等曰："我军

甚众,乘其无备,中夜决战,事冀有成。若至明日,其谁从我?"胡睹
曰:"仓卒中,黑白不辨。若内外军相应,则吾事去矣。黎明而发,何
迟之有!"重元听胡睹之计,令四面巡警待旦。是夜,同党立重元僭
位号,胡睹自为枢密使。明日战败,胡睹被创,单骑遁走,至十七泺,
投水死。五子,同日诛之。

萧迭里得,字胡睹堇,国舅少父房之后。父双古,尚钿匿公主,
仕至国舅详稳。

迭里得幼警敏不羁,好射猎。太平中,以外戚补祗候郎君,历延
昌宫使、殿前副点检。重熙十三年,伐夏,迭里得将偏师首入敌境,
多所俘掠,迁都点检,改乌古敌烈部都详稳。十八年,再举西伐,迭
里得奏:"军马器械之事,务在迁将,夏人岂为难制。但严设斥堠,不
用掩袭计,何虑不胜?"帝曰:"卿其速行,无后军期。"既而迭里得失
利还,复为都点检。十九年,夏人来侵金肃军,上遣迭里得率轻兵督
战,至河南三角川,斩候者八人,擒观察使,以功命知汉从行宫都部
署事,出为西南面招讨使。

族弟黄八家奴告其主私议宫掖事,迭里得寝之。事觉,决大杖,
削爵为民。清宁中,上以所坐事非迭里得所犯,起为南京统军使。至
是,从重元子涅鲁古等乱,败走被擒,伏诛。

古迭,本宫分人,不知姓氏。好戏狎,不喜绳检。膂力过人,善
击鞠。

重熙初,为护卫,历宿直官。十三年,西征,以古迭为先锋。夏
人伏兵掩之,古迭力战,麾下士多殁,乃单骑突出。遇夏王李元昊来
围,势甚急。古迭驰射,应弦辄仆;跃马直击中坚,夏兵不能当,晡乃
还营。改兴圣宫太保。清宁九年,从重元、涅鲁古乱,与扈从兵战,
败而遁,追擒之,陵迟而死。

撒剌竹,孟父房涤洌之孙。性凶暴。

清宁中,累迁宣徽使,改殿前都点检,首与重元谋乱。会帝猎滦河,重元恐事泄,与臝从军仓卒而战。其子涅鲁古既死,同党溃散。撒剌竹适在畋所,闻乱,劫猎夫以援。既至,知涅鲁古已死,大悔恨之,谓曰:"我辈惟有死战,胡为若儿戏,自取殒灭?今行宫无备,乘夜劫之,大事可济。若俟明旦,彼将有备,安知我众不携贰。一失机会,悔将无及。"重元、萧胡睹等曰:"今夕但可四面围之,勿令外军得入,彼何能备!"不从。迟明,投仗而走,撒剌竹战死。

奚回离保,一名翰,字接懒,奚王忒邻之后。善骑射,趫捷而勇,与其兄鳖里剌齐名。

大安中,车驾幸中京,补护卫,稍迁铁趐军详稳。天庆间,徙北女直详稳,兼知咸州路兵马事,改东京统军。既而诸蕃入寇,悉破之,迁奚六部大王,兼总知东路兵马事。

保大二年,金兵至,天祚播迁,回离保率吏民立秦晋国王淳为帝。淳伪署回离保知北院枢密事,兼诸军都统,屡败宋兵。淳死,其妻普贤女摄事。是年,金兵由居庸关入,回离保知北院,即箭笴山自立,号奚国皇帝,改元天复。设奚、汉、渤海三枢密院,改东、西节度使为二王,分司建官。时奚人巴辗、韩家奴等引兵击附近契丹部落,劫掠人畜,群情大骇。会回离保为郭药师所败,一军离心,其党耶律阿古哲与其甥乙室八斤等杀之,伪立凡八月。

萧特烈,字讹都椀,遥辇泄可汗宫分人。

乾统中,入宿卫,出为顺义军节度使。天庆四年,同知咸州路兵马事。五年,以兵败夺节度使。

保大元年,迁陒古部节度使。及天祚在山西集群牧兵,特烈为副统军。闻金兵将至,特烈谕士卒以君臣之义,死战于石辇铎。金兵不战,特烈伺间欲攻之。天祚喜甚,召嫔御诸子登高同观,将诧之。金兵望日月旗,知天祚在其下,以劲兵直趋奋击,无敢当者,天祚遁走。特烈所至,招集散亡,寻为中军都统,复败于梯已山。

　　天祚决意渡河奔夏，从臣切谏不听，人情惶惧不知所为。特烈阴谓耶律兀直曰：“事势如此，亿兆离心，正我辈效节之秋。不早为计，奈社稷何！”遂共劫梁王雅里，奔西北诸部，伪立为帝，特烈自为枢密使。雅里卒，欲择可立者。会耶律兀直言术烈才德纯备，兼兴宗之孙，众者曰可，遂僭立焉，特烈伪职如故。未三旬，与术烈俱为乱兵所杀。

　　论曰：辽之秉国钧，握兵柄，节制诸部帐，非宗室外戚不使，岂不以为帝王久长成世之计哉。及夫肆叛逆，致乱亡，皆是人也。有国家者，可不深戒矣乎！

辽史卷一一五
列传第四五

二外国记

高丽　西夏

　　高丽自有国以来，传次久近，人民土田，历代各有其志，然高丽与辽相为终始二百余年。

　　自太祖皇帝神册间，高丽遣使进宝剑。天赞三年，来贡。太宗天显二年，来贡。会同二年，受晋上尊号册，遣使往报。

　　圣宗统和三年秋七月，诏诸道各完戎器，以备东征高丽。八月，以辽泽沮洳，罢师。十年，以东京留守萧恒德伐高丽。十一年，王治遣朴良柔奉表请罪，诏取女直国鸭渌江东数百里地赐之。十二年，入贡。三月，王治遣使请所俘生口，诏续还之，仍遣使抚谕。十二月，王治进妓乐，诏却之。十三年，治遣李周桢来贡，又进鹰。十月，遣李知白奉贡。十一月，遣使册治为王。遣童子十人来学本国语。十四年，王治表乞为婚姻，以东京留守驸马萧恒德女下嫁之。六月，遣使来问起居。自是至者无时。

　　十五年，韩彦敬来纳聘币，吊驸马萧恒德妻越国公主薨。十一月，治薨，其侄诵遣王同颖来告。十二月，遣使致祭，诏其侄记权知国事。十六年，遣使册诵为王。二十年，诵遣使贺伐宋之捷。七月，来贡本国地里图。二十二年，以南伐事诏谕之。二十三年，高丽闻与宋和，遣使来贺。二十六年，进龙须草席，及贺中京城。二十七年，承天皇太后崩,遣使报以国哀。二十八年,诵遣魏守愚等来祭。三月,使来会葬。

五月,高丽西京留守康肇弑其主诵,擅立诵从兄询。八月,圣宗自将伐高丽,报宋,遣引进使韩杞宣问询。询奉表乞罢师,不许。十一月,大军渡鸭渌江,康肇拒战于铜州,败之。肇复出,右皮室详稳耶律敌鲁擒肇等,追奔数十里,获所弃粮饷、铠仗,铜、霍、贵、宁等州皆降。询上表请朝,许之。禁军士俘掠。以政事舍人马保佑为开京留守,安州团练使王入为副留守。太子太师乙凛将骑兵一千,送保佑等赴京。守将卓思正杀我使者韩喜孙等十人,领兵出拒,保佑等复还。乙凛领兵击之,思正遂奔西京。围之五日,不克,驻跸于城西佛寺。高丽礼部郎中渤海陀失来降。遣排押、盆奴攻开京,遇敌于京西,败之。询弃城遁走,遂焚开京,至清江而还。

二十九年正月,班师,所降诸城复叛。至贵州南岭谷,大雨连日,霁乃得渡,马驼皆疲乏,甲仗多遗弃。次鸭渌江,以所俘人分置诸陵庙,余赐内戚、大臣。

开泰元年,询遣蔡忠顺来乞称臣如旧,诏询亲朝。八月,遣田拱之奉表,称病不能朝。诏复取六州之地。二年,耶律资忠使高丽取地,未几还。三年,资忠复使,如前索地。五月,诏国舅详稳萧敌烈、东京留守耶律围石等造浮梁于鸭渌江,城保、宣义、定远等州。

四年,命北府宰相刘慎行为都统,枢密使耶律世良为副,殿前都点检萧虚烈为都监。慎行挈家边上,致缓师期,追还之。以世良、虚烈总兵伐高丽。五年,世良等与高丽战于郭州西,破之。六年,枢密使萧合卓为都监,汉人行宫都部署王继忠为副,殿前都点检萧虚烈为都监进讨。萧合卓攻兴化军不克,师还。七年,诏东平郡王排押为都统,萧虚烈为副统,东京留守耶律八哥为都监,复伐高丽。十二月,萧排押与战于茶、陀二河之间,我军不利。天云、右皮室二军没溺者众,天云军详稳海里、遥辇帐详稳阿果达、客省使酌古、渤海详稳高清明等皆没于阵。八年,诏数排押讨高丽罪,释之。加有功将校,益封战没将校之妻,录其子弟。以南皮室有功,赐衣物银绢有差,出金帛赐肴里、涅哥二奚军。八月,遣郎君曷不吕等率诸部兵,会大军同讨高丽。询遣使来乞贡方物。九年,资忠还,以询降表进,释询罪。

太平元年,询薨,遣使来报嗣位,即遣使册王钦为王。九年,赐钦物。十一年,圣宗崩,遣使告哀。七月,使来慰奠。

兴宗重熙七年,来贡。十二年三月,以加上尊号,来贺。十三年,遣使来贡。十四年三月,又来贡。十五年,入贡。八月,王钦薨,遣使来告。十六年,来贡。明年,又来贡。十九年,复贡。六月,遣使来贺伐夏之捷。二十二年,入贡。二十三年四月,王徽请官其子,诏加检校太尉。

兴宗崩,道宗即位。清宁元年八月,遣使报国哀,以先帝遗留物赐之。十一月,使来会葬。二年、三年,皆来贡。四年春,遣使报太皇太后哀。五月,使来会葬。七年、八年,来贡。十二月,以佛经一藏赐徽。九年、十年,来贡。大康元年三月,皇太后崩,遣使报哀。六月,使来吊祭。四年,王徽乞赐鸭渌江以东地,不许。九年八月,王徽薨,以徽子三韩国公勋权知国事。十二月,勋薨。大安元年,册勋子运为国王。二年,遣使来谢封册。三年,来贡。四年三月,免岁贡。五年、六年,连贡。九年,赐王运羊。十年,运薨,子昱遣使来告,即赙赠。寿隆元年,来贡。十一月,王昱病,命其子颙权知国事。二年,来贡。三年三月,王昱薨。五年,王颙乞封册。六年,封颙为三韩国公。

七年,道宗崩,天祚即位,改为乾统元年,报道宗哀,使来慰奠。十二月,遣使来贺。五年,三韩国公颙薨,子俣遣使来告。八月,封俣为三韩国公,赠其父颙为国王。十二月,遣使来谢。九年,来贡。天庆二年,王俣母薨,来告,遣使致祭,起复。三年,遣使来谢致祭,又来谢起复。十年,乞兵于高丽以御金,而金人责之。至是辽国亡矣。

西夏,本魏拓跋氏后,其地则赫连国也。远祖思恭,唐季受赐姓曰李,涉王代至宋,世有其地。至李继迁始大,据夏、银、绥、宥、静五州,缘境七镇,其东西二十五驿,南北十余驿。子德明,晓佛书,通法律,曾观《太一金鉴诀》、《野战歌》,制番书十二卷,又制字若符篆。

其俗,衣白窄衫,毡冠,冠后垂红结绶。自号嵬名。设官分文武。其冠用金缕贴,间起云,银纸帖,绯衣,金涂银带,佩蹀躞、解锥、短刀、弓矢,穿靴,秃发,耳重环,紫旋栏六袭。出入乘马,张青盖,以二旗前引,从者百余骑。民庶衣青绿。革乐之五音为一音。裁礼之九拜为三拜。凡出兵先卜,有四:一炙勃焦,以艾灼羊胛骨;二擗算,擗竹于地以求数,若揲蓍然;三咒羊,其夜牵羊,焚香祷之,又焚谷火于野,次晨屠羊,肠胃通则吉,羊心有血则败;四矢击弦,听其声,知胜负及敌至之期。病者不用医药,召巫者送鬼,西夏语以巫为"厮"也;或迁他室,谓之"闪病"。喜报仇,有丧则不伐人,负甲叶于背识之。仇解,用鸡猪犬血和酒,贮于髑髅中饮之,乃誓曰:"若复报仇,谷麦不收,男女秃癞,六畜死,蛇入帐。"有力小不能复仇者,集壮妇,享以牛羊酒食,趋雠家纵火,焚其庐舍。俗曰敌女兵不祥,辄避去。诉于官,官择舌辩气直之人,为和断官,听其屈直。杀人者,纳命价钱百二十千。

土产大麦、荜豆、青稞、床子、古子蔓、碱地蓬实、苁蓉苗、小芜荑、席鸡草子、地黄叶、登厢草、沙葱、野韭、拒灰荼、白蒿、碱地松实。

民年十五为丁。有二丁者,取一为正军。负担杂使一人为抄,四丁为两抄。余人得射它丁,皆习战斗。正军马驼各一,每家自置一帐。围练使上,帐、弓、矢各一,马五百疋,橐驼一,旗鼓五,枪、剑、棍榜、抄袋、雨毡、浑脱、锹、钁、箭牌、铁爪篱各一。刺史以下,人各一驼,箭三百,毛幕一。余兵三人共一幕。有炮手二百人,号"泼喜"。勇健者号"撞令郎"。赍粮不过一旬。昼则举烟、扬尘,夜则篝火为候。若获人马,射之,号曰"杀鬼招魂"。或射草缚人。出军用单日,避晦日。多立虚寨,设伏兵。衣重甲,乘善马,以铁骑为前锋,用钩索校联,虽死马上不落。

其民俗勇悍，衣冠、骑乘、土产品物、子姓传国，亦略知其大概耳。

初，西夏臣宋有年，赐姓曰赵。迨辽圣宗统和四年，继迁叛宋，始来附辽，授特进检校太师、都督夏州诸军事，遂复姓李。十月，遣使来贡。六年，入贡。七年，来贡，以王子帐耶律襄之女封义成公主，下嫁继迁。八年正月，来谢。三月，又来贡。九月，继迁遣使献宋俘。十月，以败宋军来告。十二月，下宋麟、鄜等州，来告，遣使封继迁为夏国王。九年二月，遣使告伐宋之捷。四月，遣李知白来谢封册。七月，复绥、银二州，来告。十月，继迁以宋所授敕命，遣使来上。是月，定难军节度使李继捧来附，授开府仪同三司、检校太师，兼侍中，封西平王，仍赐推忠效顺启圣定难功臣。十二月，继迁潜附于宋，遣韩德威持诏谕之。十年二月，韩德威还，奏继迁托故不出，至灵州俘掠以还。西夏遣使来奏德威俘掠赐诏抚谕。十月，来贡。十二年，入贡。十三年，败宋师，遣使来告。十四年，又来贡。十五年三月，以破宋兵来告，封继迁为西平王。六月，遣使来谢封册。十六年，来贡。十八年，授继迁子德明朔方军节度使。十九年，遣李文冀来贡。六月，奏下宋恒、环、庆三州，赐昭褒美。二十年，遣使来进马、驼。六月，遣刘仁勖来告下灵州。

二十一年，继迁薨，其子德昭遣使来告。六月，赠继迁尚书令，遣西上阁门使丁振吊慰。八月，德昭遣使来谢吊赠。二十二年三月，德昭遣使上继迁遗留物。七月，封德昭为西平王。十月，遣使来谢封册。二十三年，下宋青城，来告。二十五年，德昭母薨，遣使吊祭。起复。二十七年，承天皇太后崩，遣使报哀于夏。

二十八年，遣使册德昭为夏国王。开泰元年，德昭遣使进良马。二年，遣引进使李延弘赐夏国王李德昭及义成公主车马。太平元年，来贡。十一年，圣宗崩，报哀于夏，德昭遣使来进赙币。

兴宗即位，以兴平公主下嫁李元昊，以元昊为驸马都尉。重熙元年，夏国遣使来贺。李德昭薨，册其子夏国公元昊为王。二年，来贡。十二月，禁夏国使沿路私市金铁。七年，来贡。李元昊与兴平

公主不谐,公主薨,遣北院承旨耶律庶成持诏问之。九年,宋遣郭祯
以伐夏来报。十年,夏国献所俘宋将及生口。十一年,遣使问宋兴
师伐夏之由。十二月,禁吐浑鬻马于夏,沿边筑障塞以防之。十二
年正月,遣枢密都承旨王惟吉谕夏国与宋和。二月,元昊以加上尊
号,遣使来贺。耶律敌烈等使夏国还,奏元昊罢兵,遣使报宋。四月,
夏国遣使进马、驼。七月,元昊上表请伐宋,不从。十月,夏人侵党
项,遣延昌宫使高家奴让之。十三年四月,党项及山西部节度使屈
烈以五部叛入西夏,诏徵诸道兵讨之。六月,阻卜子乌八执元昊。八
月,夏使对不以情,羁之。使复来,询事宜不实对,答之。十月,元昊
上表谢罪,欲收集叛党以献,从之。进方物,命北院枢密副使萧革迓
之。元昊亲率党项三部来降,诘其纳叛背盟,元昊伏罪。初,夏人执
萧胡睹,至是,请以被执者来归。诏所留夏使亦还其国。十二月,胡
睹来归,又遣使来贡。

　　十七年,元昊薨,其子谅祚遣使来告,上其父遗留物。铁不得国
乞以本部军助攻夏国,不许。十八年,复议伐夏,留其贺正使不遣,
遣北院枢密副使萧惟信以伐夏告宋。六月,夏国遣使来贡,留之。七
月,亲征。八月,渡河,夏人遁。九月,萧惠为夏人所败。十月,诏讨
使耶律敌古率阻卜军至贺兰山,获元昊妻及其官属。遇其军三千来
拒,歼之。详稳萧慈氏奴、南克耶律斡里殁于阵。十九年正月,遣使
问罪于夏。夏将洼普等攻金萧城,耶律高家奴等破之,洼普被创遁
去,杀猥货乙灵纪。三月,殿前都点检萧迭里得与夏军战于三角川,
败之。招讨使萧蒲奴、北院大王宜新等帅师伐夏,都部署别古得为
监战。五月,萧蒲奴等入政境,不遇敌,纵军俘掠而还。夏国洼普来
降。十月,李谅祚母遣使乞依旧称臣。十二月,谅祚上表如母训。二
十年二月,遣使索党项叛户。五月,萧爻括使夏回,进谅祚母表:乞
代党项权进马驼牛羊等物;又求唐隆镇,仍乞罢所建城邑。以诏答
之。六月,获元昊妻,及俘到夏人置于苏州。二十一年十月,谅祚遣
使乞弛边备,遣爻括赍诏谕之。二十二年七月,谅祚进降表,遣林牙
高家奴赍诏抚谕。二十三年正月,贡方物。五月,乞进马、驼,诏岁

贡之。七月，谅祚遣使求婚。十月，进誓表。兴宗崩，遣使报哀于夏。

二十四年，道宗即位。清宁元年，遣使来贺。九月，以先帝遗物赐夏。四年四月，遣使会葬。九年正月，禁民鬻铜于夏。咸雍元年五月，来贡。三年十一月，遣使进回鹘僧、金佛、《焚觉经》。

十二月，谅祚薨。四年二月，谅祚子秉常遣使报哀，即遣使吊祭。秉常上其父遗物。十月，册秉常为夏国王。十二月，来贡。五年七月，遣使来谢封册。十一月，秉常乞赐印绶。九年，遣使来贡。大康二年正月，仁懿皇后崩，遣使报哀于夏，以皇太后遗物赐之。遣使来吊祭。五年，来贡。八年二月，遣使以所获宋将张天益来献。

大安元年十月，秉常遣使报其母哀。二年十月，秉常薨，遣使诏其子乾顺知国事。十二月，李乾顺遣使上其父秉常遗物。四年七月，册乾顺为夏国王。五年六月，遣使来谢封册。八年六月，夏为宋所侵，遣使乞援。寿隆三年六月，以宋人置壁垒于要地，遣使来告。四年六月，求援。十一月，遣枢密直学士耶律俨使宋，讽与夏和。夏复遣使来求援。五年正月，乾顺伐拔思母等部。十一月，夏以宋人罢兵，遣使来谢。六年十一月，遣使请尚公主。七年，道宗崩，遣使告哀于夏。遣使来慰奠。

天祚即位，乾统元年，夏遣使来贺。二年，复请尚公主。又以为宋所侵，遣李造福、田若水来求援。三年，复遣使请尚公主。十月，使复来求援。四年、五年，李造福等至，乞援。以族女南仙封成安公主下嫁乾顺。六年正月，遣牛温舒使宋，令归所侵夏地。六月，遣李造福来谢。八年，乾顺以成安公主生子，遣使来告。九年，以宋不归地来告。十年，遣李造福等来贡。天庆三年六月，来贡。保大二年，天祚播迁，乾顺率兵来援，为金师所败，乾顺请临其国。六月，遣使册乾顺为夏国皇帝，而天祚被执归金矣。

论曰：高丽、西夏之事辽，虽曾请婚下嫁，乌足以得其固志哉？三韩接壤，反覆易知；凉州负远，纳叛侵疆，乘隙辄动；贡使方往，事衅随生。兴师问罪，屡烦亲征。取胜固多，败亦贻悔。昔吴赵咨对

魏之言曰："大国有征伐之兵,小国有备御之固。"岂其然乎!先王柔
远,以德而不以力,尚矣。辽亡,求援二国,虽能出师,岂金敌哉。

辽史卷一一六
国语解第四六

史自迁、固,以迄晋、唐,其为书雄深浩博,读者未能尽晓。于是裴骃、颜师古、李贤、何超、董衝诸儒,训诂音释,然后制度、名物、方言、奇字,可以一览而周知。其有助于后学多矣。

辽之初兴,与奚、室韦密迩,土俗、言语大概近俚。至太祖、太宗,奄有朔方,其治虽参用汉法,而先世奇首、遥辇之制,尚多存者。子孙相继,亦遵守而不易。故史之所载,官制、宫卫、部族、地理,率以国语为之称号。不有注释以辨之,则世何从而知,后何从而考哉。今即本史参互研究,撰次《辽国语解》,以附其后,庶几读者无龃龉之患云。

帝 纪

《太祖纪》

耶律氏

萧氏

《本纪》首书太祖姓耶律氏,继书皇后萧氏,则有国之初,已分二姓矣。有谓始兴之地曰世里,译者以世里为耶律,故国族皆以耶律为姓。有谓述律皇后兄子名萧翰者,为宣武军节度使,其妹复为皇后,故后族皆以萧为姓。其说与纪不合,故陈大任不取。又有言以汉字书者曰耶律、萧,以契丹字书者曰移剌、石抹,则亦无可考矣。

霞濑益石烈　乡名。诸宫下皆有石烈,设官治之。

弥里　乡之小者。

挞马狘沙里　挞马,人从也。沙里,郎君也。管率众人之官。后有止称挞马者。

大迭烈府　即迭剌部之府也。初,阻午可汗与其弟撒里本领之,及太祖以部夷离堇即位,因强大难制,析为二院。烈、剌,音相近。

夷离堇　统军马大官。会同初,改为大王。

集会埚下窝、陀二音。　地名。

阿主沙里　阿主,父祖称。

惕隐　典族属官。即宗政职也。

奚霫下音习。　国名。中京地也。

黑车子　国也。以善制车帐得名。契丹之先,尝遣人往学之。

于越　贵官,无所职。其位居北、南大上,非有大功德者不授。

鹰军　鹰,鸷。以之名军,取捷速之义。后托龙军、虎军、铁鹞军者,仿此。

喎娘改上音丸。　地名。

西楼　辽有四楼:在上京者曰西楼,木叶山曰南楼,龙化州曰东楼,唐州曰北楼。岁时游猎,常在四楼间。

阿点夷离的　阿点,贵称。夷离的,大臣夫人之称。

糺辖　糺,军名。辖者,管束之义。

夷离毕　即参知政事,后置夷离毕院以掌刑政。宋刁约使辽有诗云“押宴夷离毕”,知其为执政官也。

射鬼箭　凡帝亲征,服介胄,祭诸先帝,出则取死囚一人,置所向之方,乱矢射之,名“射鬼箭”,以被不祥。及班师,则射所俘。后因为刑法之用。

暴里　恶人名也。

大、小鹄军　二室韦军号也。

神纛　从者所执。以旄牛尾为之,缨枪属也。

龙眉宫　太祖取天梯、蒙国、别鲁三山之势于苇淀,射金龊箭以识之,名龙眉宫。神册三年,筑都城于其地,临潢府是也。龊,测角切,箭名。

崤里　室韦部名。

君基太一神　福神名。其神所临之国,君能建极,孚于上下,则治化升平,民享多福。

挞林　官名。后二室韦部改为仆射,又名司空。

舍利　契丹豪民要裹头巾者,纳牛驼十头,马百匹,乃给官名曰舍利。后遂为诸帐官,以郎君系之。

阿卢朵里一名阿鲁敦。　贵显名。辽于越官兼此者,惟曷鲁耳。

选底　主狱官。

常衮　官名。掌遥辇部族户籍等事,奚六部常衮掌奚之族属。

諲譔　渤海国主名。

克释鲁　克,官名。释鲁,人名。后克朗、克台晒仿此。

乌鲁古、阿里只　太祖及述律后受諲譔降时所乘二马名也。因赐諲譔夫妇以为名。

《太宗纪》

箭笴山笴音竿。　胡损奚所居。

柴册　礼名。积薪为坛,受群臣玉册。礼毕,燔柴,祀天。阻午可汗制也。

遥辇氏九帐　遥辇九可汗宫分。

北克、南克　掌军官名,犹汉南北军之职。

祭麃鹿神　辽俗好射麃鹿,每出猎,必祭其神以祈多获。

林牙　掌文翰官,时称为学士。其群牧所设,止管簿书。

瑟瑟礼　祈雨射柳之仪,遥辇苏可汗制。

再生礼　国俗,每十二年一次,行始生之礼,名曰再生。惟帝与□、太子及夷离堇得行之。又名覆诞。

□姑　宗室人名,能知蛇语。

蒲割领下乃顶切。　　公主名也。

三克　　统军官,犹云三帅也。

详稳　　诸官府监治长官。

梯里已　　诸部下官也,后升司徒。

达剌干　　县官也,后升副使。

麻都不　　县官之佐也,后升为令。

马步　　未详何官,以达剌干升为之。

牙署　　官名。疑即牙书,石烈官也。

世烛　　遥辇帐侍中之官。

敞史　　官府之佐吏也。

思奴古　　官与敞史相近。

徒睹古　　边徼外小国。

《世宗、穆宗纪》

蹄林上音带。　　地名,即松林故地。

闸撒狨　　抹里司官,亦掌宫卫之禁者。

挞马　　扈从之官。

浓兀　　部分名。

叶格戏　　宋钱僖公家有叶子揭格之戏。

《景宗、圣宗纪》

飞龙使　　掌马官,亦为导骑。

横帐　　德祖族属号三父房,称横帐,宗室之尤贵者。

著帐　　凡世官之家泊诸色人,因事籍没者为著帐户,官有著帐郎君。

杓窊印　　杓窊,鸷鸟总称,以为印纽,取疾速之义。凡调发军马则用之,与金鱼符、银牌略同。

国舅帐克　　官制有大国舅帐,此则本帐下掌兵之官。

拜奥礼　　凡纳后,即族中选尊者一人,当奥而坐,以主其礼,为之奥姑。送后者拜而致敬,故云拜奥礼。

拜山礼　　祀木叶山之仪。

敞稳　诸帐下官。亦作常衮，盖字音相近也。

万役陷河冶　地名。本汉土垠县，有银矿。太祖募民立寨以专采炼，故名陷河冶。

合苏衮　女直别部名，又作曷苏馆。

执手礼　将帅有克敌功，上亲执手尉劳。若将在军，则遣人代行执手礼。优遇之意。

阿札割只　官名。位在枢密使下，盖墩官也。

四捷军　辽以宋降者分立二部：一曰四捷军，一曰归圣军。

山金司　以阴山产金，置冶采炼，故以名司。后改统军政。

《兴宗纪》

别辇斗　地名。

虎酤下北潘切。　婆离八部人名。

解洗礼　解装前袯，饮至之义。

独卢金　地名。六院官属秋冬居之。

行十二神纛礼　神纛，解见前。凡大祭祀、大朝会，以十二纛列诸御前。

南撒葛柏　地名。

合只忽里　地名。

拖古烈　地名。

曷里狘　地名。

《道宗纪》

塔里舍　地名。

撒里乃　地名。

三班院祗候　左、右班并寄班为三班。祗候，官名。

高墩　辽《排班图》有高墩、矮墩、方墩之列。自大丞相至阿札割只，皆墩官也。

《天祚纪》

侯里吉　地名。

头鱼宴　上岁时钩鱼，得头鱼，辄置酒张宴，与头鹅宴同。

　　讹莎烈　地名。

　　沤里谨　地名。

　　欢挞新查剌　地名。

　　射粮军　射，请也。

　　女古底　地名。

　　落昆髓　地名。

　　阿里轸斗　地名。

　　忽儿珊　西域大军将名。

　　起儿漫　地名。

　　虎思斡鲁朵　思亦作斯，有力称。斡鲁朵，宫帐名。

　　葛儿罕　漠北君王称。

志

《礼》

　　祭东　国俗，凡祭皆东向，故曰祭东。

　　敌烈麻都　掌礼官。

　　旗鼓拽剌　拽剌，官名。军制有拽剌司。此则掌旗鼓者也。

　　爇节　岁时杂礼名。

　　九奚首　奚首，营帐名。

　　食羖之次　大行殡出，群臣以羖羊祭于路，名曰食羖之次。

　　襪祭上于琰切。　凡出征，以牝牡麃各一祭之曰襪，诅敌也。

　　勘箭　车驾远归，阁门使持雄箭，勘箭官持雌箭，比较相合，而后入宫。

　　檐床　一人肩任曰檐，两人以下共舁曰床。

　　攒队　士卒攒簇，各为队伍。

方裀朵殿　凡御宴,官卑,地坐殿中方墩之上。其不应升殿,则赐坐左右朵殿。

地拍　田鼠名。正旦日,上于窗间掷米团,得双数为不利,则烧地拍鼠以禳之。

乃捏咿唲　正月朔旦也。

怦里呞　怦读作狃,呞读作颇。二月一日也。六月十八日宴国舅族,亦曰怦里呞。

陶里桦　上巳日,射兔之节名。

讨赛咿唲　重午日也。

赛伊呪奢　日辰之好也。

捏褐耐　犬首也。

必里迟离　重九日也。

戴辣　烧甲也。

炒伍俪呞　战名也。

卓帐　卓,立也。帐,毡庐也。

《百官志》

石烈辛衮　石烈官之长。

令稳　官名。

弥里马特本　官名,后升辛衮。

麻普　即麻都不,县官之副也,初名达剌干。

知圣旨头子事　掌诰命奏事官。

提辖司　诸宫典兵官。

皮室　军制,有南、北、左、右皮室及黄皮室,皆掌精兵。

厅房　即工部。

梅里　贵戚官名。述律皇后族有慎思梅里、婆姑梅里,未详何职。

抹鹘　瓦里司之官。

先离挞览　奚、渤海等国官名,疑即挞林字讹。

《营卫志》

象吻　黄帝治宫室,陶虫尤象置栋上,名曰虫吻。

瓦里　官府名,宫帐、部皆设之。凡宗室、外戚、大臣犯罪者,家属没入于此。

抹里　官府名。闸撒狨亦抹里官之一。

算斡鲁朵　算,腹心拽剌也。斡鲁朵,宫也。己下国阿辇至监母,皆斡鲁朵名。其注语,则始置之义也。

国阿辇　收国也。

夺里本　讨平也。

耶鲁碗　兴旺也。

蒲速碗　义与耶鲁碗同。

女古　金也。

孤稳　玉也。

窝笃碗　孳息也。

阿斯　实大也。

阿鲁碗　辅佑也。

得失得本　孝也。

监母　遗留也。

《地理志》

属珊　应天皇后从太祖征讨,所俘人户有□□□□之帐下,名属珊,盖比珊瑚之宝。

永州　其地居潢河、土河二水之间,故名永州,盖以字从二从水也。

郹颉上慕各切,下胡结切。　渤海郡府名。

且虑皆平声。　兴中府县名。

獴养上音奚。　幽州泽薮名,见《周职方》。

苗、时　幽州浸名,出同上。

堕瑰　门名,辽有堕瑰部。

野旅寅　野谓星野,旅谓躔次,寅者辰舍。东北之位,燕分析津之所也。

《仪卫志》

金㲾下祖丛切。　马首饰也。

果下马　马名。谓果树下可乘行者，言其小也。

宝里薜衮　祭服之冠，行拜山礼则服之。

鞊鞢带上他协切，下徒协切。　武官束带也。

扞腰　即拄腰，以鹅项、鸭头为之。

胡木鏊　胄名。

駃马上音诞。　马不施鞍辔曰駃。

白眊音饵。　以白鹭羽为网，又麾也。

《兵卫志》

捉马　拘刷马也。

栏子军　居先锋前二十余里，侦候敌人动静。

弓子铺　辽军马顿舍，不设营垒，折木稍为弓，以为团集之所。又诸国使来，道旁签置木稍弓，以充栏楯。

《食货志》

云为所　义即营运，字之讹。

《刑法志》

钟院　有冤者击钟，以达于上，犹怨鼓云。

楚古　官名。掌北面诏囚者。

表

《皇子表》

五石烈　即五院。非是分院为五，以五石烈为一院也。

六爪　爪，百数也。辽有六百家奚，后为院，义与五院同。二院，即迭剌部析之为二者是也。

裂麜皮　麜,牡鹿。力能分牡鹿皮。

《表世》

莫弗纥　诸部酋长称,又云莫弗贺。

懦懦_{而宣切}　国名。

俟斤　突厥官名。

《游幸表》

舐咸鹿　鹿性嗜咸,洒硷于地以诱鹿,射之。

女瓖　虞人名。

列　传

可敦　突厥皇后之称。

忒里蹇　辽皇后之称。

耨斡麼　麼,亦作改。耨斡,后土称。麼,母称。

乙室、忒里　国舅帐二族名。

《诸功臣传》

龙锡金佩　太祖从兄铎骨札以本帐下蛇鸣,命知蛇语者神速姑解之,知蛇谓穴傍□□□□□□□得金,以为带,名“龙锡金”。

撒剌　酒樽名。

遥辇糺　遥辇帐下军也。其书永兴宫分糺、十二行糺、黄皮室糺者,仿此。

吐里　官名。与奚六部秃里同。吐,秃,字讹。

寝殿小底　官名。辽制多小底官,余不注。

杂丁黄　礼,男幼为黄,四岁为小,十六为中,二十一为丁。军中杂幼弱,以疑敌也。

遥辇克　遥辇帐下掌兵官。

柢枑　宫卫门外行马也。

榾柮犀　千岁蛇角,又为笃讷犀。

珠二玭_{下蒲昧切}　珠五百枚为玭。

题里司徒　题里,官府名。

窒中_{上胅栗切}　地名。

堂印　博之采名。

临库　以帛为通历,具一库之物,尽数籍之,曰临库。

堂帖　辽制,宰相凡除拜,行头子堂帖权差,俟再取旨,出给告敕。故官有知头子事。见《阴山杂录》。

夷离堇画者　画者人名,为夷离堇官。

虎斯　有力称。《纪》言"虎思",义同。